中国企业劳动关系状况报告

（2015）

黄海嵩　主编

企业管理出版社

图书在版编目（CIP）数据

中国企业劳动关系状况报告.2015/黄海嵩主编.—北京：企业管理出版社，2016.5
ISBN 978-7-5164-1265-7

Ⅰ.①中… Ⅱ.①黄… Ⅲ.①企业—劳动关系—研究报告—中国—2015 Ⅳ.①F279.23

中国版本图书馆CIP数据核字（2016）第086333号

书　　名：	中国企业劳动关系状况报告（2015）
作　　者：	黄海嵩
责任编辑：	尤　颖　徐金凤
书　　号：	ISBN 978-7-5164-1265-7
出版发行：	企业管理出版社
地　　址：	北京市海淀区紫竹院南路17号　　邮编：100048
网　　址：	http://www.emph.cn
电　　话：	总编室(010) 68701719　发行部(010) 68701816　编辑部(010) 68701408
电子信箱：	80147@sina.com
印　　刷：	虎彩印艺股份有限公司
经　　销：	新华书店
规　　格：	170毫米×240毫米　16开本　21.25印张　350千字
版　　次：	2016年5月第1版　2016年5月第1次印刷
定　　价：	58.00元

版权所有　翻印必究·印装错误　负责调换

编委会

顾　问：袁宝华　陈锦华　王忠禹　张彦宁
主　编：黄海嵩
副主编：刘　鹏
撰　稿：刘　鹏　张文涛　韩　斌　郭晓宪
　　　　王亦捷　周　欣　赵国伟　赵　婷
　　　　马　超　王荷月　闫春晓　宋　靖
　　　　邢志昂　刘鲁晶　王彦利　郜永军
　　　　宋　峰　陈明德　蒋　满　王昌宏
　　　　徐增康　雍胜罗　李白帆　邢　军

目 录

第一部分 企业劳动关系状况

第一章 劳动关系立法与政策 / 002
一、就业创业扶持政策 / 002
二、关于全面推进人力资源社会保障法治建设的政策 / 004
三、关于国企改革中劳动关系与人力资源管理的政策 / 005
四、其他劳动和社会立法与政策 / 006

第二章 劳动力市场与就业 / 008
一、2014年我国劳动力市场与就业状况 / 008
二、我国2014年就业和劳动力市场的突出特点 / 011
三、新常态下促进就业和规范劳动力市场的建议 / 016

第三章 企业劳动用工 / 019
一、劳动用工管理制度建设取得积极成效 / 019
二、企业劳动用工方面存在的问题 / 024
三、完善劳动用工制度的基本思路和对策建议 / 025

第四章 企业工资分配 / 027
一、企业工资分配状况 / 027

二、企业工资分配面临的问题 / 036
　　三、对策建议 / 037

第五章　劳动争议调解仲裁 / 040
　　一、2014年调解仲裁工作概况 / 040
　　二、存在的主要问题 / 043
　　三、对策建议 / 044

第六章　协调劳动关系三方机制 / 047
　　一、2014年以来我国协调劳动关系三方机制的主要工作 / 047
　　二、我国协调劳动关系三方机制发展存在的问题 / 050
　　三、我国协调劳动关系三方机制下一步的主要任务 / 052

第二部分　专题调研报告

企业青年用工（实习/见习生）状况调查研究报告 / 056
企业劳动争议预防调解工作的现状及对策研究 / 089
上海市劳动关系问题调研 / 107
安徽省集体协商工作情况介绍 / 122
安徽企联构建和谐劳动关系工作纪实与思考 / 128
福建省和谐劳动关系调研报告 / 134
河南省劳动关系现状分析 / 139
湖北省企业构建和谐劳动关系的情况调研 / 143
广西企业劳动关系调查情况汇报 / 147
贵州省劳动关系和谐企业实地核查报告 / 149

第三部分　企业构建和谐劳动关系实践案例

营造共建共享的职工家园
浙江省能源集团有限公司 / 154

目 录

构建新型劳动关系　实现企业跨越发展
中国建筑第五工程局有限公司 / 162

以人为本　打造良好雇主品牌
中国银行广东省分行 / 168

造车育人　携手共赢
广汽丰田汽车有限公司 / 173

助员工造梦　成就企业梦想
交通银行广东省分行 / 177

打造雇主品牌　留住优秀人才
广东鸿粤汽车销售集团有限公司 / 185

珍视员工　用文化促发展
粤海房地产开发（中国）有限公司 / 191

快乐工作　快乐生活
捷普电子（广州）有限公司 / 194

依法治企促和谐　创新驱动助发展
新疆天业（集团）有限公司 / 200

建和谐劳动关系　促企业稳定发展
新疆伊力特实业股份有限公司 / 206

附录：2014—2015年劳动立法与政策汇编 / 211
后记 / 330

第一部分

企业劳动关系状况

第一章 劳动关系立法与政策

2014—2015年度，劳动关系立法与政策的变迁仍呈现出以规章、政策性文件出台及修订为主的细节性补充和完善的局面。这种局面形成的主要原因有：一是前十年，《劳动合同法》《社会保险法》《就业促进法》《劳动争议调解仲裁法》等基础性法律法规相继出台，劳动关系法律框架性建设已大致完成；二是各项基础性法律法规充分有效的实施，需要诸多细节性制度与规范的支持和保障，这就需要一系列规章与政策性文件的补充和完善；三是作为劳动关系法律基石的《劳动法》修改迟迟不能提上日程，新旧法律之间的矛盾和裂隙，需要有在制订上更为灵活的规章与政策性文件进行缓冲和弥合。但从长远来看，以修改《劳动法》为契机，将劳动合同、集体合同、工资、工时、休息休假、职业培训、社会保险、职业安全卫生等劳动关系主要法律制度整合起来，形成一部更具系统性和权威性的《劳动法典》，是我国劳动关系法治建设未来终须实现的目标。

一、就业创业扶持政策

随着国民经济进入新常态，生产结构调整与生产方式转变亦进入关键时期。通过政策性扶持和鼓励来支持创业、促进就业，为国民经济提供更强的活力和发展动力，成为当前劳动关系立法与政策关注的重要内容。

1998年以来，国家对下岗失业人员再就业给予了一系列税收扶持政策，特别是自2011年1月1日起实施了新的支持和促进就业的税收优惠政策，进一步扩大了享受税收优惠政策的人员范围，对于支持重点群体创业就业、促进社会和谐稳定、推动经济发展发挥了重要作用。该政策于2013年12月31日执行到期。根据当前宏观经济形势和就业面临的新情况、新问题，为扩大就业，鼓励以创业带动就业，经国务院批准，财政部、国税总局和人社部于2014年4月29日发布了《关于继续实施支持和促进重点群体创业就业有关税收政策的通知》。随后，国税总局、财政部、人社部、教育部、民政部等国务院五部门于2014年5月30日联合发布了《关于支持和促进重点群体创业就业有关税收政策具体实施问题的公告》。此后，2015年2月9日，财政部、国税总局、人社部、教育部又联合发布了《关于支持和促进重点群体创业就业税收政策有关问题的补充通知》。2015年6月17日，国务院办公厅发布了《关于支持农民工等人员返乡创业的意见》及《鼓励农民工等人员返乡创业三年行动计划纲要（2015—2017）》。上述政策性文件最终形成以就业创业证制度为核心、主要面向高校毕业生和农民工的创业就业扶持政策。2014年11月6日，人社部、财政部、国家发改委、工信部联合发布了《关于失业保险支持企业稳定岗位有关问题的通知》，以在调整优化产业结构中更好地发挥失业保险预防失业、促进就业作用，激励企业承担稳定就业的社会责任。对采取有效措施不裁员、少裁员，稳定就业岗位的实施兼并重组企业、化解产能严重过剩企业、淘汰落后产能企业以及经国务院批准的其他行业、企业，由失业保险基金给予稳定岗位补贴（以下简称"稳岗补贴"）。2015年4月27日，国务院发布《关于进一步做好新形势下就业创业工作的意见》，要求将失业保险基金支持企业稳岗政策的实施范围，由兼并重组企业、化解产能过剩企业、淘汰落后产能企业等三类企业扩大到所有符合条件的企业。2015年7月3日，人社部失业司下发《关于进一步做好失业保险支持企业稳定岗位工作有关问题的通知》，加大了通过向符合条件的企业发放稳岗补贴来鼓励、支持、引导企业稳定就业岗位的力度。

2015年2月27日，人社部、财政部联合发布《关于调整失业保险费率有关问题的通知》，通过建立健全失业保险费率动态调整机制进一步减轻企业负担，促进就业稳定。从2015年3月1日起，失业保险费率暂由现行条例规定的3%降至2%，并要求各地降低失业保险费率要坚持"以支定收、收支基本平衡"的原则。要充分考虑提高失业保险待遇标准、促进失业人员再就业、落实失业保险稳岗补贴政策等因素对基金支付能力的影响。

此外，为了进一步发挥社会中介机构专业化服务来促进就业的作用，加强就业服务的合规化和市场化,人社部还在2014年底至2015年5月陆续修订了《就业服务与就业管理规定》《中外合资中外合作职业介绍机构设立管理暂行规定》《人才市场管理规定》《中外合资人才中介机构管理暂行规定》等一系列关于就业服务与就业中介管理方面的部门规章。当然,上述各规章中对就业与人力资源服务中介组织的注册资本金要求的取消,也与2014年新修改的公司法将注册资本实缴登记制改为认缴登记制有着密切联系。一定程度上说明了劳动与人力资源市场随着整个市场经济发展而在弹性和自由度上的加强,这将更有利于生产性就业在我国的充分实现。

二、关于全面推进人力资源社会保障法治建设的政策

2015年7月6日,为贯彻落实《中共中央关于全面推进依法治国若干重大问题的决定》精神,进一步加强人社部门法治建设工作,人社部出台了《关于全面推进人力资源社会保障部门法治建设的指导意见》。该《意见》不仅对人社部门依法行政具有重要指导作用,同时也将为企业劳动用工中的依法治企和合规管理创造不可或缺的外部法治环境。

在推进劳动关系立法建设方面,《意见》要求,推进人力资源和社会保障法律规范体系建设。要求各级人社部门按照人社部提出的立法体系构想,上下联动推进就业创业、社会保险、人才开发、人事管理、收入分配、劳动关系等方面的立法和配套法规体系建设。要完善科学民主立法程序,人社部和有立法权的地方人社部门要健全立法草案立项、起草、协调、论证机制,完善工作程序,并健全立法工作和社会公众沟通机制。要坚持立法与改革协调推进,各级人社部门要充分利用现行法律法规提供的制度空间和条件,大胆探索、勇于创新,重点推进健全促进就业创业体制机制、社保配套制度、人才人事管理体制、工资收入分配制度、劳动关系调整机制等方面的改革。

在推进劳动关系法制实施方面,《意见》要求,健全人力资源和社会保障法治实施体系。要依法全面履行部门职能,各级人社部门要围绕"民生为本、人才优先"的工作主线,全面推进依法履职,坚持管理与服务并重。要建立权力清单和责任清单制度,减少权力行使环节,优化权力运行流程,继续深化行政审批制度改革,创新管理服务方式。要健全重大行政决策机制,

各级人社部门要坚持把公众参与、专家论证、风险评估、合法性审查、集体讨论决定作为重大行政决策必经程序。要完善行政执法体制机制,各地人社部门要积极推进行政执法体制改革。要坚持严格规范公正文明执法,各地人社部门要制定和完善行政执法程序规定,建立健全行政裁量权基准制度,严格执行重大执法决定法制审核制度,全面落实行政执法责任制。要创新行政执法和服务方式,各地人社部门要建立行政执法公示制度,加强网上执法办案系统建设,建立健全行政管理相对人信用记录制度,健全执法办案信息查询系统,同时要积极推行人力资源社会保障法规规章实施后的调研评估。要全面推进政务公开,各级人社部门要加大对行政许可、社会保险费征收、劳动保障违法案件查处等的公示力度,推进就业创业扶持、社会保险基金管理、职业资格认定等社会高度关注事项的公开。

三、关于国企改革中劳动关系与人力资源管理的政策

2015年8月24日,中共中央、国务院发布《关于深化国有企业改革的指导意见》,在对国企改革作出全局性指导的同时,也对国有企业劳动关系和人力资源管理现状的改革提出"实现内部管理人员能上能下、员工能进能出、收入能增能减的市场化机制更加完善"的目标。为此,《意见》提出以下要求:

一是建立国有企业领导人员分类分层管理制度。坚持党管干部原则与董事会依法产生、董事会依法选择经营管理者、经营管理者依法行使用人权相结合,不断创新有效实现形式。上级党组织和国有资产监管机构按照管理权限加强对国有企业领导人员的管理,广开推荐渠道,依规考察提名,严格履行选用程序。根据不同企业类别和层级,实行选任制、委任制、聘任制等不同选人用人方式。推行职业经理人制度,实行内部培养和外部引进相结合,畅通现有经营管理者与职业经理人身份转换通道,董事会按市场化方式选聘和管理职业经理人,合理增加市场化选聘比例,加快建立退出机制。推行企业经理层成员任期制和契约化管理,明确责任、权利、义务,严格任期管理和目标考核。

二是实行与社会主义市场经济相适应的企业薪酬分配制度。企业内部的薪酬分配权是企业的法定权利,由企业依法依规自主决定,完善既有激

励又有约束、既讲效率又讲公平、既符合企业一般规律又体现国有企业特点的分配机制。建立健全与劳动力市场基本适应、与企业经济效益和劳动生产率挂钩的工资决定和正常增长机制。推进全员绩效考核，以业绩为导向，科学评价不同岗位员工的贡献，合理拉开收入分配差距，切实做到收入能增能减和奖惩分明，充分调动广大职工积极性。对国有企业领导人员实行与选任方式相匹配、与企业功能性质相适应、与经营业绩相挂钩的差异化薪酬分配办法。对党中央、国务院和地方党委、政府及其部门任命的国有企业领导人员，合理确定基本年薪、绩效年薪和任期激励收入。对市场化选聘的职业经理人实行市场化薪酬分配机制，可以采取多种方式探索完善中长期激励机制。健全与激励机制相对称的经济责任审计、信息披露、延期支付、追索扣回等约束机制。严格规范履职待遇、业务支出，严禁将公款用于个人支出。

三是深化国有企业内部用人制度改革。建立健全企业各类管理人员公开招聘、竞争上岗等制度，对特殊管理人员可以通过委托人才中介机构推荐等方式，拓宽选人用人视野和渠道。建立分级分类的企业员工市场化公开招聘制度，切实做到信息公开、过程公开、结果公开。构建和谐劳动关系，依法规范企业各类用工管理，建立健全以合同管理为核心、以岗位管理为基础的市场化用工制度，真正形成企业各类管理人员能上能下、员工能进能出的合理流动机制。

四是探索实行混合所有制企业员工持股。坚持试点先行，在取得经验基础上稳妥有序推进，通过实行员工持股建立激励约束长效机制。优先支持人才资本和技术要素贡献占比较高的转制科研院所、高新技术企业、科技服务型企业开展员工持股试点，支持对企业经营业绩和持续发展有直接或较大影响的科研人员、经营管理人员和业务骨干等持股。员工持股主要采取增资扩股、出资新设等方式。完善相关政策，健全审核程序，规范操作流程，严格资产评估，建立健全股权流转和退出机制，确保员工持股公开透明，严禁暗箱操作，防止利益输送。

四、其他劳动和社会立法与政策

和谐劳动关系对于促进企业发展、维护职工权益，促进经济持续健康发展和社会和谐稳定具有重大意义。为此，中共中央、国务院于2015年4月8日正式出台《关于构建和谐劳动关系的意见》。该《意见》成为新时期劳动关系工作的纲领性文件。

2015年6月3日，人社部和中央综治办联合发布《关于加强专业性劳动争议调解工作的意见》。《意见》强调建立党委、政府领导、综治协调、人力资源社会保障行政部门主导、有关部门和单位共同参与的专业性劳动争议调解工作机制，健全调解组织，完善工作制度，强化基础保障，提升专业性劳动争议调解工作能力，发挥专业性调解在争议处理中的基础性作用，促进劳动关系和谐与社会大局稳定。《意见》要求，对于重大集体劳动争议案件，各地仲裁机构要会同工会、企业代表组织及时介入，积极引导当事人双方通过调解化解争议，调解成功的要现场制作调解书，调解不成的要及时引导进入仲裁程序。

作为社会保障制度重要组成部分的住房公积金制度与用人单位和员工的权利义务息息相关。现行《住房公积金管理条例》修订至今已十余年，随着我国经济环境的变化和房地产市场的迅速发展，住房公积金制度在实施中暴露出一些亟待解决的问题。为此，住房城乡建设部组织起草了《住房公积金管理条例（修订送审稿）》，并由国务院法制办于2015年11月20日公布，向全社会公开征求意见。该修订送审稿的基本思路是：以维护缴存职工合法权益为基础，以更好地支持缴存职工解决住房问题为目标，改进住房公积金缴存、提取、使用政策，健全监督管理机制，强化社会监督，提高管理运营透明度，建立公开规范的住房公积金制度。为此，该修订送审稿从规范缴存政策、完善决策机制、规范机构设置、放宽提取条件、增强资金流动性、促进资金保值增值、加强风险防范、提高服务水平、强化监督检查和健全执法手段几个方面对现行法规的内容进行了修改、补充和完善。

此外，《失业保险条例》的修订与《企业裁减人员规定》的制订工作仍在进行中，如何更好地在保护劳动者权益、维护社会稳定和谐、合理减轻企业负担、维持经济发展活力等诸项目标中实现平衡与兼顾，是上述立法工作的重点与难点。

第二章 劳动力市场与就业

2014年,尽管我国经济下行压力持续增加,广大企业经营发展出现困境,但在党中央、国务院的正确领导下,在各级政府部门和社会各界的努力下,2014年中国劳动力市场和就业形势依然保持总体平稳,城镇新增就业人数、城镇失业人员再就业人数、困难人员就业人数等多项指标平稳增长。2014年全国就业人员77253万人,比上年末增加276万人;其中城镇就业人员39310万人,比上年末增加1070万人。从市场供求指数看,当前人力资源市场用工需求保持相对稳定,供求人数均呈现收缩态势。但结构性矛盾仍比较突出,一些高校毕业生就业难、部分企业招工难、技术工人短缺的现象较为普遍。我国经济发展进入新常态,对劳动力市场与就业产生的影响也将日益凸显。经济增速下降使就业增长面临严峻挑战,劳动力供给总量和结构变化也将对经济社会发展产生广泛影响。

一、2014年我国劳动力市场与就业状况

2014年,我国坚持把稳增长、保就业作为宏观调控的重要目标,深入实施就业优先战略和更加积极的就业政策,就业工作取得积极进展,就业局势保持总体稳定。年末全国城镇新增就业人数1322万人,同比多增12万人,再创历史新高。全国就业人员中第一产业就业人员占29.5%;第二产业就业人员占29.9%;第三产业就业人员占40.6%。城镇失业人员再就业人数551万人,就业困难人员就业人数177万人。年末城镇登记失业人数为952万人,城镇登记失业率为4.09%。全年全国共帮助5.8万户零就业家庭实现每户至少一人就业。组织2.7万名高校毕业生到农村基层从事"三支一扶"工作。2014

年全国农民工总量达到27395万人，比上年增加501万人，增长1.9%。其中外出农民工16821万人，比上年增加211万人，增长1.3%；本地农民工10574万人，增加290万人，增长2.8%。

2014年，我国就业在经济放缓情况下不减反增，劳动力市场形势总体平稳。这与各级政府有效调控，促进就业，深化改革与结构调整不断释放增长红利，以及大众创业、万众创新迸发出的市场活力都有着密切关系。据中国人力资源市场信息监测中心对全国100个城市的公共就业服务机构市场2014年第四季度供求信息进行的统计分析，2014年中国劳动力市场主要有以下几方面表现：

一是城镇企业用工稳定增长，用工需求略大于供给，年末市场供求人数均有所减少。2014年全国就业人数继续增加，城镇登记失业率继续保持在较低水平，简政放权、结构调整、转型升级等改革红利的释放是其中的重要因素。中国人力资源市场信息监测中心的统计分析显示，用人单位通过公共就业服务机构招聘各类人员约494万人，进入市场的求职者约430万人，岗位空缺与求职人数的比率约为1.15，与上季度和上年同期均上升了0.05，市场需求略大于供给。与2013年同期相比，四季度的需求人数增加了11.6万人，增长了2.5%，求职人数减少了1.1万人，下降了0.3%，需求人数增长幅度高于求职人数。与上季度相比，四季度的需求人数和求职人数分别减少了55.4万人和61.7万人，各下降了10.4%和13%，市场需求人数下降幅度低于求职人数。

二是东、西部地区企业用工需求高于求职人数，东、中、西部三大区域市场供求均有所减少。东、中、西部市场岗位空缺与求职人数的比率分别为1.14、1.15、1.17，企业用工需求均略大于供给。与2013年相比，东、西部地区市场供求呈增长态势，企业用人需求的增长幅度高于求职人数，中部地区市场供求人数均有所下降，企业需求人数的下降幅度低于求职人数。其中，东部地区市场用人需求增加了8.7万人，增长了3.3%，求职人数增加了0.9万人，增长了0.4%；中部地区市场用人需求和求职人数分别减少了8.7万人和10.5万人，各下降了7.5%和10.1%；西部地区市场用人需求和求职人数分别增加了近11.6万人和8.5万人，各增长了13.3%和11.1%。2014年第四季度，东、中、西部三大区域市场供求均呈下降态势，东、中部地区市场用人需求的下降幅度低于求职人数，西部地区市场用人需求的下降幅度略高于求职人数。其中，东部地区市场需求人数和求职人数分别减少了26.8万人和36.8万人，各下降了8.8%和13.2%；中部地区市场需求人数和求职人数分别减少了13.3万人和14.7万人，各下降了11.4%和14.2%；西部地区市场需求人数和求职人数分别减少了15.3万人和10.2万人，各下降了13.7%和10.9%。

三是制造业、居民服务和其他服务业等行业用人需求增长，但大部分行业用人需求减少。截至2014第四季度。用人需求增加较多的行业有：电力、煤气及水的生产和供应业（33.2%）；农、林、牧、渔业（17.9%）；交通运输、仓储和邮政业（14.1%）；信息传输、计算机服务和软件业（11.7%）；制造业（8.2%）；居民服务和其他服务业（6.9%）。用人需求减少较多的行业有：批发和零售业（-6.6%）；住宿和餐饮业（-8.4%）；采矿业（-25.2%）。与第三季度相比，除卫生、社会保障和社会福利业（11.2%）、电力、煤气及水的生产和供应业（2.4%）等行业的用人需求略有增长外，其他各行业的用人需求均有所减少。其中，用人需求减少人数较多的行业有制造业（-12%）、批发和零售业的用人需求（-11.3%）、住宿和餐饮业（-7.6%）等。

四是企业对中、高级技能人才和专业技术人员的需求增长，高级工程师、高级技师、技师、工程师的缺口最大。统计分析显示，59.9%的企业用人需求对技术等级或职称有明确要求（其中对技术等级有要求的占34.3%，对职称有要求的占25.6%）。59.7%的求职者具有一定技术等级或职称（其中具有职业资格证书的占35.9%，具有职称的占23.8%）。各技术等级的岗位空缺与求职人数的比率均大于1，劳动力需求大于供给。其中，高级专业技术职务（高级工程师）、职业资格一级（高级技师）、职业资格二级（技师）、中级专业技术职务（工程师）岗位空缺与求职人数的比率较大，分别为2.10、2、1.91、1.81。企业除对初级技能（-22.9%）的用人需求有所减少外，其余各类技术等级用人需求均有所增长，其中，对高级技师的用人需求增长35.9%。从专业技术职务看，对初、中、高级专业技术职务的用人需求分别增长了64%、3.2%、38.4%。2014年第四季度，企业对各类技术等级的用人需求下降。企业对初级专业技术职务的用人需求增长27.6%，而对中、高级专业技术职务的用人需求分别下降7.1%和7.4%。

二、我国2014年就业和劳动力市场的突出特点

1. 积极制定并落实促进重点群体就业的政策措施

2014年，中国经济增速换挡、企业效益欠佳、结构调整压力显现等种种因素叠加，使促进就业，规范劳动力市场面临巨大考验。在这样的背景下，党中央、国务院以及各级政府始终将"保就业"作为稳增长的"底线"，实施就业优先战略和更加积极的就业政策，特别是针对高校毕业生、农村转移劳动力、城镇就业困难人员等重点群体推出并落实了一系列颇具效力的政策措施。高校毕业生就业一直是我国就业工作的重中之重。2014年我国高校研究生和本科专科毕业生总计达到713万人。为了能够更好的促进高校毕业生就业创业，国务院办公厅5月14日下发了《关于做好2014年全国普通高等学校毕业生就业创业工作的通知》，人力资源社会保障部于3月4日下发了《关于做好2014年全国高校毕业生就业工作的通知》，文件着重市场导向和改革创新，在创业扶持和就业促进方面进一步完善相应措施。为了进一步做好大学生就业服务工作，鼓励大学生创业，5月30日，国家税务总局 财政部 人力资源社会保障部 教育部 民政部下发《关于支持和促进重点群体创业就业有关税收政策具体实施问题的公告》，提出了一系列的税收优惠政策，人力资源社会保障部等九部门下发了《关于实施大学生创业引领计划的通知》。人力资源社会保障部相继印发了《关于进一步加强高校毕业生就业创业政策宣传工作的通知》《关于下达大学生创业引领计划任务指标的通知》《关于开展2014年全国高校毕业生就业服务月活动的通知》。各地也提出并实施了诸如"大学生就业促进计划""大学生创业引领计划""离校未就业高校毕业生就业促进计划"以及高校毕业生就业服务周等等一系列政策措施，成效显著，2014年高校毕业生就业形势总体稳中趋好。此外，还通过一系列政策措施不断解决一些困难群体的就业问题，如下岗失业人员、残疾人就业问题以及进一步提高中小企业吸纳就业的能力。如人力资源社会保障部、中国残疾人联合会共同下发的《关于开展2015年就业援助月专项活动的通知》《关于知识产权支持小微企业发展的若干意见》《中小企业发展专项资金管理暂行办法》《国务院关于促进市场公平竞争维护市场正常秩序的若干意见》等。

2. 农民工的就业分布和就业结构发生较大变化

2010年以来农民工总量增速持续回落。2011年、2012年、2013年和2014年农民工总量增速分别比上年回落1.0、0.5、1.5和0.5个百分点。2011年、2012年、2013年和2014年外出农民工人数增速分别比上年回落2.1、0.4、1.3和0.4个百分点。近三年本地农民工人数增速也在逐年回落，但增长速度快于外出农民工增长速度。年轻农民工比重逐年下降。分年龄段看，农民工以青壮年为主，16～20岁占3.5%，21～30岁占30.2%，31～40岁占22.8%，41～50岁占26.4%，50岁以上的农民工占17.1%。调查资料显示，40岁以下农民工所占比重继续下降，由2010年的65.9%下降到2014年的56.5%，农民工平均年龄也由35.5岁上升到38.3岁。高中以上文化程度比例增加，高中及以上农民工占23.8%，比上年提高1个百分点。其中，外出农民工中高中及以上的占26%，比上年提高1.6个百分点，本地农民工高中及以上的占21.4%，比上年提高0.3个百分点。接受技能培训的比例提高。接受过技能培训的农民工占34.8%，比上年提高2.1个百分点。其中，接受非农业职业技能培训的占32%，比上年提高1.1个百分点；接受过农业技能培训的占9.5%，比上年提高0.2个百分点；农业和非农业职业技能培训都参加过的占6.8%，比上年提高0.4个百分点。分性别看，男性农民工接受过农业和非农业职业技能培训的占36.4%，女性占31.4%。分年龄看，各年龄段农民工接受培训比例均有提高。农民工在第三产业从业的比重提高，农民工在第二产业中从业的比重为56.6%，比上年下降0.2个百分点。农民工在第三产业从业的比重为42.9%，比上年提高0.3个百分点。其中，从事批发和零售业的农民工比重为11.4%，比上年提高0.1个百分点；从事交通运输、仓储和邮政业的农民工比重为6.5%，比上年提高0.2个百分点；从事住宿和餐饮业的农民工比重为6.0%，比上年提高0.1个百分点。

为进一步做好促进农民工就业以及相关服务工作，国家也制定并颁布了一系列的政策，如国务院下发的《关于进一步做好为农民工服务工作的意见》，对促进农民工就业创业、维护农民工合法权益、并做好农民工服务工作做了详细的规定。人力资源社会保障部 全国总工会 全国妇联联合下发《关于开展2015年春风行动的通知》，目的是使有培训愿望的农村劳动者得到免费技能培训；使农村转移劳动力得到有效的免费就业信息和有组织的劳务输出服务；使常住城镇的农村转移就业劳动者得到均等化的公共就业服务；使返乡农民工得到就业和创业服务，做到宣传引导到位、服务对接到位、政策落实到位。此外，人社部还发布了《人力资源社会保障办公厅关于开展企业春季用工需求调查和农村外出务工人员就业情况调查的通知》。

3. 就业结构性矛盾依旧突出

就业结构性矛盾突出表现为"高劳动力供给下的招工难"和"高劳动力需求下的就业难"。一方面，高劳动力供给条件下出现普遍持续的招工难。近两年，虽然我国劳动年龄人口有所下降，但是，劳动力资源丰富，供给仍处高位的基本国情尚未改变。尽管如此，人力资源市场却出现了较为普遍持续的招工难，首先，一线简单劳动力招工难，近年来，一些劳动密集型企业，如纺织服装，电子加工餐饮服务等企业，都出现了一线普通操作工和服务员短缺现象，并从阶段性缺工逐渐演变常年性缺工。这个现象，从东部开始，已经逐渐向中西部地区蔓延。其次技工短缺越来越突出，据中国人力资源市场信息监测中心的统计，2014年第四季度，高级工程师、高级技师、技师、工程师求人倍率分别为2.10、2.0、1.91、1.81，这意味着高技能人才总量空缺达到一半左右。最后，高层次创新型人才更为稀缺，随着各种新产品、新技术、新业态、新模式的出现，适应和引领这些新经济的人才也十分短缺，一些关键领域的高层次创新型人才，更是千金难求。

另一方面，高劳动力需求条件下出现部分劳动者就业困难。近年来，人力资源市场的求人倍率始终保持在1.0以上，2014年第四季度达到1.15的历史高位，这意味着，人力资源市场的需求总体上是大于供给。但与此同时，部分劳动者就业难的问题却一直存在。首先高校毕业生就业难持续加大。据教育部门统计，近几年每年都有约25%的毕业生，在离校之前找不到合适工作，特别是新办本科院校、独立学院、民办院校的毕业生找工作更难。教育、历史、财会、管理等文科专业毕业生的就业率，比全国平均水平要低近十个百分点，随着高校毕业生数量的逐年上涨，其就业问题日益成为社会关注的焦点。其次，经济下行和结构调整中的失业风险增加。在经济结构深度调整过程中，必然会带来劳动力在产业间的转移，以及对低技能劳动力产生排挤,对劳动者转换职业的能力提出更高要求。在化解产能过剩、淘汰落后产能过程中,部分企业会因困难加重而裁员,使隐性失业显性化,造成局部地区的失业率攀升。部分地区企业减少工作时间、欠薪、停工放假的现象已经开始增多。此外,大龄低技能劳动者就业难问题始终存在,除开发公益性岗位进行兜底安置外,目前尚未找到更好的解决办法。

4. 创业带动就业效应显现

2014年3月1日开始实施商事制度改革,放宽市场的准入条件,以工商注册登记的改革为契机,主要是营造更为宽松便利的营商环境,工商登记环节完全实行注册资本认缴登记制,取消注册资本最低限额、首次出资比例、货币出资比例、出资期限,公司登记不再提交验资报告。商事制度改革有力激发了市场活力。2014年3月—12月,我国新登记注册企业呈现"井喷式"增长,全国新登记注册市场主体1146.69万户,同比增长16.82%。其中,企业323.51万户,增长48.76%,平均每天新登记企业1.06万户。商事制度改革通过降低创业门槛、改善营商环境,掀起了大众创业、万众创新的高潮。

2014年是全面深化改革的开局之年。新一届政府以深化行政审批制度改革为突破,推出一系列重大改革措施,全年分3批取消下放行政审批事项247项。而其中,有关投资创业创新和就业的有160多项,有效地带动了创业,促进了就业。国务院及其有关部门还颁布了一系列关于支持创业就业的政策措施,包括《知识产权支持小微企业发展的若干意见》《关于促进市场公平竞争维护市场正常秩序的若干意见》《关于印发〈中小企业发展专项资金管理暂行办法〉的通知》《国务院关于加快科技服务业发展的若干意见》《关于深化中央财政科技计划(专项、基金等)管理改革方案的通知》《关于国家重大科研基础设施和大型科研仪器向社会开放的意见》《注册资本登记制度改革方案的通知》《关于确定第二批全国创业孵化示范基地的通知》《关于进一步加强高校毕业生就业创业政策宣传工作的通知》等。大众创业、万众创新不仅为新常态下的中国社会经济发展注入强大活力,也随之创造了大量的就业机会,以创业带动就业的效应开始显现,成为解决就业的一条重要渠道。根据国家工商总局的相关数据,截至2014年12月底,全国个体私营经济从业人员实有2.5亿人,比2013年底增加了3117.66万人,增长14.26%。

北京师范大学劳动力市场研究中心发布的《2015中国劳动力市场发展报告》认为，中国已进入改革开放以来的第四次创业浪潮，创业就业表现出以下八个特征：一是支持创业带动就业的政策体系逐步完善；二是"众创"新时代已经到来；三是创业带动就业作用日趋明显；四是创业显著提高就业质量；五是创业促进就业结构优化；六是技术创新引领创业潮流；七是新生代创业者主导创新驱动型创业；八是创业教育体系基本形成。

5. 人力资源市场管理工作进一步加强

在2007年国务院出台的《关于加快服务业的若干意见》中首次将人力资源服务业写入国务院文件，此后各类促进人力资源服务业发展的政策规范等相继颁布。2014年12月25日，人社部与国家发改委、财政部联合下发了《关于加快发展人力资源服务业的意见》。《意见》明确提到在2020年从业人员达到50万人、产业规模超过2万亿元、形成20家左右的龙头企业和行业领军企业等目标。为了达到以上目标，相关扶持政策将陆续出台。人社部按照推进商事制度改革的要求，将"设立人才中介服务机构及其业务范围审批"等行政许可事项，由工商登记前置审批改为后置审批，进一步激发人力资源市场主体活力。将人力资源市场对外资开放相关试点措施，扩大到中关村国家自主创新示范区实施，推动我国人力资源服务业加快与国际接轨。人力资源服务机构诚信体系建设深入推进，开展全国人力资源诚信服务示范机构确定工作，确定106家单位为"全国人力资源诚信服务示范机构"，充分发挥典型引路和示范带动作用。大力推进人力资源服务标准化建设工作，制定发布《现场招聘会服务规范》和《人才测评服务业务规范》两项国家标准。人力资源服务体系进一步完善。截至2014年底，全国县以上政府普遍设立了公共就业和人才服务机构，全国各类人力资源服务企业达2.52万家，从业人员40.7万人，行业全年营业总收入达到8,058亿元，比上年增长了16.03%。各类人力资源服务机构以市场需求为导向，全年共为48895万家次用人单位提供各类人力资源服务，不断拓展人力资源服务领域，丰富了服务内容，提升了服务水平。根据国家统计局的统计，自2012年劳动年龄人口绝对量首次出现下降后，我国劳动年龄人口绝对量以及劳动年龄人口占总人口比例持续下降。2014年16~59岁劳动年龄人口为9.16亿人，比2013年减少371万人，占人口比重为67.0%，比2013年减少0.6个百分点。作为中国30多年经济高速增长最重要的力量之一，中国的人口红利逐步消退。在人口红利消退的大背景下，对人力资源服务业带来的正面影响有以下两方面：首先，劳动年龄人口的减少促使劳动力市场供求关系发生变化，劳动力需求方对招聘流程外包业务、灵活用工业务的需求将逐步加大；另外，人口红利的衰退将使得企业对人力资源内涵价值及效率的提升提出更高的要求，中国的经济增长动力将从以往的"人口红利"转为"人才红利"，人才的竞争将变得更为激烈，市场对人力资源服务的需求将持续提升，尤其是能获取高端人才的中高端人才访寻业务。

三、新常态下促进就业和规范劳动力市场的建议

当前，在经济结构调整进一步加深，经济增速继续探底，企业经营环境没有明显改善，创业活力依然不足的情况下，我国的就业和劳动力市场发展依然面临严峻的挑战。部分行业产能严重过剩，稳定现有岗位和进一步扩大就业面临较大压力；高校毕业生就业任务更加艰巨，一些影响毕业生流动的体制机制障碍依然存在；就业结构性矛盾更加突出，失业风险加大。新常态下促进就业和劳动力市场发展应着重以下几个方面：

1. 坚持市场导向的就业机制

十八届三中全会提出"使市场在资源配置中起决定性作用"，劳动力作为一种重要且特殊的资源，应当有充分的就业选择权，从而体现其对自身劳动力资源的自由支配权。因此，就业政策的制定和就业体质的改革必须适应新常态下经济发展的规律，强调发挥市场和个人的决定性作用。要关注新技术、新产品、新业态、新商业模式的大量涌现。移动互联网的发展、基础设施的互联互通等不仅提供了新的就业渠道，也要求相应的保障制度和规范措施及时跟上，从而使市场配置资源的作用发挥更加充分。要破除和防止国家就业制度和政策的大包大揽，改变部分劳动者"等靠要"的旧观念。积极调动劳动者的积极性，充分发挥个人的主观能动性，最大限度地拓展就业渠道，努力实现自主就业。政府应加快职能转变，创造公平市场竞争环境，

培育市场化的创新机制,在保护产权,维护公平,改善金融支持强化激励机制,聚集优秀人才等方面,发挥积极作用。

2. 积极应对和解决就业结构性矛盾问题

在结构调整,转型升级过程中,要更加注重与扩大就业规模、改善就业结构、提升就业质量紧密衔接,在加快调整和优化产业结构的同时,通过提升经济需求结构和劳动力供给结构的匹配程度,增加劳动者需要的有效工作岗位,实现经济结构与就业结构的相协调。要建立培养从熟练工人到高层次人才的多层次全方位的政策和培训支持体系,重点要加强农村转移劳动力的技能开发;以构建院校培训体系、用人单位培训体系、社会培训机构培训体系为重点,建立健全职业培训公共服务体系,大力实施农民工技能提升计划;要创新技能人才培养模式深化校企合作,努力满足劳动者提升职业能力差异化需求,畅通技能劳动者职业化发展通道,逐步构建起劳动者终身职业培训体系;要加快推进城镇化和区域均衡发展,促进农村转移劳动力稳定就业,并逐渐形成稳定的劳动力供给来源。

3. 进一步推动创业带动就业

大众创业、万众创新是我国经济发展的新引擎。鼓励劳动者创业,政府要实施一系列优惠政策,在市场准入、场地安排、税费减免、贷款贴息、社会保险补贴、岗位补贴、就业服务等方面给予一定的优惠和扶持,努力营造全民创业的环境和氛围,通过自主创业带动就业。要清理减少各类审批许可事项,开放非竞争性经营领域,扩大社会资本投资范围,为推动大众创业广开门路;大力发展各类形式各种类型的创意空间、创意园区和孵化基地,为创业者提供低成本、便利化、全要素、开放式的综合服务平台和发展空间;加快设立各类鼓励创业和提供资金支持的公共基金,加大政策性创业担保贷款和补贴力度,发展新型金融机构和融资服务机构,带动社会资本共同加大对中小微企业和个体经营者的创业创新投入;在提供公平创业机会的基础上,针对不同的劳动者,有针对性的改革完善相关政策,促进各类群体创业创新。

4. 进一步培育和完善人力资源市场

《中共中央关于制定国民经济和社会发展第十三个五年规划的建议》提出，统筹人力资源市场，打破城乡、地区、行业分割和身份、性别歧视，维护劳动者平等就业权利；同时强调要提高劳动力素质、劳动参与率、劳动生产率，增强劳动力市场灵活性，促进劳动力在地区、行业、企业之间自由流动。这是针对当前人力资源市场状况提出的进一步完善市场机制的明确要求。要尊重劳动者和用人单位的市场主体地位，建立健全相关法律制度，消除影响平等就业的制度性障碍；深化人力资源市场改革，促进劳动者自由流动，增强市场灵活性，保持市场活力；进一步加强人力资源市场管理，规范市场秩序，依法保障市场双方合法权益。大力发展人力资源服务业，健全统一开放、竞争有序的人力资源市场体系，提高人力资源配置的公平性和总体效率。强化公共就业服务，研究完善就业失业登记管理办法，推进公共就业人才服务标准化建设，健全公共就业信息服务平台，加快推进就业信息全国联网。制定出台促进人力资源服务业加快发展的政策措施。

5. 充分发挥失业保险的作用

在促进就业的同时，也要加强失业保障制度的不断完善，降低社会风险，使失业保障政策能够真正起到补短板、兜底线的作用，这样不仅能够保证就业方面各项政策的贯彻实施，而且将有力保障就业体制的改革创新以及企业转型升级各项措施的顺利实施。要扩大失业保险覆盖范围。把个体工商户、自由职业者、灵活就业人员和农民工纳入失业保险制度。适时提高失业人员的失业保险金标准，依法确保失业人员的基本生活。建立失业预警和失业动态监测制度，对可能出现的较大规模失业实施预警、调节和控制；加强失业人员再就业培训，帮助他们提高职业技能和创业能力；完善社会保障政策，根据国家经济发展水平和财政支付能力，适时提高下岗职工基本生活保障、失业保险和城市居民最低生活保障补助标准，同时完善养老保险、医疗保险等相关制度，切实解决失业人员和困难群众"看病难、看病贵"的问题，这样可以解除劳动者的后顾之忧，维护社会公平。

第三章 企业劳动用工

在经济增速减缓和结构调整的新常态下,企业劳动关系也更加多元和复杂,劳动用工管理都面临严峻的挑战。2014年,各级立法机关、劳动行政管理部门、协调劳动关系相关部门和机构通过法律修订、政策制定、活动开展等多种形式进一步促进劳动合同、集体合同、劳动基准等制度在企业的巩固和加强,同时,针对劳务派遣、行业性区域性集体协商、劳动定额等薄弱环节加大工作力度,使企业劳动用工管理不断规范,包括劳动管理在内的企业综合管理水平不断提升,在经济下行压力不断加大,企业经营困难的背景下,劳动关系依然保持了总体稳定,有力促进了整个社会的和谐稳定。

一、劳动用工管理制度建设取得积极成效

2014年,尽管企业经营发展环境出现了很大困难,但在政府、社会各界和企业的共同努力下,企业劳动用工管理进一步规范,制度建设取得积极成效。劳动合同签订率保持稳定,集体协商和集体合同制度进一步普及,企业人力资源管理更加重视和强调人的全面开发和人力资源的合理利用,劳动生产率稳步提升,劳动力价值进一步提高。

1. 劳动合同制度进一步完善

为进一步规范劳动用工,贯彻落实全国人大常委会修改《劳动合同法》有关劳务派遣用工相关规定的决定,解决劳务派遣工同工不同酬、同岗不同权,社保福利待遇低、职业发展受限等问题,打击滥用派遣制度等违法行为问题,人力资源和社会保障部于2014年1月24日颁布了《劳务派遣暂行规

定》，2014年3月1日起施行。《规定》明确用工单位应当严格控制劳务派遣用工数量，使用的被派遣劳动者数量不得超过其用工总量的10%。用工单位在规定施行前使用被派遣劳动者数量超过其用工总量10%的，应当制定调整用工方案，于规定施行之日起2年内降至规定比例。用工单位未将规定施行前使用的被派遣劳动者数量降至符合规定比例之前，不得新用被派遣劳动者。规定明确了同工同酬，用工单位应向被派遣劳动者提供与工作岗位相关的福利待遇，不得歧视被派遣劳动者。劳务派遣单位跨地区派遣劳动者的，应当在用工单位所在地为被派遣劳动者参加社会保险，按照用工单位所在地的规定缴纳社会保险费，被派遣劳动者按照国家规定享受社会保险待遇。劳务派遣单位未在用工单位所在地设立分支机构的，由用工单位代劳务派遣单位为被派遣劳动者办理参保手续，缴纳社会保险费。《劳务派遣暂行规定》对《劳动合同法》修正案起到了具体化和可操作化的作用。有力促进了修订后的《劳动合同法》的深入贯彻实施，企业劳动合同制度建设和劳动合同管理进一步规范。2014年末，全国企业职工劳动合同签订率达88%，保持基本稳定。

2. 集体协商和集体合同制度稳步推进

在深入推进集体合同制度实施彩虹计划的基础上，为巩固集体协商或集体合同工作成果，补足工作中存在的短板，有针对性的开展工作。2014年，国家协调劳动关系三方机制决定自2014-2016年推进实施"集体合同制度攻坚计划"。"计划"要求继续扩大集体协商和集体合同覆盖范围，着力提升协商质量和合同实效，逐步形成规范有效的集体协商机制。"计划"将继续以非公有制企业为重点对象，积极推进工资集体协商，并引导女职工较多和职业危害较大的企业开展专项协商。计划仍将行业性区域性集体协商作为深入推进集体合同制度建设的重点形式和主攻方向。在县级以下区域内大力推进建筑业、采矿业、餐饮服务业、服装制造业等劳动密集型行业开展集体协商，并逐步向知识密集型产业、新兴产业扩展。同时，具备条件的地区，继续稳妥探索在县级以上区域内开展行业集体协商。

各地按照部署，进一步推进集体合同制度，集体协商和集体合同覆盖范围不断扩大，工作取得了明显成效，时效性得以稳步加强，为促进劳动关系和谐稳定发挥了积极作用。2014年末，全国经人力资源社会保障部门审核备案的集体合同为170万份，覆盖职工人数1.6亿人。在实施过程中，各部门不断加强集体协商工作分类指导，把握"因企制宜、分企施策"的原则，增强集体协商的针对性和实效性。中国企业联合会积极引导企业加强学习，提高认识，切实重视集体合同制度建设。充分认识到集体合同制度作为企业劳动关系双方的沟通协调平台，不仅是保护职工工资福利权益的机制，更是一个增进劳资理解、信任、合作的重要管理工具，是加强企业管理的一项重要内容。要求企业在集体合同制度建设方面要建章立制，强化程序，实现集体协商制度化和规范化。要把建立完善集体合同制度和加强企业管理相结合，并使之融入企业文化，成为推动提升企业管理水平和形成优秀企业文化的重要因素。

2014年，中华全国总工会发布《关于提升集体协商质量增强集体合同实效的意见》和《深化集体协商工作规划（2014—2018年）》，明确从2014年起,用5年时间实现"在集体协商建制率动态保持在80%的基础上,集体合同所覆盖职工对集体协商的知晓率达到90%,职工对开展集体协商和签订集体合同工作的综合满意度稳步提高。《意见》明确指出,提升集体协商质量、增强集体合同实效,努力推动实现集体协商制度健全完善、工作机制系统科学、协商准备全面充分、协商内容详实具体、协商程序依法合规、协商过程真谈实谈、协商结果公平合理、协议履行及时有效。《规划》对5年集体协商工作进行全面部署,并提出量化指标,包括百人以上已建工会组织企业建制率保持在90%以上；全国专兼职集体协商指导员队伍规模保持在15万人以上,其中专职集体协商指导员队伍规模达到1万人以上；全国各级工会每年培训从事集体协商工作的工会干部和集体协商指导员24万人次；5年共形成100个行业、300个企业、50个区域集体协商典型,等等。

3. 研究制定雇主责任标准

企业作为用工管理主体，承担着实现自身发展、员工发展和社会发展的责任，是重要的责任主体。为进一步规范企业用工管理，努力使之不仅能够实现规范化、标准化，而且能够成为企业管理体系中的有机组成部分，从而促进企业整体管理水平提升。因此，中国企业联合会从2014年起开展中国雇主责任标准指标体系研究，力图建立一套综合全面的雇主责任标准，作为衡量企业履行雇主责任状况、提高企业用工管理水平、引领企业发展和服务社会进步的重要工具。中国雇主责任标准指标体系内容的形成和体系建构，参考和借鉴了国际、国内的相关标准。根据标准性质不同，将所参考的标准分为企业发展相关标准、劳动标准、企业社会责任标准三大类。通过对三大类标准的比较和借鉴，确定和完善中国雇主责任标准的指标体系。中国雇主责任标准指标体系的构建，综合考虑企业与多元利益方的关系，所选择的指标力求系统反映企业自身的发展，企业与员工、社会的关系，形成一个完整的系统。考虑到企业与社会关系的复杂性，中国雇主责任标准把企业与社会的关系细分为国家贡献、环境保护和诚信三个方面，从而形成由企业经营与发展、劳动关系和谐、国家贡献、资源环境友好、社会诚信五个子系统构成的指标体系。各子系统相辅相成，互相依存，又相对独立，各有侧重，体现出对企业负责、对职工负责、对社会负责的设计思想。中国雇主责任指标体系逻辑关系清晰，各子系统又相互关联，表现了较强的横向分类和纵向隶属关系。中国雇主责任标准指标体系分为三级：第一级指标为雇主责任核心主题；第二级指标为雇主责任核心主题的各项核心要素；第三级指标为雇主责任标准核心要素的衡量指标，反映了企业在各方面所实际达到的可衡量结果。中国雇主责任标准指标体系设计体现了科学性、可操作性、可比较性、可持续性、关键性和合法性原则。为验证中国雇主责任标准指标体系的可行性，中国企业联合会于2014年9—11月选择工业基础好、门类较广的安徽省淮北市进行雇主责任标准工作试点。可以看到，推动实施中国雇主责任标准，对实际工作有很强的指导意义，对于企业加强自身管理、促进规范提升、树立良好社会地位和形象都有重要的现实意义。

4. 企业劳动用工管理制度不断完善

一是人力资源管理制度不断进步。基于职位与基于能力的人力资源管理同步推进。企业越来越重视企业中人的能力培养，如对经理人职业化素养的培养、对技术专家创新能力的激活，对技能工人专业技能的开发与激励、对企业战略执行能力的塑造等；职能性与战略性人力资源管理同步推进，随着中国企业对企业战略的重视，纳入战略管理范畴的要素也越来越多，基于人力资源管理的重要性，更多的企业把人力资源作为企业战略规划和发展的内容；人力资源管理的基础流程与信息化建设同步推进。据相关调查显示，几乎所有的企业已经建立了智能化的人力资源信息系统或基础性的人力资源信息库。当前企业中，包括职位分析、职位评价、人员测评、人员培训开发、绩效考核、薪酬管理等在内的各种人力资源管理制度已经逐步建立并完善，各种新潮概念和前沿技术工具得到广泛应用。二是企业越来越重视规章制度建设。越来越多的企业已经认识到企业规章制度对于企业实现管理目的、提高管理效率的重要性，如果规章制度中的内容或者部分内容不能得到法律上的认可，就会造成管理行为的失效或者必须给予管理对象经济或精神方面的补偿，最终造成企业损失。为了防止规章制度风险的发生，一方面，很多企业在制定规章制度时，聘请外部专家或专业人士对规章制度的内容进行把关，避免内容违法。另一方面，在制定和公示环节，严格遵守法律规定的规章制度制定和修改的民主程序，并做好职工代表大会或者全体职工讨论、协商规章制度的有关书面资料的保存留档工作。同时，严格履行公示程序。三是多元化用工管理不断发展和完善。随着市场经济的发展，特别是劳动用工的市场化发展不断深入，既能保持企业总体用工稳定性，又具有一定程度上适应市场需求的灵活性用工的多元化用工模式已经为越来越多的企业所采用。多元化用工模式，主要采取了以固定用工为主，以劳务派遣、劳务外包、其他灵活性用工等多种用工为辅。多元化用工模式的选择，是企业适应市场规律，打破僵化的用工机制，提高劳动用工效率，降低用工风险的必然选择，是企业降低用工成本，通过对非核心岗位的灵活用工，使企业能够更专注于核心资源的培养，是企业用工模式发展的重要趋势。通过国家和各级地方对辅助用工模式的不断规范，多元化用工模式已经从企业规避法律义务、损害辅助用工岗位劳动者利益的手段逐步向提高人力资源管理效率的重要方式方面发展。劳务派遣和劳务分包等辅助用工方式也从损害歧视性、损害职工利益的代名词逐步回归本意，成为企业在守法、规范的前提下，作出的适应市场和符合企业自身发展需要的用工管理方面的制度性安排。

二、企业劳动用工方面存在的问题

2014年，经济发展新常态下，在劳动用工管理方面，高速发展过程中的一些被隐藏或掩盖的制度性问题逐渐凸显，一些亟待解决的问题也暴露出来，主要体现在以下几个方面：

1. 劳动合同制度方面的问题

小微企业劳动合同签订率低是一个普遍现象，根据国家统计局公布的数据，我国200人以下的小微企业占我国企业总数的99%以上，提供了77%的城镇就业岗位，是解决就业、吸纳劳动力的重要渠道。但是这其中，相当多的企业并没有与劳动者签订劳动合同，也没有承担相应的法律义务，这些企业职工流动率很高，劳动纠纷较多，已经成为劳动合同制度推进的难点和瓶颈。在企业层面，部分劳动合同形式化的问题还存在，劳动报酬和社会保险的缴纳等重要条款的约定不明确，条款内容不细致，纠纷隐患较多。一些企业缺乏完善的劳动合同管理制度，合同丢失、信息化水平低的现象还较为普遍的存在。

2. 集体协商和集体合同制度方面的问题

我国集体协商和集体合同制度的推动是政府和总工会主导的自上而下推动的一项制度，企业参与普遍比较被动，因此问题也比较多。一是认识不足，把集体协商看作是政府或上级工会布置的任务，应付差事。二是立法层次低，重原则指导、轻具体规定，缺乏切实可操作的细节规定和依据；缺乏明确监督机制。三是形式化、合同质量不高也是突出问题。签订集体合同的多，真正反映企业集体协商实质内容的少；双方代表签字的多，反映职工诉求的少；集体合同签约生效的多，职工知道了解的少；合同履行中得过且过的多，真正执行的少。四是工会缺乏独立性、代表性和谈判力。五是微利型中小企业为求生存不愿协商。这些企业技术含量低、竞争力不强，利润率已濒于亏本的临界点，已再无能力承担人力成本的大规模增长，这也是众多企业抵制集体协商制度的主要原因。

3. 企业劳动用工管理方面的问题

企业在用工管理方面的主要问题，一是人力资源管理水平有待进一步提高。很多企业人力资源管理理念还是比较落后，仍然采用传统的人事管理方式，只重视工作任务的完成，还没有形成适应经济发展形势的以人为中心的真正的人力资源管理，严重阻碍人才的培养和企业的发展。同时，人力资源管理人员的专业素质低，企业对人力资源管理投入不足，不专业的人力资源管理方式和管理人才，导致企业的各项规章制度脱离实际，甚至与法律规定相悖，导致企业人力资源管理部门在企业中的战略性地位无法提升。二是在多元化用工管理上还存在很多问题，如部分企业仍利用灵活性用工模式来规避企业法律义务，从而破坏了灵活用工市场的规范化；企业劳务派遣、外包人员等大量从事操作性辅助岗位，岗位技能要求较低，晋升机会少；劳务派遣、外包人员、实习生、返聘等人员与企业建立的是劳务关系，该类人员在企业属于临时性的服务，稳定性差，很难融入企业文化，对企业的归属感不强，忠诚度、敬业度差；人员的频繁更换，导致生产效率的下降，增加企业对新上岗人员的培训成本等。

三、完善劳动用工制度的基本思路和对策建议

1. 加强中小微企业劳动合同制度推动

要继续加强中小微企业的劳动合同制度建设，针对这些企业制度建设和维护成本高的问题，提出有针对性的对策，如鼓励对中小微企业提供劳动用工服务，并对这类服务实行减免税政策；通过税收优惠、实行社保优惠费率、国家政策性补贴等措施降低中小微企业用工成本等。从而提高此类企业劳资双方签订劳动合同的积极性。

2. 切实推动实施集体合同制度攻坚计划。

一是加大对集体合同制度的宣传力度，教育和引导企业和企业家正确认识集体合同制度，要通过研讨、交流、座谈、访谈等形式把集体合同制度对促进企业自身稳定发展、提高管理水平的积极作用向企业，特别是企业家

讲透讲明白。二是加大对企业协商代表的培训力度，提高协商代表的法律、业务和管理知识水平。三是积极引导企业把建立协商机制与管理科学化相结合，与建设优秀企业文化相结合。培育一批典型企业，总结典型经验，供广大企业借鉴与学习。四是积极开展区域性、行业性集体协商。

3. 推动落实雇主责任标准。

向社会各界特别是广大企业宣传中国雇主责任标准推动实施的重大意义和切实作用，在广大会员企业中广泛开展中国雇主责任标准推动工作，并集中工作力量对企业进行培训指导，促进工作顺利开展。结合地区经济发展和劳动关系的形势变化，对参与落实雇主责任标准的企业数量和类型、取得的成效及面临的问题进行动态管理和监测，为进一步完善雇主责任标准提供依据和参考。

4. 规范企业劳动用工管理。

一是规范企业劳动合同管理。建立企业劳动合同审核办法，对劳动合同的合规性进行严格审查，要建立遵守规范签约、合同保管、存档等相关的流程的规范制度。建立劳动合同管理的信息化系统，定期检查核对，对合同的信息进行及时更新。二是引导企业建立规范的内部规章制度。引导企业树立依法经营的理念，自觉在规章制度中落实相关法律法规和国家劳动标准。在规章制度中明确将劳动用工管理融入企业各项管理中。三是提高企业人力资源管理水平。建立现代企业人力资本从被动依附于货币资本已经转变为主动与货币资本共创、共享、共治的企业价值观，为构建和谐的新型劳动关系与合理的企业劳动用工体系，从深化其内部机制改革入手，注重企业的现代化人力资源管理。企业要根据自身的发展状况调整人力资源的管理制度，建立包括薪酬管理、激励机制、培训、职业生涯设立等在内各项人力资源管理制度。四是选择适合的用工模式。企业应该根据所处产业发展特点，认真梳理企业的经营管理流程，筛选出影响生存发展的关键业务流程和关键控制环节，选择相适宜的劳动用工模式。要处理好多种用工模式之间的关系，科学、合理组合与使用这些用工模式。

第四章 企业工资分配

2014年国民经济在新常态下运行,尽管经济减速,但与改善民生密切相关的就业与居民收入指标表现良好,国民收入分配格局呈现出向居民特别是农村居民倾斜的态势。年末全国就业人员77253万人,比上年末增加276万人,其中城镇就业人员39310万人,比2013年末增加1070万人。全国居民人均可支配收入20167元,比2013年名义增长10.1%,扣除价格因素实际增长8.0%,高于同期经济增长速度0.6个百分点。

一、企业工资分配状况

1. 工资增幅继续回落,东部地区持续领先,并且增速最快,行业差距仍然明显,但已呈现缩小趋势

2014年,面对国内外复杂的经济形势,我国经济社会发展总体平稳,经济运行处于合理区间。经初步核算,全年国内生产总值636463亿元,比2013年增长11.9%。全年工业增加值227991亿元,比上年增长7.0%,规模以上工业增加值比2013年增长8.3%。2014年我国就业总体上保持了平稳向好的态势,全年城镇新增就业1322万人,不仅超额完成了2014年初确定的全年新增就业1000万人的目标,还超过上一年城镇新增就业1310万人的数量,创出新世纪以来的最高值。劳动生产率稳步提高,全年国内生产总值与全部就业人员的比率为72313元/人,比2013年提高7.0%。2014年全年居民消费价格基本保持稳定,比2013年上涨2.0%。

以上因素都为促进企业工资增长、使全体劳动者共享经济发展成果,打下了坚实基础。

2014年全国城镇非私营单位就业人员年平均工资为56339元,与2013年的51474元相比,增加了4865元,同比名义增长9.4%,增幅回落0.7个百分点。其中,在岗职工平均工资57346元,同比名义增长9.5%,增幅回落0.6个百分点。扣除物价因素,2014年全国城镇非私营单位就业人员年平均工资实际增长7.1%。2014年全国城镇私营单位就业人员年平均工资为36390元,与2013年的32706元相比,增加了3684元,同比名义增长11.3%,增幅回落2.5个百分点。扣除物价因素,2014年全国城镇私营单位就业人员年平均工资实际增长9.0%。

从分区域看,2014年城镇非私营单位就业人员年平均工资由高到低排列是东部、西部、中部和东北,分别为64239元、51204元、46828元和46512元;同比名义增长率从高到低依次为东部9.7%、中部9.4%、西部9.0%和东北7.1%。城镇私营单位就业人员年平均工资由高到低依次是东部、西部、东北和中部,分别为39846元、33749元、30548元和30276元;同比名义增长率从高到低依次为中部11.5%、东部11.2%、西部10.8%和东北6.3%。详见表4-1。

表4-1 2014年城镇私营单位和非私营单位分地区就业人员年平均工资

(单位:元,%)

地区	城镇私营单位就业人员年平均工资			城镇非私营单位就业人员年平均工资		
	2014年	2013年	名义增长率	2014年	2013年	名义增长率
全国	36390	32706	11.3	56339	51474	9.4
东部	39846	35847	11.2	64239	58563	9.7
中部	30276	27149	11.5	46828	42767	9.4
西部	33749	30454	10.8	51204	46966	9.0
东北	30548	28737	6.3	46512	43438	7.1

数据来源:国家统计局

从分行业门类看,城镇私营单位年平均工资最高的三个行业分别是信息传输、软件和信息技术服务业51044元,是全国平均水平的1.40倍;科学研究和技术服务业47462元,是全国平均水平的1.30倍;金融业(主要是各种保险代理、典当行和投资咨询公司）41553元，是全国平均水平的1.14倍。年平均工资最低的三个行业分别是农、林、牧、渔业26862元，是全国平均水平的74%；住宿和餐饮业29483元，是全国平均水平的81%；居民服务、修理和其他服务业30580元，是全国平均水平的84%。

城镇非私营单位年平均工资最高的三个行业分别是金融业108273元，是全国平均水平的1.92倍；信息传输、软件和信息技术服务业100797元，是全国平均水平的1.79倍；科学研究和技术服务业82220元，是全国平均水平的1.46倍。年平均工资最低的三个行业：农、林、牧、渔业28356元，是全国平均水平的50%；住宿和餐饮业37264元，是全国平均水平的66%；水利、环境和公共设施管理业39198元，是全国平均水平的70%。最高与最低行业平均工资之比是3.82，与2013年的3.86相比，差距有所缩小。见表4-2。

表4-2　2014年城镇私营单位和非私营单位分行业就业人员年平均工资

（单位：元，%）

行业	城镇私营单位分行业就业人员年平均工资			城镇非私营单位分行业就业人员年平均工资		
	2013年	2014年	名义增长率	2013年	2014年	名义增长率
全国	32706	36390	11.3	51483	56339	9.4
农、林、牧、渔业	24645	24645	9.0	25820	28356	9.8
采矿业	33081	33081	8.3	60138	61677	2.6
制造业	32035	32035	11.3	46431	51369	10.6
电力、热力、燃气及水生产和供应业	29597	29597	12.1	67085	73339	9.3
建筑业	34882	34882	11.3	42072	45804	8.9
批发和零售业	30604	30604	10.8	50308	55820	11.0
交通运输、仓储和邮政业	33141	33141	17.4	57993	63416	9.4
住宿和餐饮业	27352	27352	7.8	34044	37264	9.5

续表

	城镇私营单位分行业就业人员年平均工资			城镇非私营单位分行业就业人员年平均工资		
信息传输、软件和信息技术服务业	44060	44060	15.9	90915	100797	10.9
金融业	37253	37253	11.5	99653	108273	8.7
房地产业	35038	35038	8.0	51048	55554	8.8
租赁和商务服务业	36243	36243	8.7	62538	66475	6.3
科学研究和技术服务业	42854	42854	10.8	76602	82220	7.3
水利、环境和公共设施管理业	31241	31241	8.3	36123	39198	8.5
居民服务、修理和其他服务业	27483	27483	11.3	38429	41882	9.0
教育	31521	31521	6.8	51950	56580	8.9
卫生和社会工作	33862	33862	9.9	57979	63267	9.1
文化、体育和娱乐业	30402	30402	5.3	59336	64150	8.1
公共管理和社会组织	0	0	0	49259	53110	7.8

数据来源：国家统计局

从登记注册类型看，外商投资企业的年平均工资最高，为69678元，是全国平均水平的1.24倍；其次为股份有限公司，为67421元，是全国平均水平的1.20倍；第三位是国有单位，为57296元，是全国平均水平的1.02倍。年平均工资最低的为其他内资单位，为42224元，是全国平均水平的75%。

2014年中国城镇非私营单位最高与最低行业平均工资之比是3.82，虽然与上年的3.86相比略有缩小，但行业间平均工资差距仍然突出。2014年城镇非私营单位首次有两个行业就业人员年平均工资突破10万元，分别是金融业，信息传输、软件和信息技术服务业，平均工资分别为108273元和100797元。2014年城镇非私营单位和城镇私营单位最高行业与最低行业平均工资分别相差79917元和24182元，而2013年为相差73833元和19415元。

与此同时，职工各类保险事业不断完善，员工综合福利水平持续提升。2014年年末全国参加城镇职工基本养老保险人数为34124万人，比2013年末增加1906万人。人力资源和社会保障部有关数据显示，2014年全国城镇职工基本养老保险基金总收入25310亿元，比2013年增长11.6%，其中征缴收入20434亿元，比2013年增长9.7%。各级财政补贴基本养老保险基金3548亿元。全年基金总支出21755亿元，比2013年增长17.8%。年末城镇职工基本养老保险基金累计结存31800亿元，收支没有缺口。年末城乡居民基本养老保险参保人数50107万人，比2013年末增加357万人。参加城镇基本医疗保险人数为59747万人，比2013年末增加2674万人。其中，参加职工基本医疗保险人数28296万人，比2013年末增加853万人；参加城镇居民基本医疗保险人数为31451万人，比2013年末增加1821万人。参加失业保险人数为17043万人，比2013年末增加626万人，增长3.8%；年末全国领取失业保险金人数为207万人，比2013年末增加10万人；工伤保险参保人数首次突破2亿人，达到20639万人；工伤保障范围进一步扩大，全年有198万人享受了工伤保险待遇。其中农民工参保7369万人，占总参保人数的35.7%，比2013年增加106万人，增长1.5%。全国生育保险参保人数达到17039万人，比2013年新增647万人，增长3.9%。

2. 各地稳步提高最低工资标准，地区间差异较大

最低工资标准是国家通过一定立法程序所规定的、为保障劳动者在履行必要的劳动义务后应获得的维持劳动力再生产的最低工资收入的一种法律形式。改革开放以来，我国的经济发展取得了很大的成绩。生产力飞速发展，综合国力不断增强，人民生活水平不断提高，人与社会和谐发展，极大地体现了社会主义市场经济的优越性。近几年，政府主管部门加强对最低工资保障制度调整的工作指导，针对各地经济社会发展的不同情况，及时研判形势，通过下达文件、会议研讨、课题研究等方式，完善最低工资标准调整工作，较好地保证了最低工资调整水平整体在适度区间内运行，使低收入工薪劳动者共享经济社会发展的成果。同时，各地区也积极探索改进最低工资标准测算方法，更加关注最低工资标准调整的各方利益平衡，在保障劳动者及其家庭成员基本生活的同时，兼顾企业承受能力。

《促进就业规划（2011—2015年）》指出，十二五期间形成正常的工资增长机制，职工工资收入水平合理较快增长，最低工资标准年均增长13%以上，绝大多数地区最低工资标准达到当地城镇从业人员平均工资的40%以上。从2004年至2013年，我国平均七次调整最低工资标准，平均年增长率为12.4%，在2014年其增长率升至14%。

人力资源和社会保障部公布的数据显示，2014年全国有19个地区调整了最低工资标准。观察可见，虽然2015年以来中国经济下行压力依然较大，但上调最低工资标准的地区却有所增加，数量已经大大超过了2014年全年。据不完全统计，2015年以来，全国已有湖南、海南、西藏、广西、天津、深圳、山东、陕西、北京、上海、广东、甘肃、山西、四川、内蒙古、云南、福建、河南、新疆、湖北、贵州、江西、浙江23个地区先后宣布提高最低工资标准。调整之后，深圳、上海两地月最低工资标准分别为2030元、2020元，最低工资标准超过2000元。小时最低工资标准最高的依然是北京，达到18.7元。见表4-3。

表4-3 各地月最低工资标准调整情况

（单位：元）

地区	标准执行日期	第一档	第二档	第三档	第四档
北京	2015年04月01日	1720			
天津	2015年04月01日	1850			
河北	2014年12月01日	1480	1420	1310	1210
山西	2015年05月01日	1620	1520	1420	1320
内蒙古	2015年07月01日	1640	1540	1440	1340
辽宁	2013年07月01日	1300	1050	900	
吉林	2013年07月01日	1320	1220	1120	
黑龙江	2012年12月01日	1160	1050	900	850
上海	2015年04月01日	2020			
江苏	2014年11月01日	1630	1460	1270	
浙江	2015年11月01日	1860	1660	1530	1380

续表

地区	标准执行日期	第一档	第二档	第三档	第四档
安徽	2013年07月01日	1260	1040	930	860
福建	2015年08月01日	1500	1350	1230	1130
江西	2015年10月01日	1530	1430	1340	1180
山东	2015年03月01日	1600	1450	1300	
河南	2015年07月01日	1600	1450	1300	
湖北	2015年09月01日	1550	1320	1225	1100
湖南	2015年01月01日	1390	1250	1130	1030
广东	2015年05月01日	1895	1510	1350	1210
其中:深圳	2015年03月01日	2030			
广西	2015年01月01日	1400	1210	1085	1000
海南	2015年01月01日	1270	1170	1120	
重庆	2014年01月01日	1250	1150		
四川	2015年07月01日	1500	1380	1260	
贵州	2015年10月01日	1600	1500	1400	
云南	2015年05月01日	1570	1400	1180	
西藏	2015年01月01日	1400			
陕西	2015年05月01日	1480	1370	1260	1190
甘肃	2015年04月01日	1470	1420	1370	1320
青海	2014年05月01日	1270	1260	1250	
宁夏	2015年07月01日	1480	1390	1320	
新疆	2015年07月01日	1670	1470	1390	1310

数据来源：网络综合

由于国内不同地区的经济发展存在区域差异化，开放的沿海地区同相对封闭的内陆地区相比，最低工资标准远远超过后者。从表4-3可以看到，最低工资标准最高的为深圳市2030元/月，最低的是黑龙江省1160元/月，仅为深圳市的57.14%。同时，随着沿海地区经济发展的持续增速，与内陆其他区域在最低工资标准方面存在的差距还有进一步拉大的趋势。

3. 企业工资集体协商工作持续推进

集体协商是建立企业工资正常合理增长机制的重要途径。近年来工资集体协商取得了以下几个主要成绩。一是工资集体协商工作的法制化进程明显加快。河北、天津、新疆、湖南、云南、内蒙古、江西、河南等省份以地方立法形式施行了本地区工资集体协商条例，全国各地已出台针对工资集体协商的地方法规达到10多部。辽宁、贵州、四川等省份以政府的名义出台了工资集体协商行政规章，有力地推动了工资集体协商工作的开展。二是工资集体协商工作的推进力度进一步加大。2010—2012年在全国范围内实施了以工资集体协商为重点的"彩虹"计划，在各类已建工会的企业中实行集体合同制度，对未建工会的小企业，通过签订区域性、行业性集体合同努力提高集体合同覆盖比例，"彩虹"计划取得积极效果。2014年，实施"集体合同制度攻坚计划"，以非公有制企业为主要对象，以行业集体协商为主攻方向，积极推进企业工资集体协商工作。三是对工资集体协商工作的重视程度明显提高。2011年，全国有10多个省份将工资集体协商纳入政府目标考核体系。截至2014年底，全国已签订集体合同252万份，覆盖企业686万家，覆盖职工接近3亿人；签订工资专项集体合同134万份，覆盖企业386万家，职工1.7亿人，分别比2013年增长3%、6%和4%。《人力资源和社会保障事业发展"十二五"规划纲要》提出，到2015年底，集体合同签订率要达到80%。国务院批转的《关于深化收入分配制度改革的若干意见》在重申80%目标的同时，进一步提出：通过积极推进工资集体协商制度建设，形成反映劳动力市场供求关系和企业经济效益的工资决定机制和增长机制，逐步解决一些行业企业职工工资过低的问题。

4. 拖欠农民工工资问题有所反弹

国家统计局发布的《2014年全国农民工检测调查报告》显示，2014年全国农民工总量为27395万人，比2013年增加501万人，增长1.9%。其中，外出农民工16821万人，比2013年增加211万人，增长1.3%；本地农民工10574万人，增加290万人，增长2.8%。

针对拖欠农民工工资问题，主要有以下特点：第一，超时劳动和签订劳动合同情况变化不明显。外出农民工年从业时间平均为10个月，月从业时间平均为25.3天，日从业时间平均为8.8个小时，较2013年变化不大。日从业时间超过8小时的农民工占40.8%，较2013年略有下降。但周从业时间超过44小时的农民工占85.4%，比2013年提高0.7个百分点。2014年与雇主或单位签订了劳动合同的农民工比重为38%，与2013年基本一致。第二，被拖欠工资的农民工比重有所下降。被拖欠工资的农民工所占比重为0.8%，比2013年下降0.2个百分点。分地区看，在东部地区务工的农民工被拖欠工资的比重为0.5%，比2013年下降0.3个百分点。其中东部地区本地农民工被拖欠工资比重下降0.7个百分点；在中部地区务工的农民工被拖欠工资的比重为1.2%，与2013年持平；在西部地区务工的农民工被拖欠工资的比重为1.1%，比2013年下降0.1个百分点。第三，工资拖欠额上升较多。2014年，被拖欠工资的农民工人均被拖欠工资为9511元，比2013年增加1392元，增长17.1%。其中，被拖欠工资的外出农民工人均被拖欠10613元，比2013年增加1529元，增长16.8%；被拖欠工资的本地农民工人均被拖欠8148元，比2013年增加1050元，增长14.8%。

5.国有企业负责人薪酬制度改革取得重大突破

针对中央管理企业负责人薪酬水平总体偏高、薪酬结构不尽合理、监管体制不够健全等问题，2014年8月18日，习近平总书记主持召开中央全面深化改革领导小组第四次会议，审议了《中央管理企业主要负责人薪酬制度改革方案》。11月5日，党中央、国务院印发了《关于深化中央管理企业负责人薪酬制度改革的意见》，该文件从我国社会主义初级阶段基本国情出发，适应国有资产管理体制和国有企业改革进程，按照企业负责人分类管理的要求，在合理确定国有企业负责人的薪酬结构和水平、完善综合考核评价办法、规范薪酬支付和管理、统筹规范福利性待遇以及健全监督管理机制等方面做出了明确规定。2015年2月国家统计局社情民意调查中心发布的《党中央国务院经济社会发展领域重大决策部署贯彻落实情况民意调查报告》显示，多数被调查者对于加强和改进国有企业负责人薪酬管理政策是持肯定态度的。

企业内部不同群体之间收入差距过大时社会上反映强烈的问题，近年来这一问题有所缓解，差距逐渐缩小。2010年上市公司负责人最高年薪平均值为66.8万元，2013年为81.81万元，2011—2013年上市公司负责人最高年薪年均增长率为7%，明显低于职工工资增长速度。在政府宏观调控下，中央企业负责人与中央企业职工间的差距也有所下降。

二、企业工资分配面临的问题

工资收入分配是民生之源，是劳动关系的核心所在。从总体上看，目前我国企业工资收入分配取得了一些进展，但仍然存在不少突出矛盾和问题。

1. 地区工资水平仍存在不均衡性

地区工资是收入分配关系的重要内容。合理的地区工资关系有利于区域经济的健康协调可持续发展，也有利于人才的合理流动和生产要素的转移。目前，存在的主要问题包括：一是地区间工资收入差距仍然比较大。由于地区经济发展的不平衡，改革开放后相当长一段时间，我国地区间工资收入差距不断拉大。近几年东西部的差距虽然有所下降，但下降幅度有限。在增速最低的省份里，中西部地区所占比例仍很大。二是部分地区工资总额GDP占比下降，工资增长与经济发展水平不协调。部分地区如宁夏回族自治区、甘肃省、广西壮族自治区、黑龙江省、吉林省等地，在GDP有大幅度增长且增长幅度均超过全国平均增长速度的情况下，工资总额占GDP的比重却出现了下降的趋势，这不仅不符合提高劳动报酬在初次分配中比重的要求，而且也不利于进一步缩小地区工资差距。三是大部分地区工资增长低于劳动生产率增长的水平，没有做到劳动报酬增长和劳动生产率提高同步。工资增长低于劳动生产率增长幅度较多的省份都为中西部和东北地区，显然这些地区的工资增长还有很大的上升空间。

2. 部分行业受经济下行影响较大，但垄断行业工资增长仍然偏快

国际金融危机后，煤炭、钢铁、水泥、电解铝、平板玻璃等行业出现产能严重过剩现象，这些行业的企业普遍存在低产能利用率、低利润率、高

负债率的问题，企业生产经营困难增多，工资水平增长乏力，少数企业甚至出现拖欠职工工资的现象。煤炭行业是较早进入"寒冬"的行业之一。由于市场需求减少和产能过剩，煤炭价格近几年内大幅下滑，2011年10月，动力煤价格为853元/吨，2014年11月，动力煤价格下降到296元/吨，煤炭销售价格已逼近生产成本线，导致企业利润快速下降。因此，部分煤炭企业经营困难，一些企业减发、欠发工资问题依然突出。由于效益下滑，部分行业工资增长明显落后于全国平均水平。

此外，像航空运输业、烟草加工业、金融业等这样的垄断行业工资水平仍然过高，与非垄断行业相比，垄断行业职工工资不仅在绝对量上而且在增长速度上都占有绝对优势。一些行业工资增长中的非劳动因素难以剔除。

3.收入分配政策措施不健全、有关方面配合不得力

收入分配是一个大系统，其构成因素有分配主体、分配内容、分配手段、分配结构、分配水平、分配关系等，涉及一次、二次、三次分配领域，包含国家、企业、居民三者分配，农村居民和城镇居民收入分配，机关、事业单位和各类企业职工工资分配等多方面内容，且与经济社会体制改革等多方面相互联系、制约。时至今日，如果不系统设计安排收入分配政策措施，并由有关主管部门配合实施是无法适应当前形势需要的，也是难以抓好落实的。而这些年来，我们的收入分配政策设计安排恰恰缺少系统性，没有一个最高层机构总抓分配改革，已出台的有关政策基本都是治标性质的，且往往不够周全，普遍带有"头痛医头、脚痛医脚"的色彩，工作中有关主管部门又没有形成高效的合作，这也是造成其收效不理想的重要原因。

三、对策建议

1.稳步提高职工工资占GDP的比重，尽快扩大中等收入阶层规模

工资收入是大多数劳动者的主要收入。一个稳定的、规模庞大的中等收入阶层是维护社会稳定和良性社会治理结构的关键，也是收入分配制度改革的首要目标。一些专家学者认为，目前我国收入分配格局是"△型"甚至"倒T型"，除了少量的高收入者，绝大部分是中低收入者，并没有形成

规模适度的中等收入阶层。原因很大程度上与我国长期实际奉行的低工资、出口外向型经济发展策略有关。企业一线工人特别是农民工工资长期偏低，各地最低工资制度不健全，劳动定额过高、职工工作时间过长等问题普遍存在。改变这种状况需要从两个方面着手：一是正确处理按劳分配和按要素分配的关系，调整优化政府、企业、劳动者三者之间收入分配结构，特别是要防止资本所得侵蚀劳动报酬。解决劳动报酬占比过低问题，单靠提高最低工资标准是不能奏效的，还要配合以税收体制改革，将课税的重点放在消费环节而不是生产环节，降低流转税总体税率。政府要继续加大对低工资行业特别是劳动密集型中小企业和低端服务业的税费减免力度，逐步提高这类企业职工的工资水平，缩小低工资行业与高工资行业收入水平的差距。进一步健全最低工资制度，随着经济发展和城镇生活费用增加，逐步提高最低工资标准。全面推行小时最低工资制度。二是增加劳动者在劳动力市场和劳资谈判中的议价能力，以使工资更加准确地反映劳动力价格。完善工会和职工代表大会制度，推动各类企业特别是非公有制企业建立工资集体协商制度。

2.深化垄断行业改革，逐步把行业收入差距控制在合理范围

垄断行业不改革，公平准入"玻璃门"不打破，行业收入差距拉大的问题就不可能得到彻底解决。要切实放松对铁路、电信、电力等基础产业和金融、出版等服务业的管制，推进非公有资本的公平准入，通过市场竞争来改善供给和提高效率。建立健全国有企业经营利润和国有股权转让收入上缴制度，明确将经营利润上缴比例提高到20%以上，上缴收入纳入财政预算，主要用于社会保障体系建设和财政转移支付。研究开征垄断行业资源占用税。完善对垄断行业工资总额和工资水平双重调控政策，对高管人员适度限薪，规范职务消费，并强化监管。对于少数必须由国有独资企业经营的垄断行业，可借鉴法国等一些国家的做法，比照执行公务员工资制度，国企高管人员平均薪酬一般不得高于类似级别公务员的3倍。研究建立制度，合理控制"两个比例关系"：一是垄断行业职工平均工资水平与社会平均工资水平的比例关系，可考虑控制在2倍以内；二是国有及国有控股企业、上市公司、金融机构内部高管人员的平均薪酬水平与普通职工的平均薪酬水平的比例关系，可考虑控制在4倍以内。

3.加强工资收入分配宏观调控能力建设，建立与市场经济体制相适应的调控机制

首先要提高政府的预判能力。要加强对经济发展、劳动生产率、就业、物价等与工资关系密切的宏观指标的研究和分析，对下一年度及中长期工资收入分配增长情况进行科学预测，用以指导工资分配政策的制定。其次是提高政府的实时反应能力。探索建立月度或季度的工资水平变动监测体系，加强对地区、行业、城乡、不同群体之间工资分配关系的监督，提高决策的针对性与快速反应能力。再次是提高政府的服务能力。要加强公共信息服务能力建设，提高公共服务水平。提高工资指导线、人力资源市场工资指导价位和人工成本信息指导制度的科学性、真实性和及时性，发挥信息的引导、服务功能。建立统一规范的企业薪酬调查和信息发布制度。要在试调查的基础上总结经验，进一步完善调查方案，建立正式调查制度，并纳入国家有关规划。要加强调查数据分析，初步建成国家、省（区市）、市三级企业薪酬调查发布体系，定期发布职业薪酬信息和重点行业人工成本信息。加强薪酬调查的组织实施，努力提高调查质量以及调查的科学性、规范性。

4.加大工资收入分配法治建设力度，完善工资收入分配法律法规建设

完善工资收入分配法律法规建设是推进依法治国，实现国家治理体系和治理能力现代化的必然要求，是依法行政的基础。要将加强顶层设计和总结地方经验相结合，借鉴国际经验和总结我国实践相结合，明确立法目标，做好立法规划，逐步推动实施。要在前期工作的基础上，抓紧出台工资法（条例）、工资集体协商条例、工资支付保障条例等法律法规。进一步修订完善最低工资立法等法律法规。要加强调研和预判能力，探索在国有企业工资管理、工资宏观调控体系等领域立法的可行性。要加强劳动关系三方协商机制，完善协调处理工资集体协商争议的办法，有效调处相关争议和集体停工事件。进一步做好行政执法和刑事司法的衔接工作，加大劳动保障监察对违反最低工资制度、工资拖欠案件的查处力度。

第五章 劳动争议调解仲裁

2014年,我国劳动争议调解仲裁工作稳步推进,在企业劳动争议预防调解、夯实基层调解组织建设、加强劳动人事争议仲裁院建设、创新工作方式、促进调解仲裁队伍建设、推动调解仲裁信息化建设等方面取得了新的进展。

一、2014年调解仲裁工作概况

2014年,全国调解仲裁系统认真贯彻党的十八大和十八届三中、四中全会精神和习近平总书记系列重要讲话精神,落实全国人力资源社会保障工作会议部署,各项工作都取得了新的进展。据统计,截至2014年底,全国乡镇街道劳动就业社会保障服务所(中心)调解组织组建率超过70%。劳动人事争议仲裁院建院率达到82.7%,其中地市级仲裁院88.8%,县级仲裁院81.7%。全国调解仲裁机构共立案处理案件155.9万件,结案136.2万件。其中,调解组织结案65.1万件,仲裁机构结案71.1万件,仲裁结案率为95.2%。调解仲裁作为重要的劳动纠纷解决机制,在构建和谐劳动关系和维护社会稳定中发挥了不可替代的重要作用。

1.企业劳动争议预防调解示范活动取得新进展

启动了第二批国有企业劳动争议预防调解示范工作,开展第一批非公有制企业、商会(协会)预防调解示范工作。各地指导示范单位普遍建立了相应工作小组,制定了实施方案,确定了示范工作目标,采取了示范保障措施。北京市确定了16家预防调解示范单位,仅示范单位就调解劳动争议案件700余件。天津市人社局启动预防调解"和谐筑网"行动,有1.6万家规模以上企业建立了劳动争议调解委员会，组建率达到75.8%。广东省湖北商会和美容美发化妆品行业协会均成立了以会长为主任、各副会长为副主任的"劳动争议调解中心"，湖北商会组建了30多名律师参加的法律顾问团。浙江省指导示范单位普遍建立了调解登记、督促履行、档案管理、信息统计、岗位职责、业务学习、工作考评等制度。各示范单位将劳动争议预防调解与依法规范劳动用工，与完善人力资源管理紧密结合起来，"劳资两利，互利共赢"。在示范企业的引领下，越来越多的企业建立起有组织、有预防、有制度、有保障的劳动争议预防调解工作机制，自主预防化解争议能力不断提升。

2.基层调解工作规范化建设初见成效

2014年，在全国基层调解组织建设不断取得新进展的同时，针对调解工作存在的突出问题，人社部将调解工作的工作重心由组织建设、制度建设、队伍建设向推行基层调解规范化方面转变。2014年3月，人社部办公厅下发了《关于印发基层劳动人事争议调解工作规范（试行）的通知》（人社厅发[2014]30号），要求各地统一调解组织名称，统一工作职责，统一工作程序，统一调解员行为规范。为了解决调解组织标识较为混乱的问题，人社部于12月专门下发了《关于启用基层劳动人事争议调解组织标识的通知》（人社部发[2014]58号），指导各地统一了调解标识。各地认真贯彻两个文件，积极行动，协调经费，召开专门会议，积极落实相关工作要求。截至2015年9月，绝大多数地区转发了两个通知或制定下发了本地区政策文件，超过半数的地区统一标牌，建立调解登记、调解记录、督促履行、档案管理、业务培训、统计报告、工作考评等制度，完成了"六规范五上墙"，启动了调解员证书制作发放工作。一些地区通过开展调解员证书制作发放、建立调解员名册等工作，摸清了调解员队伍底数，扩大了培训覆盖面，创新了基层调解组织指导管理手段。基层调解组织面貌焕然一新，当事人对调解工作的认可度明显提升。

3.劳动人事争议仲裁院建设进一步加强

一是加大对建院率较低地区的督导力度。对部分有建院条件但建院率较低地区进行调研督导，召开专门会议进行调度研究，取得较好效果。截至2015年6月底，全国仲裁院总建院率为83.3%，比2013年底提高了0.5个百分点；其中地市级89.26%，提高了0.4个百分点，县区级82.34%，提高了0.6个百分点。二是推进仲裁院标准化建设。一些仲裁院建设先行地区积极推进标准化建设，在规范仲裁庭设置、人员配备、工作流程、内部管理等方面提升了水平。如广东省启动仲裁庭标建设，明确达标和星级仲裁庭考核标准，目前已建设189个星级仲裁庭。三是不断完善仲裁办案制度。多数地区从立案、庭审、调解、送达等环节入手，完善管理制度，健全工作标准，重塑工作流程。有的地区依法细化了纳入终局裁决的争议范围，统一了裁审标准。一些地区创新仲裁办案方式，围绕争议案件焦点问题进行庭前指导、审理和拟制仲裁文书，有效提高了仲裁办案效率。

4.创新工作方式，最大限度发挥调解仲裁作用

为进一步提高调解仲裁工作能力，许多地方创新工作方式，不断拓展工作领域。一是将调解纳入就业和社保的大格局中。江苏省将基层调解规范化建设纳入省政府就业服务和社会保障"两大体系"建设中，引领推动全省基层调解组织机构、工作机制、队伍建设和服务行为规范的统一。二是积极破解工作难题。广东省采取政府购买服务、开发公益性岗位等途径，着力解决基层调解力量薄弱等问题。三是将预防调解与和谐劳动关系紧密结合。辽宁省将劳动争议预防调解与和谐劳动关系紧密结合，创新提出了劳动人事争议预防调解"和谐使命"行动计划，采取调研督导、现场办公等形式，全面推进预防调解组织建设。四是将仲裁机构服务窗口向基层延伸。很多地方设立仲裁流动庭，有的地方在乡镇街道设立仲裁派出庭，如广州市番禺区实现了区内16个乡镇街道仲裁派出庭全覆盖。五是优化办案程序，简化仲裁文书。各地将优化办案程序作为大事来抓，探索缩短办案周期，提高办案效率的措施。上海闵行区仲裁院通过自主开发"仲裁申请自助服务系统"、开通网上预申请等措施，办案周期只有24天。深圳开展要素式办案，实行围绕案件争议要素进行庭前指导、审理和制作裁决书的仲裁处理模式。

5.调解仲裁队伍建设健康发展

一是加大培训力度。人社部开发制作教学视频和组织编撰培训教材，完成了计划内6期业务培训班，共培训调解员仲裁员骨干1100多人。各地认真贯彻实施《劳动人事争议仲裁员任职培训大纲（试行）》，建立起分级培训和持证上岗制度。二是积极开展调解仲裁机构改进作风专项行动。召开专门会议，提出改进作风的工作要求。推广优质服务窗口单位先进经验，发挥示范引领作用。各地增强服务意识，改进服务措施，提高服务能力。人社部表彰的2011—2013年度优质服务窗口单位调解仲裁系统有22家，比上次增加一倍多。

6.调解仲裁信息化建设稳步推进

一是开发完善仲裁机构和仲裁员信息数据库。2014年升级上线后的仲裁员管理系统已经延伸到县一级用户，并改进完善了相关功能，基本可以满足各个区域仲裁委对机构人员信息管理的需求。二是办案系统统一软件在全国推广使用。

截至2014年底，全国所有省区市都启动了调解仲裁办案系统推广使用工作，有9个省区市已正式上线运行。一些地区通过使用办案系统，推动了办案程序标准化、规范化，加强了对案件处理的全程指导和监督，实现了仲裁工作精细化管理。

二、存在的主要问题

一是基层调解工作基础薄弱。一是调解员队伍不稳定。大多数基层街道、乡镇劳动争议调解组织的调解员是"一人多岗、相互兼职"，且多为政府购买服务、开发的公益岗位，流动性很大。二是调解工作经费、工作场所等保障设施滞后。只有少数经济条件好的地区给街道、乡镇调解组织划拨有工作经费，设立了专门的工作场所。

二是调解的作用还有待进一步发挥。一是企业调解需发挥第一道防线作用。劳动争议调解仲裁法第十条规定，在企业建立"企业劳动争议调解委员会"，但是由于国企改制、民企认识不到位等原因，据调查，目前仅有10%

的争议案件在企业内部解决。二是调解工作专业化程度不高。大部分调解员缺乏必要的劳动保障法律知识、方法技巧等培训，与劳动争议调解仲裁法对调解员的要求差距较大，难以胜任工作需要。此外，部分地区还存在调解组织名称、工作程序、工作职责、调解文书等自行制定的问题，需要进行统一规范。

三是仲裁实体化建设发展不平衡，终局裁决的作用尚未有效发挥。一些地区仲裁实体化覆盖范围仍然不大，全国总体上离人社部提出到"十二五"期末的建设目标还有差距。终局裁决的比例不高，2014年上半年终局裁决率仅为19%。

四是仲裁办案程序诉讼化倾向明显。仲裁办案程序基本上套用法院办案程序，使仲裁的简便快捷优势难以发挥。

三、对策建议

1.建立健全非公有制企业劳动争议预防调解机制

目前70%以上的劳动争议发生在非公有制企业，且非公企业劳动争议预防调解机制进展缓慢，加快建立健全非公企业的劳动争议预防调解工作机制已成为当前亟待解决的问题。应结合非公有制企业、商会（协会）劳动争议预防调解示范工作，充分发掘非公有制企业、商会（协会）建立预防调解机制的经验做法，认真总结加以推广。进一步推动乡镇街道劳动就业社会保障平台调解组织建设，发挥乡镇街道，商会（协会），行业性、区域性调解组织的作用，推动辖区内小微企业做好争议预防化解工作，最大限度的将争议案件化解在基层，解决在萌芽状态。

2.加强基层调解工作规范化专业化建设

一是要加快实施基层调解工作规范。要指导督促尚未落实人社部关于调解工作规范化建设要求的各类基层专业性调解组织，尽快实现"六统一"，并将调解工作程序、调解组织工作职责和调解员行为规范在办公地点上墙公布，完成调解组织标识制作悬挂和调解员证书制作发放工作。二是要完善调裁衔接工作机制。完善并落实调解建议书、委托调解、调解协议仲裁审查确认等工作制度，使劳动人事争议更多通过调解得到化解，提升调解协议的执行力。三是创新调解工作方式方法。善于根据争议复杂程度和当事人具体情况分类开展调解，努力提高成功率。四是加强对专业性劳动争议预防调解机制建设。加强工作指导，推动健全人社部门主导、有关部门和单位共同参与的专业性调解联动工作机制。建立规范化专业化的基层调解工作队伍，通过调剂事业编制、政府购买服务、开发公益岗位等多种途径，充实街道（乡镇）调解员队伍。加大培训力度，继续健全培训机制，开发培训教材，扎实开展基层调解员示范培训，推动调解员培训工作的深入开展。改进和完善调解员管理，加强基层专业性调解机制建设，依托大调解工作体系，建立党委综治部门领导，政府人力资源社会保障行政部门主导，有关部门和单位共同参与的劳动争议预防调解联动工作机制，加强基层专业性调解组织建设，将基层调解工作纳入地方综治考核范围，落实人员配备、经费及工作场所保障等要求。

3.建立健全重大集体性劳动争议应急调解机制

建立健全人力资源社会保障行政部门主导的，工会、企业代表组织共同参与的集体劳动争议应急调解协调机制。落实50人以上集体劳动争议信息报告制度。深入研究集体劳动争议的特点，加强集体劳动争议隐患排查，发现重大纠纷苗头，制定应急调处方案。对于已经发生的集体劳动争议案件，积极引导当事人进入调解仲裁程序，先行调解，调解不成的，交由仲裁机构裁决。

4.进一步推进仲裁机构实体化建设，创新完善仲裁办案制度

一是要加大分类推进仲裁院建设力度。要对照2014年全国基本完成仲裁院建设目标的要求，指导地方制定完善工作计划，采取"台账销号"办法，狠抓贯彻落实，确保年底完成建院目标任务。二是要切实落实终局裁决规定。要研究细化终局裁决范围，统一终局裁决裁审标准，提高争议案件终局裁决比例。三是要创新仲裁办案方式。完善仲裁委员会工作规则，推广"三方驻会办案"做法。加强对争议案件的分类处理，对于小额、简单争议案件，普遍适用简易程序。改进庭审方式，进一步围绕争议案件焦点问题审理

案件。四是要优化仲裁办案程序。要着眼于提高仲裁效率和质量，进一步完善立案、庭审、送达等重点环节的制度规范，搞好各环节的有机衔接。在立案环节，探索实行导诉制、立案登记制和预约立案、网上立案等方法，做到有案必立、有诉必理，保障当事人申诉权，方便当事人申请仲裁；在庭审环节，规范和改进庭审程序，缩短庭审时间；在送达环节，可开设邮政仲裁专递，采用网上和布告送达等灵活方式。五是要加大仲裁办案指导监督力度，加强裁审衔接。要探索建立典型案例指导制度，加强对疑难复杂案件的办案指导。要健全仲裁委员会内部监督和错案责任追究机制，积极推进仲裁公开，打造开放、动态、透明、便民的阳光仲裁。要加强裁审工作协调，建立健全仲裁机构与法院定期沟通协商、疑难复杂案件研讨、案件信息交流等制度，搞好裁审衔接，统一法律适用标准和裁审尺度。

5.加快调解仲裁信息化建设

进一步加大推广使用调解仲裁办案系统的力度，切实提高调解仲裁工作信息化水平，实现仲裁办案规范化、监控管理透明化、公共服务便捷化。全国各级调解仲裁机构全面推广使用办案系统，尽快实现全国各级调解仲裁行政部门管理信息系统全覆盖。制定调解仲裁管理信息系统指标体系规范，积极争取将调解仲裁信息化纳入"金保"工程二期。将办案系统和管理系统衔接，实现数据及时交换，形成集行政管理信息化与仲裁办案信息化于一体的调解仲裁管理信息系统。

第六章　协调劳动关系三方机制

2014年是全面贯彻落实党的十八届三中全会精神、深化改革的开局之年，也是实施"十二五"规划的攻坚之年。随着我国经济发展进入新常态，相对应的劳动关系也亟待建立起新的平衡，形成劳动关系新常态，这就为加强我国协调劳动关系三方机制工作提出了明确的方向和任务。

2014年，国家协调劳动关系三方全面贯彻党的十八大和十八届三中、四中全会以及习近平总书记系列重要讲话精神，认真落实国家协调劳动关系三方会议2014年工作要点，加强协调劳动关系长效机制建设，共同研究解决劳动关系的突出问题，各项工作取得了新的进展，劳动关系总体保持和谐稳定。

一、2014年以来我国协调劳动关系三方机制的主要工作

1.中央文件出台，指明发展方向

《中共中央、国务院关于构建和谐劳动关系的意见》（本章以下简称《意见》）已于2014年4月30日经国务院常务会议审议原则通过，2015年1月29日经中央政治局常委会议审议通过，于4月8日正式出台。这表明党中央、国务院将构建和谐劳动关系工作摆在更加突出的重要位置，为构建和谐劳动关系提供了坚强的政治和组织保障。《意见》作为新时期劳动关系工作的纲领性文件，通过26条内容阐述了我国构建和谐劳动关系的重大意义，构建和谐劳动关系的指导思想、工作原则和目标任务，依法保障职工基本权益，健全劳动关系协调机制，加强企业民主管理制度建设，健全劳动关系矛盾调处机制，营造构建和谐劳动关系的良好环境，加强组织领导和统筹协调等方

面内容。其中，明确了我国协调劳动关系三方各方的主体地位、职责和任务，为各项工作的深入推动提供了更多的发展空间，也面临着更多的机遇和挑战。

2.法制工作加强，健全劳动关系法律体系

在国家三方共同努力下，人力资源社会保障部公布了《劳务派遣暂行规定》，完成了《规范企业裁减人员规定》《特殊工时管理规定》的风险评估工作，修改完善了《贯彻实施劳动合同法若干规定》《关于全面治理拖欠农民工工资问题的意见》《关于进一步推进和谐劳动关系创建活动的意见》《关于加强劳动定额定员标准化工作的指导意见》《关于加强劳动关系动态监测和形势分析研判的意见》等规章政策。全国总工会向人大报送将制定《集体协商法》《企业民主管理法》以及修改《工会法》《劳动法》等立法项目，纳入十二届全国人大常委会五年立法规划的建议报告，并向全国人大法工委作了专题汇报。继续加强对集体协商集体合同、工资支付保障的立法储备工作。中国企业联合会与全国工商联积极参与有关法律法规起草修订工作，召集企业座谈会，开展企业调查，在劳动关系立法工作中认真反应企业和企业家的呼声。国家三方还举办了纪念劳动法颁布20周年座谈会，开展相关宣传活动。

3.协调机制不断健全，规范企业劳动关系

国家三方继续指导各地以小微企业为重点，提高劳动合同签订率和履行质量。加强劳务派遣用工的规范管理，指导帮助劳务派遣用工比例较高企业科学合理制定调整用工方案。深入推进集体协商集体合同制度建设，下发《关于推进实施集体合同制度攻坚计划的通知》，召开电视电话会议对全面推进集体协商集体合同工作做出部署，并对"攻坚计划"推进情况开展联合督导检查。全国总工会制定下发了《中华全国总工会关于提升集体协商质量增强集体合同实效的意见》和《中华全国总工会深化集体协商工作规划（2014—2018年）》。全国总工会会同全国工商联等单位大力开展厂务公开工作，积极推进公司职工董事职工监事制度建设。人力资源社会保障部、全国总工会与交通运输部共同部署对深入开展出租汽车行业和谐劳动关系创建活动进行总结。人力资源社会保障部、全国总工会、全国工商联按照中央综治委的要求组织开展了非公有制经济组织构建和谐劳动关系情况考评工作。

4.企业工资分配宏观指导调控体系进一步完善,保障工资支付足额到位

国家三方积极开展最低工资标准评估机制研究,指导各地发挥三方机制在调整最低工资标准中的作用,稳慎做好最低工资标准调整工作。全国共有19个地区调整了最低工资标准,平均调增幅度为14.1%。指导各地通过三方协商提高发布工资指导线的科学性,共有21个地区发布了工资指导线,基准线在12%左右。人力资源社会保障部会同全国总工会等单位切实做好2014年元旦、春节前保障农民工工资支付工作。

5.劳动标准管理工作继续加强,探索实施中国雇主责任标准

国家三方指导各地加大高温劳动保护工作力度,规范高温津贴政策,全国已有27个省份制定发布了高温津贴标准,全年高温保护工作未形成舆论热点。继续指导各地推动带薪年休假制度、《女职工劳动保护特别规定》的贯彻落实。全国总工会与有关部门研究推动解决加强尘肺病农民工医疗保障和生活救助工作的政策措施,起草《关于当前我国尘肺病农民工医疗救助工作的难点和建议》。中国财贸轻纺烟草工会、中国陶瓷工业协会编制完成了卫生陶瓷行业部分工种劳动定额指导标准。中国企业联合会开展了中国雇主责任标准推动实施试点工作。

6.劳动争议得到有效预防,妥善处理集体停工

推动《企业劳动争议协商调解规定》落实,在企业内部建立劳动争议协商解决机制,建立和完善企业劳动争议调解制度。在部分非公有制企业和行业商业(协会)开展劳动争议预防调解示范活动。人力资源社会保障部和全国工商联共同举办了商会劳动争议预防调解能力建设培训班,召开了非公有制企业劳动争议预防调解工作经验交流现场会。全国总工会加强对职工的法律援助,开展法制宣传系列活动。国家三方继续指导各级劳动人事争议调解仲裁机构加大案件处理力度,全年处理劳动争议案件155.9万件,仲裁结案率达到95.2%。积极指导各地稳妥处理集体停工事件。全国共发生30人以上

集体停工382起，在各地三方的积极参与下，绝大部分集体停工事件得到了及时妥善处置。

7.调查研究深入开展，加强劳动关系形势研判

积极开展对劳动关系领域热点难点问题的研究，共同参与构建中国特色和谐劳动关系体制机制研究、和谐劳动关系创建活动实效评估与推进措施等课题研究工作。国家三方加强对劳动关系形势的分析研判，7月召开办公室主任会议对上半年劳动关系形势和重大问题等进行了交流。人力资源社会保障部每季度开展劳动关系形势的分析研判。全国总工会制定下发了《加强劳动关系发展态势分析研判实施方案》，在10省份开展非公企业农民工参加社会保险情况调研。中国企业联合会研究制定了《中国雇主责任标准（工业）》（试行），编写出版了《中国企业劳动关系状况报告（2014）》。全国工商联建立了民营企业劳动关系检测机制、民营企业劳动关系状况报告机制，制定发布了《中国民营企业劳动关系报告（2013）》。

此外，三方办公室制定了信息交流制度，共编写了8期信息交流。国家三方都在各自领域加强了与国际劳工组织和有关国家的合作和交流。

二、我国协调劳动关系三方机制发展存在的问题

一年来，国家三方的工作取得了一定成绩，但仍然存在一些不足，主要体现在以下几个方面：

一是三方机制的协调范围有待拓宽。 从2001年我国协调劳动关系三方机制建立至今，三方协调的主要内容包括：劳动合同与集体合同、最低工资标准和工资指导线、劳动争议预防调解仲裁、和谐劳动关系创建活动等。受参与协调部门的工作范围限制和历史原因，就业、社会保险、职业安全健康卫生等劳动关系领域内的重要内容，尚未纳入我国协调劳动关系三方机制的工作范畴。随着《党中央、国务院关于构建和谐劳动关系的意见》的出台，构建和谐劳动关系工作的任务更加紧迫，客观上需要协调劳动关系三方机制能够覆盖整个劳动关系领域，更好地平衡各项基础工作，全面促进我国劳动关系的和谐稳定。

二是三方机制的运行机制仍需进一步完善。目前，我国协调劳动关系三方机制中的各方定期或不定期召开会议，共同研究协商劳动关系领域的重大问题，但在工作的具体执行过程中，分头执行任务多，联合行动相对较少，这大大削减了协调劳动关系三方机制整体的号召力和影响力。特别是在劳动关系立法领域，我国协调劳动关系三方多数各自提出意见和建议，事先缺乏沟通协调，没有形成合力，往往有些意见或建议没有得到立法部门的重视或采纳，尚未充分发挥出协调劳动关系三方机制的应有作用。

三是三方机制各方的职责任务有待明确。从横向看，我国协调劳动关系三方机制的工作内容更多的是各方工作的延伸，缺乏机制本身的实体工作内容，需要各方进一步深入研究和探索。从纵向看，国家、省级、市级、县级等各层协调劳动关系三方机制都有着不同的职能定位，需要解决不同层面的劳动关系问题。为进一步促进我国协调劳动关系三方机制的规范化，应以工作规则的方式对各层协调劳动关系三方机制的职责任务进行明确，这样也有利于提高我国协调劳动关系三方机制整体的工作效率。

四是三方机制的研究工作有待逐步加强。目前，国家协调劳动关系三方会议要求各地三方开展本地区劳动关系形势的研判分析工作，由于各级三方缺乏相关的数据积累和相应的研究力量，统计渠道和信息反馈机制尚不健全，还不能达到及时准确全面的上报劳动关系动态研究分析的目标，仍需要进一步探索和加强。我国协调劳动关系三方机制在加强自身研究能力的同时，应该重新启动三方专业委员会，并切实发挥其作用。目前国家协调劳动关系三方会议的法律政策、工资、集体协商三个专业委员会已经成立，但受到研究项目和工作经费等问题的影响，尚未实际运作，有待重新换届，并充分调动各位专家学者的专长，为我国协调劳动关系三方会议提供政策建议和研究咨询。

五是三方机制的工作载体需要进一步挖掘。从2005年开始，国家协调劳动关系三方会议启动了和谐劳动关系企业与工业园区创建活动，每年开展一次，该项活动逐渐成为我国协调劳动关系三方机制工作的重要载体和主要抓手。2010年，根据国家清理规范评比达标表彰活动的要求，和谐劳动关系企业与工业园区创建活动进行申报，并最终审核批准，但对参与创建活动表彰的企业和工业园区数量进行了限制，要求每五年开展一次，在一定程度上影响了该项活动的效果。《党中央、国务院关于构建和谐劳动关系的意见》对我国协调劳动关系三方机制提出了更高的要求，这就需要在开展和谐劳动关系企业与工业园区创建活动的基础上，再探索出一个具有长期性、包容性、可操作性的新活动项目作为三方机制的重要抓手和载体，比如建立中国雇主责任标准自主承诺系统等。

三、我国协调劳动关系三方机制下一步的主要任务

2015年，国家协调劳动关系三方要全面贯彻党的十八大和十八届三中、四中全会精神，深入学习贯彻习近平总书记系列重要讲话精神，紧紧围绕"四个全面"的战略布局，认真落实中央经济工作会议和《关于构建和谐劳动关系的意见》部署，坚持稳中求进、改革创新，主动适应经济发展新常态，加快构建中国特色和谐劳动关系体制机制，切实提高构建和谐劳动关系的法治化水平，积极预防和妥善处理劳动关系领域的突出矛盾，努力实现劳动关系总体和谐稳定。重点做好以下工作：

1.全面贯彻落实《关于构建和谐劳动关系的意见》

提请中办、国办制定下发贯彻落实中央文件的分工方案，召开部署贯彻落实《关于构建和谐劳动关系的意见》的电视电话会议，在全国组织开展学习中央文件活动，广泛宣传，指导各级三方抓好文件的贯彻落实工作，对地方贯彻落实情况适时开展联合调研督导，总结推广典型经验。

2.大力推进实施集体协商和集体合同制度

指导和督促各地继续深入推进实施集体合同制度攻坚计划，召开经验交流会，及时总结推广典型经验。进一步加强集体协商立法研究，推动将集体协商立法纳入全国人大常委会立法规划和国务院立法工作计划。

3.稳妥处置劳动关系矛盾

加强对经济发展新常态下劳动关系热点、难点问题的研究。下发关于加强劳动关系动态监测和形势分析研判的意见，指导各地做好劳动关系动态监

测和形势分析研判工作。做好非公有制企业和行业商会（协会）劳动争议预防调解示范工作。研究制定集体劳动纠纷预防处置的指导意见，指导各地三方主动介入，妥善处置集体停工事件和劳动保障群体性事件。

4.深入开展和谐劳动关系创建活动

下发关于进一步深化和谐劳动关系创建活动的意见，指导各地继续深入开展创建活动，总结和推广各地开展和谐创建活动的经验。部署开展全国创建和谐劳动关系模范企业和工业园区表彰项目评选的准备工作。

5.健全协调劳动关系三方机制

开展健全中国特色协调劳动关系三方机制研究，制定健全协调劳动关系三方机制的意见，明确建立协调劳动关系三方委员会的组织架构、职能定位、运行机制。指导地方开展建立协调劳动关系三方委员会试点。进一步完善国家三方专业委员会工作制度，调整专业委员会工作人员，充分发挥专业委员会的作用。继续开展构建中国特色和谐劳动关系体制机制课题研究。推动实施雇主责任标准。

第二部分

专题调研报告

企业青年用工（实习/见习生）状况调查研究报告

中国企业联合会雇主工作部

众所周知，青年就业关乎经济发展和社会稳定，已成为世界各国面临的共同课题。特别是在当前经济发展依然严峻的形势下，就业问题面临巨大挑战，青年就业就显得尤为突出。当前，我国正处在经济结构调整和转型期，结构性矛盾凸显，青年就业问题突出。

教育部数据显示，我国每年高校毕业生呈现逐年增长的趋势，2014年已突破700万人，达到724万人；2015年又创历史新高，达到749万人。

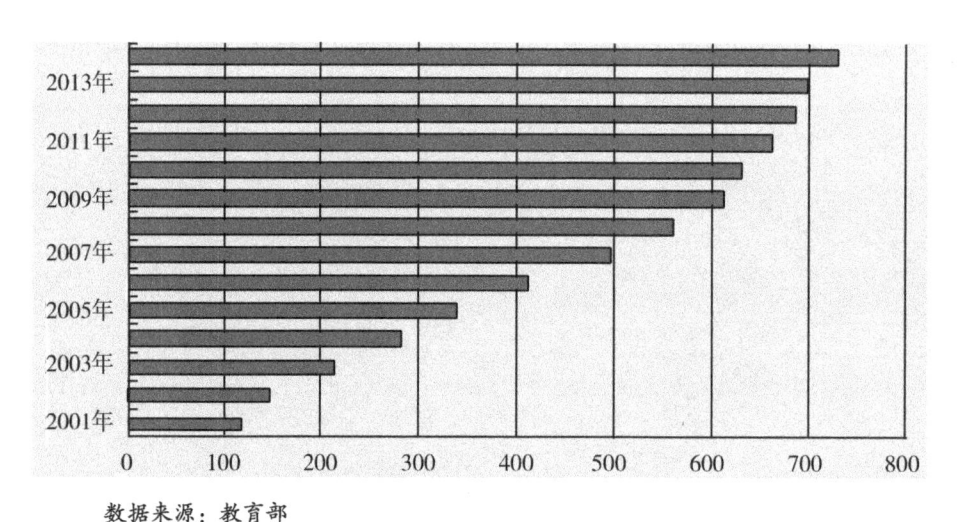

数据来源：教育部

图1　2001年至2013年历届大学生毕业生人数（单位：万人）

2014年，全国中等职业学校（含普通中专、职业高中、成人中专、技工学校）毕业生数为577.70万人，就业人数为558.54万人，就业率为96.68%。

表1　全国中等职业学校毕业人数

年份	毕业数（万人）	就业数（万人）	平均就业率（%）
2010	659.05	636.40	96.56%
2011	662.67	640.9	96.71%
2012	658.21	637.51	96.85%
2013	607.46	588.07	96.81%
2014	577.70	558.54	96.68%

资料来源：教育部

受到经济周期的波动，随着劳动力市场制度的深入变革，青年就业，相比其他就业人群，更容易受到影响。

从总体形势来看，当前高校毕业生面临的主要挑战是就业问题。相比之下，中等职业学校毕业生就业水平比较高，平均就业率每年保持在96%以上。但有关研究显示，相比其他国家，我国青年失业率相对较低，就业质量较差。

实习/见习是增强高校学生、中等职业学校学生就业能力的重要手段。实习/见习制度能培养学生良好的职业道德素质和行为规范，掌握必需的专业基础知识，增强他们就业适应能力和应变能力，增强未来就业目标性和可选择性。

为深入了解当前企业中实习/见习生用工状况，发现实习/见习生在就业过程中面临的机遇与挑战，创造更好的实习/见习生就业环境，优化改善企业内部用工的制度，中国企业联合会与国际劳工组织北京局联合开展企业实习/见习生用工状况问卷调查。

调查发现，随着国内体制转变，市场化的不断深化，实习/见习生的内涵、职能、作用发生了巨大转变，相应制度也经历了深刻变革。从实习概念的提出，到管理系统日趋完善，实习/见习已经成为在校学生步入就业阶段的不可或缺的组成部分，成为教育主管部门、学校、企业、家庭以及社会管理的重要内容。虽然实习具有阶段性的特征，但是对于一个社会的就业能力、职业发展和人才发展，甚至是经济和社会的可持续发展，都发挥着至关重要的作用。本研究从对象、期限、管理、报酬、政策依据等方面，分别梳理实习、见习、试用、学徒、顶岗等概念。

调查发现，大部分受调查企业认识到实习生/见习生的重要性和价值，已经雇用或者愿意雇用实习/见习生。在考虑是否雇用时，66家企业认为他们能促进企业未来的发展，是潜在的人才储备，占反馈企业的69.5%；43家企业认为他们具备较快的工作适应能力，占45.3%；34家企业认为能降低企业的用工成本，占35.8%；33家企业认为实习/见习生具备创新学习的能力，能够帮助企业创造更大价值。

调查显示，企业采取多种形式招用实习/见习生，主要通过学校推荐和专门招聘会录用，分别占到企业总数的68.3%和47.3%。绝大多数企业的实习/见习期在3个月及以上，占到反馈企业总数87%。调查发现，企业对实习/见习生能够规范管理，基本上签订了协议。在招用实习/见习生签订协议（合同）方面，91家反馈企业中，74家企业与实习/见习生签订书面协议，占反馈企业的81%。

调查发现，当前我国还没有专门规范实习/见习方面领域的法规，但涉及相关的政策比较多，行政管理涉及多个部门。在对企业招用实习/见习生的相关法律法规了解程度的调查显示，企业对劳动法规有较深入了解，在实际工作中熟练操作运用。但企业对实习/见习生有关政策的知晓率普遍较低，许多企业在实践工作中还没有熟练运用相关政策。

对于在招用实习/见习过程中，企业享受相关优惠政策方面来看，大部分反馈企业没有享受到优惠政策。企业对《企业支付实习生报酬税前扣除管理办法》了解并熟悉运用该政策的仅为21%，企业在工作实践中还没能熟练运用有关政策。

在对实习/见习生的工作中面临的主要劳动争议方面，64家企业进行了反馈，其中35家企业认为主要是由于劳动合同订立和变更方面。

调查显示，大部分企业认为实习/见习生（青年）就业挑战及失业是一个社会问题，应该得到全社会的关注和帮助。实习/见习生（青年）就业仍面临就业形势严峻、社会重视不够、优惠政策落实不到位、学生就业意识不强、有关信息不对、外部支持缺乏等诸多挑战。

调查报告建议，要不断完善机制，整合资源，创建更加包容的社会支持性系统和外部环境。建议继续制定与完善促进实习/见习生就业的社会政策，加强政策的延续性和操作性；建议加大对企业的政策扶持和宣传力度，引导和服务企业更多为实习/见习生提供机会。

与此同时，加强主体能力建设。教育机构应该调整教育模式以适应产业结构的变化。要合理引导学生（实习/见习生）的就业预期，增强学生的就业能力。加强学校与企业的合作，形成合理，促进实习/见习生就业的实效性。

一、对实习、见习等概念的基本界定

经过初步研究，本次调研将研究对象聚焦在实习、见习两个就业类型。

对我国相关法规梳理发现，随着国内体制转变，市场化的不断深化，国内对实习、见习的界定、内涵、职能、作用发生了很大的变化，相应的制度也经历了深刻变革。

1.实习及其相关概念的定义

1995年，原劳动部下发的《关于贯彻执行劳动法若干问题的意见》（劳部发[1995]309号）的第12条规定，"在校生利用业余时间勤工助学，不视为就业，未建立劳动关系，可以不签订劳动合同。"虽然没有明确界定，但该文件隐含的提出了实习的现象，即在校生利用业余时间勤工助学。

为了贯彻《国务院关于大力推进职业教育改革与发展的决定》（国发[2002]16号）文件精神，教育部办公厅于2003年下发了《关于进一步加强中等职业学校实习管理工作的通知》（教职成厅[2003]2号），这是国内首次比较系统地对实习规范，强调了加强中等职业学校实习管理工作的重要性，提出建立职业学校实习管理制度，加强实习基地建设与管理。

《国务院关于大力发展职业教育的决定》（国发[2005]35号）第10条规定，大力推行工学结合、校企合作的培养模式。与企业紧密联系，加强学生的生产实习和社会实践，改革以学校和课堂为中心的传统人才培养模式。要求中等职业学校在校学生最后一年要到企业等用人单位顶岗实习，高等职业院校学生实习实训时间不少于半年。建立企业接收职业院校学生实习的制度。实习期间,企业要与学校共同组织好学生的相关专业理论教学和技能实训工作,做好学生实习中的劳动保护、安全等工作,为顶岗实习的学生支付合理报酬。

《财政部、国家税务总局关于企业支付学生实习报酬有关所得税政策问题的通知》(财税[2006]107号)、《国家税务总局关于印发〈企业支付实习生报酬税前扣除管理办法〉的通知》(国税发[2007]42号)文件,进一步明确了实习生的范围,指出实习生来自的"学校",是指在中华人民共和国境内依法设立的中等职业学校和高等院校(包括公办学校与民办学校)。其中,中等职业学校包括中等专业学校、成人中等专业学校、职业高中(职教中心)和技工学校;高等院校包括高等职业院校、普通高等院校和全日制成人高等院校。此文件进一步明确了实习生为来自中等职业学校和高等院校未毕业的在校学生。

《教育部、财政部关于印发〈中等职业学校学生实习管理办法〉的通知》(教职成[2007]4号),进一步对中等职业学校实习的组织管理、安排实习、实习范围、报酬、信息通报及主体责任进行了明确。该文件指出,学生实习主要是指中等职业学校按照专业培养目标要求和教学计划的安排,组织在校学生到企业等用人单位进行的教学实习和顶岗实习,是中等职业学校专业教学的重要内容。中等职业学校三年级学生要到生产服务一线参加顶岗实习。

《教育部、财政部、中国保险监督管理委员会关于实施全国职业院校学生实习责任保险统保示范项目的通知》(教职成[2009]13号),加强了对于学生实习期间的风险管理工作,对中等职业学校推行学生实习责任保险问题中进行了规范,为有效防范和妥善化解学生实习的责任风险,保障广大实习学生的权益,消除学校、企业和家长各方的后顾之忧进行了规范和保障。

《教育部办公厅关于应对企业技工荒进一步做好中等职业学校学生实习工作的通知》(教职成厅[2010]4号),针对我国部分地区出现的技术工人短缺问题,就进一步做好中等职业学校学生实习工作进行特别规定。

2010年,《国家中长期人才发展规划纲要(2010—2020年)》,在实施产学研合作培养创新人才政策中,提出对企业等用人单位接纳高等学校、职业学校学生实习等实行财税优惠政策。在高技能人才队伍建设方面，提出改革职业教育办学模式，大力推行校企合作、工学结合和顶岗实习。

经过对政策的梳理，从实习概念的提出，到后来系统规范管理，实习已经成为在校学生步入就业阶段的不可或缺的组成部分，成为教育主管部门、学校、企业、家庭以及社会管理的重要内容。虽然实习具有阶段性的特征，但是对于一个社会的就业能力、职业发展和人才发展，甚至是经济和社会的可持续发展，都发挥着至关重要的作用。

总而言之，实习定义和要素主要有以下几个方面：

（1）实习的主体（谁是实习生）。

实习生是指在国内依法设立的中等职业学校和高等院校在校学生（包括公办学校与民办学校）。其中，中等职业学校包括中等专业学校、成人中等专业学校、职业高中（职教中心）和技工学校；高等院校包括高等职业院校、普通高等院校和全日制成人高等院校。

（2）实习的目的（为什么实习）。

遵循职业教育规律，培养学生职业道德和职业技能，促进学生全面发展和就业，提高教育质量。

（3）实习的组织（如何实习）。

学生实习由学校和实习单位共同组织和管理。实习单位为企业等用人单位。学校和实习单位在安排学生实习时，要共同制订实习计划，开展专业教学和职业技能训练。

（4）实习强制和禁止。

中等职业学校三年级学生要到生产服务一线参加顶岗实习。学生到实习单位顶岗实习前，学校、实习单位和学生本人或家长应当签订书面协议，明确各方的责任、权利和义务。

不得安排一年级学生到企业等单位顶岗实习；不得安排学生从事高空、井下、放射性、高毒、易燃易爆、国家规定的第四级体力劳动强度以及其他具有安全隐患的实习劳动；不得安排学生到酒吧、夜总会、歌厅、洗浴中心等营业性娱乐场所实习；不得安排学生每天顶岗实习超过8小时；不得通过中介机构代理组织、安排和管理实习工作。

（5）实习期（实习时间）。

没有特别规定。一般为约定工时的90—180天，但这段时间根据个人的实习情况，或单位组织的不同也有所不同，尤其像医疗行业尤为特殊，一般实习期最少为半年，长的有时会超过一年半时间。

（6）实习报酬。

实习单位应向实习学生支付合理的实习报酬。学校和实习单位不得扣发或拖欠学生的实习报酬。

（7）优惠政策。

企业接收学生实习并支付给实习学生的报酬，按照《财政部国家税务总局关于企业支付学生实习报酬有关所得税政策问题的通知》（财税[2006]107号）有关规定在计算缴纳企业所得税前扣除。

（8）权益保护。

学校和实习单位应当加强对实习学生的实习劳动安全教育，增强学生安全意识，提高其自我防护能力；要为实习学生购买意外伤害保险等相关保险。推进职业院校学生实习责任保险统保示范项目。

2.见习及其相关概念的定义

我国的见习制度，具有典型的时代特征，是我国人事制度和人力资源制度改革的重要见证。

见习制度是国家对大学毕业生分配派遣到用人单位的一种实习、考核制度，适用于企事业单位。教育部、原国家计委、国家人事局1981年发布的《高等学校毕业生调配派遣办法》（[81]教学字048号）的适用对象是计划体制下的国家包"分配"的高校毕业生。第25条规定："毕业生到达工作岗位后，实行一年见习的制度。见习期满后，经所在单位考核合格的转正定级。考核不合格的，可延长见习期半年到一年，延长见习期仍不合格的，按定级工资标准低一级待遇"。人事部1991年2月4日发布的《干部调配工作规定》（人调发[1991]4号）第8条规定："见习期未满的"一般不得调动。从这些规定可知，见习期为1年；见习过程实际是实习锻炼的过程；期间实行见习工资、不得调动工作；期满经考核合格方转正定级，不合格的可延长见习期，以至低定工资一级。根据相关规定，用人单位招收应届毕业生后，原则上都要安排见习，大专、本科见习期期限为一年，研究生没有见习期。

随着时间的推移，高校毕业生的就业形式发生很大的变化，1997年3月24日国家教委发布了新的《普通高等学校毕业生就业工作暂行规定》，毕业生就业实行"供需见面及双向选择"，原有关高校毕业生就业的政策同时废止。1999年5月《国务院办公厅转发教育部等部门关于进一步做好1999年普通高等学校毕业生就业工作意见的通知》（国办发[1999]50号）文件强调：要严格按照《普通高等学校毕业生就业工作暂行规定》，做好毕业生就业工作。2002年3月国务院办公厅下发了《国务院办公厅转发教育部等部门关于进一步深化普通高等学校毕业生就业制度改革有关问题意见的通知》国办发[2002]19号，文件强调：党中央、国务院高度重视高校毕业生就业工作，必须要深化高校毕业生就业制度和社会用人制度等方面的改革。要进一步转变高校毕业生就业观念，建立市场导向、政府调控、学校推荐、学生与用人单位双向选择的就业机制。有关原作为见习期制度设立依据的《高等学校毕业生调配派遣办法》《高等学校毕业生见习暂行办法》行政规章等随着时代的推移，已经失去了有效性，失效的法律原因为：①高校毕业生已不实行毕业分配制度即原规章所调整的对象已消失，条例失效。②被国家新颁布的法规代替，国家已经颁布新的《普通高等学校毕业生就业工作暂行规定》，原条例失效。

2009年，教育部、国家发展改革委、人力资源社会保障部联合下发的关于废止《高等学校毕业生调配派遣办法》的通知（教政法[2009]6号）。《通知》指出，随着国家有关高等学校毕业生就业制度改革，该办法有关规定已与国家现行有关人事管理政策和劳动合同法的规定不一致，实际已不执行。经研究，决定废止《高等学校毕业生调配派遣办法》。

事实上，由原国家教委和原劳动人事部制定的关于高校毕业生见习期的制度，明确针对的都是毕业后由国家或者政府分配工作的毕业生。原劳动部在1996年的复函中也重申了见习期的问题，但针对的也是分配工作的高校毕业生。虽然国家有关部门并没有明文废止见习期制度，但随着市场经济的发展，我国已经取消了计划经济体制，所有企业也不再具有行政性质和享有行政级别。同时劳动关系的建立形式也发生着变革，高校毕业生由国家分配工作的制度已经基本消亡，因此高校毕业生见习期制度也失去了立足的根基，已形同虚设。在我国现阶段，已经不实行高校毕业生分配工作的制度，因此原来的见习期制度已基本不适用。

1981年，国家劳动总局发布《关于加强和改进学徒培训工作的意见》（[81]劳总培字28号）。文件对学徒的定义为，初中毕业以上文化程度，身体健康，十六至二十二周岁的未婚男女青年。学徒学习期限应为三年，技术比较简单的工种的学习期限可以适当缩短，但不得少于二年。随着我国由计划经济向市场经济的转型，过去的学徒制度已远远不能适用当前的用工实际。

2006年，为贯彻落实《中共中央办公厅、国务院办公厅关于引导和鼓励高校毕业生面向基层就业的意见》（中办发[2005]18号，以下简称《意见》），帮助回到原籍、尚未就业的高校毕业生提升就业能力，促进供需见面，尽快实现就业，原人事部、教育部、财政部、原劳动和社会保障部、国务院国资委、国防科学技术工业委员会联合下发《关于建立高校毕业生就业见习制度的通知》（国人部发[2006]17号），指出建立高校毕业生就业见习制度是疏通高校毕业生面向基层就业渠道、改善基层人才匮乏现状的重要措施。

2009年，面临新的形势，国家对高校毕业生见习制度进行了新的规定。当时，受国际金融危机影响，我国就业形势十分严峻，高校毕业生就业压力加大，国务院办公厅下发了《关于加强普通高等学校毕业生就业工作的通知》（国办发[2009]3号），要求提升高校毕业生就业能力。完善离校未就业高校毕业生见习制度，鼓励见习单位优先录用见习高校毕业生。见习期间由见习单位和地方政府提供基本生活补助。提出拓展一批社会责任感强、管理规范的用人单位作为高校毕业生实习见习基地。2009年5月，人力资源和社会保障部、教育部、工业和信息化部、国资委、工商总局、全国工商联和共青团中央共同制定了《"三年百万"高校毕业生就业见习计划》（人社部发[2009]38号），决定自2009年至2011年，用3年时间组织100万离校未就业高校毕业生参加就业见习。总体来看，以上文件为一个非常时期的阶段性政策，以帮助离校未就业的高校毕业生通过就业见习提升就业能力，尽快实现就业。

3.实习、见习及有关概念的联系和区别

在日常生活和工作中,实习、见习、试用、学徒、顶岗等概念容易混淆,因此有必要根据有关法律法规对相关定义和对象范围等概念进行梳理。现将实习期、见习期、试用期的关键因素用表格的方式作出分类。见表2。

表2 实习、见习及有关概念的异同

有关概念	对象	期限	管理	报酬	主要政策依据
实习	在国内依法设立的中等职业学校和高等院校在校学生	没有特别要求,根据实际情况,因工作特点有所区别	学校和实习单位在安排学生实习时,要共同制订实习计划	实习单位应向实习学生支付合理的实习报酬,学生实习责任保险统保示范项目	教育部、财政部关于印发《中等职业学校学生实习管理办法》的通知(教职成[2007]4号)
顶岗	中等职业学校三年级学生	没有明确	要求到生产服务一线参加顶岗实习	同上	同上
见习	高校毕业生(2009年前);离校未就业高校毕业生	实行一年见习的制度(2009年前);高校毕业生见习期限一般为六个月,最长不超过一年。	见习单位和参加见习的高校毕业生签订就业见习协议	见习单位应能够为参加见习的高校毕业生提供部分基本生活补助,并办理人身意外伤害保险	关于建立高校毕业生就业见习制度的通知(国人部发[2006]17号)
学徒	初中毕业以上文化程度,身体健康,十六至二十二周岁的未婚男女青年	学徒学习期限应为三年,技术比较简单的工种的学习期限可以适当缩短,但不得少于二年	企业、事业单位与学徒要签订培训合同		国家劳动总局《关于加强和改进学徒培训工作的意见》([8]劳总培字28)

续表

有关概念	对象	期限	管理	报酬	主要政策依据
试用	用人单位与同一劳动者	劳动合同期限三个月以上不满一年的，试用期不得超过一个月；劳动合同期限一年以上不满三年的，试用期不得超过二个月；三年以上固定期限和无固定期限的劳动合同，试用期不得超过六个月。	用人单位与劳动者签订劳动合同	劳动者在试用期的工资不得低于本单位相同岗位最低档工资或者劳动合同约定工资的百分之八十，并不得低于用人单位所在地的最低工资标准。	《劳动合同法》《中华人民共和国劳动合同法实施条例》（国务院令第535号）发布日期2008-09-18

从时间顺序来看，中等职业学校和高等院校在校学生先实习（或顶岗）。高校毕业后未就业的学生可进行见习。毕业生进入工作岗位，先试用后，成为正式从业者。具体说来，实习、见习和试用主要有以下三个方面的不同：

①对象不同。实习对象为在国内依法设立的中等职业学校和高等院校在校学生。见习对象为离校未就业高校毕业生。试用对象为与用人单位签订劳动合同的参加工作的劳动者，是针对用人单位和劳动者在签订劳动合同时约定的一种考核制度。

②期限不同。实习期没有固定期限，通常为90天到180天，也会因为工作性质不同而有所差别。见习期的期限一般为一年。试用期的期限不得超过六个月。

③对双方约束力不同。实习为学校和实习单位在安排学生实习时，要共同制订实习计划。对于中等职业学校三年级学生，要求到生产服务一线参

加顶岗实习。见习期只对毕业生有约束力，若用人单位认为毕业生在见习期内不合格，可以延长见习期或将其辞退，而毕业生则没有对应的权利。试用期则对双方都具有约束力，试用期内，若用人单位能证明毕业生不符合其录用条件的，可随时将其辞退，反过来若毕业生对用人单位不满意也可随时辞职，双方上述做法都不用承担违约责任。

二、调研基本情况

1.调查的范围、方式及实施

本次问卷调查内容包括企业基本信息、企业对实习/见习生意愿及政策了解情况、企业实习/见习生用工情况、用工存在的问题及对策等4大类25个问题。调查主要采用邮寄问卷、实地调查和企业座谈的方式，共发出800份调查问卷。共返回有效问卷106份，有效回收率为13.3%。本次调查的主要对象为企业的人力资源管理部门及企业实习/见习就业事务管理的相关负责人。

本次调研分为三个阶段进行。第一阶段为调查计划制定、问卷设计和印发。2015年3月，中国企业联合会与国际劳工组织专家配合，讨论本次调查的执行方案和计划。经过多次讨论，同时也参考了相关资料。4月，进行问卷印发工作，向各地企联、企业邮寄问卷。课题组也开始收集相关信息和资料。第二阶段为问卷回收和实地调查。按照项目计划，课题组与四川企联、重庆市企联、宁夏企联联系，开展问卷填写和收集工作。与此同时，前往四川、宁夏、河南等地进行实地调研，进一步了解有关情况。同时，问卷数据统计工作也已经开始。第三阶段为总结及撰写报告阶段。统计分析及调查结束后，课题组进行了调查报告框架及相关问题的重点讨论，完善了研究报告的提纲，完成报告撰写工作。

2.被调查企业的基本情况

（1）被调查企业行业分布。

调查统计显示，被调查企业行业分布中，制造业企业反馈较多，为31家，占33%，其次为社会服务业企业为12家，占12.8%。其他行业相对比较分散，为建筑业、电力行业、批发贸易、餐饮业和房地产业等。见图2。

图2 被调查企业行业分布图

（2）被调查企业所有制及性质分布。

从被调查企业的所有制来看，私营企业最多，数量为58家，所占的比例高达59%。国有及国有控股企业数为35家，占比例为36%，外商及港澳台投资企业数量为4家，占4%，其他所有制企业为1家。详细情况见图3。

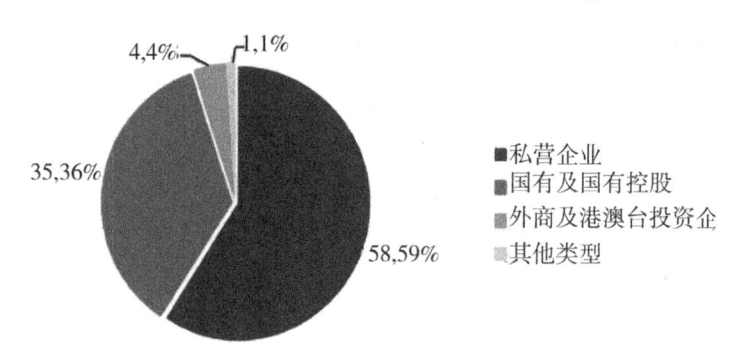

图3 被调查企业企业所有制分布（数量，百分比）

（3）企业员工人数情况。

从问卷反馈的情况来看，员工人数在100人（含100人）以下的为26家，占反馈企业的29.2%；企业人数在100—200人（含200人）的为11家，占12.4；企业人数为200—500人（含500人）的为13家，占14.6%；500人以上的企业为39家，占43.8%。其中，雇用员工人数最多的企业员工达到27241人，而雇用人数最少的企业为4人。详见表3。

表3　企业员工人数情况

员工人数	企业数	所占比例
0-100（含100）人	26	29.2%
100-200（含200）人	11	12.4%
200-500（含500）人	13	14.6%
500-1000（含1000）人	13	14.6%
1000-3000（含3000）人	13	14.6%
3000-5000（含5000）人	3	3.4%
5000-10000（含10000）人	10	11.2%

注：对此问题的回复企业为89家企业。

三、企业实习/见习生就业情况

1.企业普遍关注并愿意雇用实习/见习生

在反馈的98家企业中，34家企业表示特别关注实习/见习生，占反馈的34.7%；29家企业表示有一些关注，占29.6%；有28家企业表示关注，占28.6%，还有7家公司表示无所谓，占7.1%。

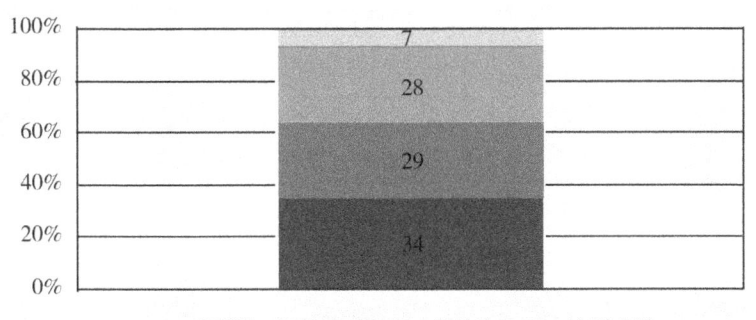

图4　企业对实习/见习生态度状况

被调查的企业中,有95家企业雇用或者愿意雇用实习/见习生,占被调查企业的89.6%。在考虑雇用的因素时,66家企业认为他们对于企业未来的发展,是潜在的人才储备,占反馈企业的69.5%,43家企业认为他们具备较快的工作适应能力,占45.3%;34家企业认为能降低企业的用工成本,占35.8%;33家企业认为实习/见习生具备创新学习的能力,能够帮助企业创造更大价值,占34.7%;有9家企业认为,实习/见习能够满足临时加班或节假日值班,能够付出更多的劳动,占9.5%。见表4。

表4 企业雇用或愿意雇用实习/见习生原因考虑

考虑因素	企业数	所占百分比
对于企业未来的发展,是潜在的人才储备	66	69.5%
具备较快的工作适应能力	43	45.3%
能降低企业的用工成本	34	35.8%
具备创新学习的能力,能够帮助企业创造更大价值	33	34.7%
能够满足临时加班或节假日值班,能够付出更多的劳动	9	9.5%
其他	2	2.1%

45家被调查企业,认为有些企业不愿招用实习/见习生。在不愿招用的顾虑中,主要原因在于,55.6%的企业认为,企业需要花费一定的时间和费用去培养人才;51.1%的企业认为实习/见习生对自己未来的规划具有不确定性、不满意薪资水平;37.8%的企业认为他们缺乏吃苦耐劳的精神;还有24.4%的企业认为他们缺乏工作主动性和钻研精神。见表5。

表5 企业不愿愿意雇用实习/见习生原因考虑

考虑因素	企业数	所占百分比
需要花费一定的时间和费用去培养人才	25	55.6%
对自己未来的规划具有不确定性、不满意薪资水平	23	51.1%
缺乏吃苦耐劳的精神	17	37.8%

续表

考虑因素	企业数	所占百分比
缺乏工作主动性和钻研精神	11	24.4%
其他	1	2.2%

2.企业对有关法规知晓率有所提升，但对有关法律还不能熟练运用

据不完全统计，当前我国还没有专门规范实习/见习方面领域的法规，但涉及相关的政策比较多。在对企业对相关企业招用实习/见习生的相关法律法规了解程度的调查结果显示，企业对劳动法规有较深的了解，并能在实际工作中熟练操作运用，然而对于实习/见习生有关政策的知晓率较低，在实践工作中还没有能够熟练运用。

从统计数据来看，被调查企业对劳动合同法的知晓率最高，占到99%，同时能够了解并熟悉运用，占到89.7%；对《中等职业学校学生实习管理办法》的知晓率为91.3%。相比之下，被调查企业对《"三年百万"高校毕业生就业见习计划》《企业支付实习生报酬税前扣除管理办法》《就业促进法》知晓率比较低，分别为61.5%、60%和60%，了解并熟悉运用该政策的分别占29.7%、40%和32.3%，说明企业对这些政策、法律虽然有一定的了解，但在工作实践中还没能很好地掌握。详见表6。

表6 企业对残疾人用工相关法规了解程度（企业数，百分比）

	没听说过	听说过	了解	很熟悉	总数
劳动合同法	1（1%）	10（10.3%）	51（53.6%）	35（36.1%）	97
中等职业学校学生实习管理办法	8（8.7%）	41（44.6%）	34（37%）	9（9.8%）	92
"三年百万"高校毕业生就业见习计划	35（38.5%）	29（31.9%）	20（22%）	7（7.7%）	91
企业支付实习生报酬税前扣除管理办法	36（40%）	27（30%）	17（18.9%）	19（21.1%）	90
就业促进法	36（40%）	25（27.8%）%	23（25.6%）	6（6.7%）	90

对于在招用实习/见习生过程中，企业享受相关优惠政策方面来看，大部分企业没有享受到优惠政策。在反馈的85家企业中，15家企业享受了优惠政策，占17.6%；70家企业没有享受相关优惠政策，占82.4%。这也与前面，企业对相关法规、政策了解的比较符合。企业对《企业支付实习生报酬税前扣除管理办法》了解并熟悉运用该政策的仅为21%，说明企业在工作实践中还没能熟练运用有关政策。

在反馈的93家企业中，有72家企业招用了实习/见习生，占被反馈企业总数的77.42%，其中有39家企业雇用了女性实习/见习生，占招用企业的54.17%。统计结果显示，企业招用了实习/见习生没有明显的行业性特点，企业往往按照工作岗位的具体需要决定是否招用实习/见习生员工。

3.学校推荐成为企业招用实习/见习生的主要途径

调查显示，企业采取多种形式招用实习/见习生，其中通过学校推荐和专门的招聘会，为目前企业选聘的主要方式，分别占到企业总数的68.1%和47.3%。与此同时，许多企业通过本单位的官方网站，占总数的35.2%，通过相关招聘机构、公开媒体发布招聘信息，均占被调查企业总数的16.5%。详见表7。

表7 企业招用实习/见习生途径情况

招聘途径	企业数	所占百分比
学校推荐	62	68.1%
参加专门的招聘会	43	47.3%
公司官方网站，发布招聘消息	32	35.2%
中介机构、专业组织、培训输出机构等发布招聘信息	15	16.5%
公开媒体	15	16.5%
其他	6	6.6%

4.大部分企业对实习/见习生规范管理

调查统计显示，绝大多数企业的实习/见习期在3个月及以上，占到反馈企业总数87%。在反馈的97家企业中，实习/见习期为3—6个月的企业数为33家，占34%；实习/见习期超过6个月的为26家，占27%；实习/见习期为3个月的有16家，占16%，2个月的为10家，占10%。其他的为7家，占7%，1个月的为5家，占6%。见图5。

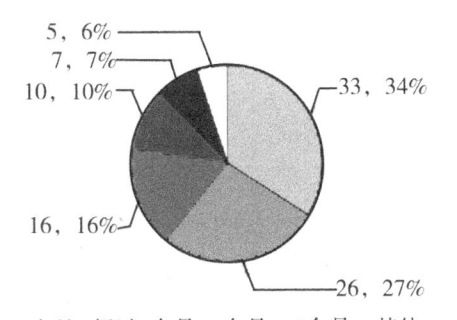

图5 企业实习/见习期调查情况

在招用实习/见习生签订协议（合同）方面，91家反馈企业中，74家企业与实习/见习生签订书面协议，占反馈企业的81.3%；9家企业与实习/见习生有口头和书面协议，占反馈企业的9.9%；5家企业与实习/见习生有口头协议，占5.5%。没有任何相关协议的为3家，占3.3%。见表8。

表8 企业招用实习/见习生签订协议（合同）情况

协议形式	企业数	占比
书面协议	74	81.3%
口头和书面协议	9	9.9%
口头协议	5	5.5%
没有任何相关协议	3	3.3%

在反馈的86家企业中，45家企业制定了专门的实习/见习生的相关政

策或规定，占反馈企业总数的52.3%；41家企业没有制定相应的政策占47.7%。

在开展相关培训项目方面，绝大多数的企业为实习/见习生提供培训机会，反馈的90家企业中，有81家企业为他们提供了入职培训，占90%；50家企业提供了技能培训，占55.6%；49家企业提供了职业安全与健康培训，占54.4%；18家企业提供了其他相关培训，占20%。许多企业同时向实习/见习生提供多种培训机会，提高他们适应工作的能力。见图6。

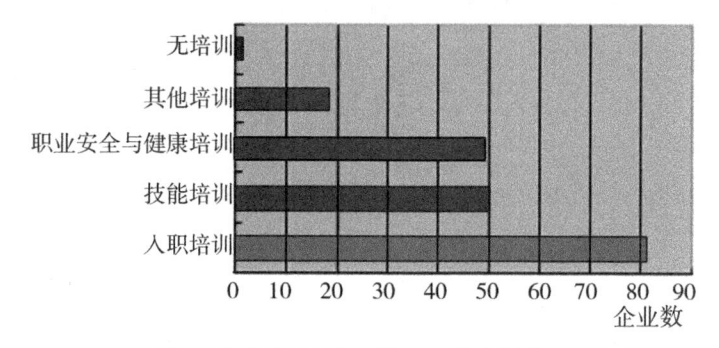

图6 企业实习/见习员工开展培训情况

在实习/见习生工资水平方面，在反馈的90家企业中，73家企业认为，与全职员工相比，实习/见习生的工资水平没有可比性，这主要是由于他们所从事的工作的时间、性质、工作的目的等因素的不同，因此没有可比性。这类企业占81.1%。与此同时，32家企业认为低于正常水平，占35.6%；28家企业认为与全职普通员工工资水平持平，几乎相同；24家企业认为取决于所从事工作，占26.7%，还有4家企业认为高于正常水平，占4.44%。见表9。

表9 企业实习/见习生的工资水平

	企业数	占比
不能相比	73	81.1%
低于正常水平	32	35.6%
几乎相同	28	31.1%
取决于所从事工作	24	26.7%
高于正常水平	4	4.4%

对于实习/见习生在工作期间，企业提供基本保障来看，41家企业提供了医疗服务设施，占反馈企业66.1%，33家企业提供了干净的卫生设施，占53.2%，25家企业提供了用餐地点，占40.3%，22家企业为他们提供了工作休息环境，占35.5%。

在对见习/实习生的指导方面，有86家企业进行了问卷反馈，有73家企业为他们安排专门的主管，对他们进行辅导帮助。13家企业没有相应的主管进行指导，占15.1%。见表10。

表10　企业实习/见习生的管理辅导情况

	企业数	占比
主管辅导制度	73	84.9%
没有辅导	13	15.1%

在对实习/见习生的业绩评估方面，62家反馈企业中，51家企业对员工进行了业绩评估，占反馈企业的82.3%；11家企业没有对员工进行业绩评估，占17.7%。见表11。

表11　企业实习/见习生的业绩评估

	企业数	占比
业绩评估	51	82.3%
无业绩评估	11	17.7%

在对实习/见习生的工作中面临的主要劳动争议方面，64家企业进行了反馈，其中35家企业认为主要是由于劳动合同订立和变更方面，占被调查企业的54.7%，19家企业认为主要是由于工伤处理，占29.7%；13家企业认为纠纷主要是由于社会保险引起，占20.3%；11家企业认为主要为工资报酬纠纷，占17.2%；11家企业认为主要为加班工资纠纷，占17.2%；还有3家企业认为主要是由于经济性裁员引起的纠纷。见表12。

表12 企业实习/见习生的劳动争议处理情况

争议原因	企业数	占比
劳动合同订立和变更	35	54.7%
工伤处理	19	29.7%
社会保险	13	20.3%
工资报酬	11	17.2%
加班工资	11	17.2%
经济性裁员	3	4.7%

四、企业实习/见习生就业面临的挑战

1.实习/见习生就业是涉及多方面的社会议题

在实习/见习生面临的挑战方面，85家企业进行了反馈，其中57家企业认为政府应当制定更多的优惠政策，支持和鼓励企业雇用实习/见习生，创造良好的社会环境，占反馈企业的67.1%；49家企业认为实习/见习生（青年）就业挑战及失业是一个社会问题，应该得到全社会的关注和帮助，占57.6%；40家企业认为，企业应该承担更多的社会责任，创造更多就业机会，吸纳更多实习/见习生，占47.1%；24家企业认为青年自身存在就业观念陈旧、就业能力不满足等问题，占28.2%；还有部分企业认为青年就业与企业没有关系。见表13。

表13 企业对青年就业挑战的观点

企业观点	企业数	占比
政府应该有更多优惠政策	57	67.1%
社会问题应该得到更多关注	49	57.6%
企业应承担更多社会责任	40	47.1%
青年存在就业能力不足问题	24	28.2%
与企业关系不大	5	5.9%

在对造成实习/见习生就业面临较大的挑战的原因调查来看，82家反馈

的企业中，认为当前整体就业形势严峻造成就业困难，为52家，占反馈企业的63.4%，认为部分实习/见习生没有强烈的就业意识的企业为42家，占51.2%，认为社会重视不够的为20家企业，占24.4%。如图7所示。

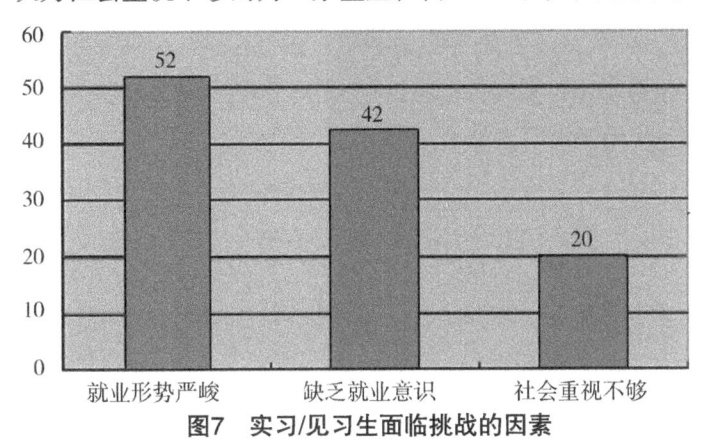

图7 实习/见习生面临挑战的因素

在教育体系和劳动力需求长期错位的背景下，由于高校毕业生、中等职业学校毕业生的就业技能和经验欠缺，造成了青年群体就业的深层次供需矛盾。

2.个人原因成为实习/见习生就业面临的重要障碍

从反馈的87家企业方面来看，认为实习/见习生对工作的成熟度不够的企业为52家，占反馈企业的59.8%；认为由于个人心理原因造成的障碍为46家，占52.9%；认为工作压力和强度过大的为32家，占36.8%；认为由于人际关系造成的困难为20家，占23%。还有企业反映，由于实习/见习生生活困难，造成了就业方面的影响。见表14。

表14 企业实习/见习生就业面临的障碍

因素	企业数	占比
熟练程度不够	52	59.8%
个人心理	46	52.9%
企业的工作压力和强度过大	32	36.8%
人际关系	20	23.0%
生活困难	1	1.2%

3.信息不对等成为招聘实习/见习生的主要挑战

在对影响企业招聘实习/见习生的挑战中，面临的主要挑战方面，认为找不到合适的实习/见习生的企业为29家，占58%；认为对实习/见习生信息了解少的企业为40家，占40%；在认为面临的不是挑战的选项中，选择管理层的态度的企业为20家，占51.3%。

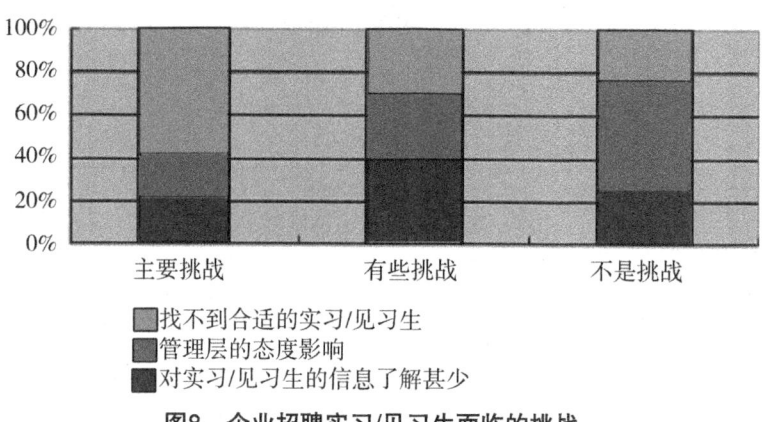

图8 企业招聘实习/见习生面临的挑战

从横向的选项的统计来看，一些企业认为管理层的态度成为企业面临的挑战。

4.企业促进实习/见习生就业仍需外部支持

在促进实习/见习生就业方面，从企业需要外部的支持来看，55家企业需要外部支持，占反馈企业的65.5%，22家企业认为不需要外部支持，占34.5%。

在需要外部支持的55家企业中，37家企业愿意与有关机构建立联系，提升实习/见习生的能力，占67.3%，31家企业需要提供有关培训，占56.4%；28家企业需要提供有关咨询服务，占50.9%；24家企业需要有关管理工具及信息，占43.6%。见表15。

表15　企业实习/见习生就业外部需求情况

因素	企业数	占比
与有关机构建立联系，提升实习/见习生的能力	37	67.3%
培训	31	56.4%
提供有关咨询服务	28	50.9%
需要有关管理工具及信息	24	43.6%

五、政策建议

实习/见习生实践是我国职业教育必不可少的重要部分，但由于结构不尽合理，体制机制不畅等原因，还不能完全适应经济社会发展的需要。充分发挥实习/见习生实践活动的作用，解决他们的就业难题，涉及到全社会的各个方面，因此，建议有必要建立和完善一个强大有力的社会支持系统，从政策制定，到政府、学校、企业和社会通力合作、共同推进，创造良好的支持环境。

（一）不断完善机制，整合资源，创建更加包容的社会支持性系统和外部环境

1.继续制定与完善促进实习/见习生就业的社会政策，加强政策的延续性和操作性

2014年，国务院下发了《关于加快发展现代职业教育的决定》（国发[2014]19号），对我国发展现代职业教育提出了顶层设计，对职业教育的指导思想、基本原则、目标任务以及具体举措提出了具体明确的要求，为现代职业教育指明了方向。建议有关政策制定部门，统筹整合相关政策，形成教育、就业、财政、税务、宣传等主管部门，整合实习/见习生就业政策，加大宣传和执行，创造透明、可操作的就业政策环境。完善政府公共就业服务体系，建立企业用人信息交流指导服务平台。在本次调研中，河南省信阳市平桥区进行职能调整，整合资源，有效地探索了实习、见习生就业的有效模式。将教体局的职业教育与成人教育职能，人社局的就业培训、劳动保障

服务、劳务及涉外劳务职能整合，成立了职业教育和就业服务局。该局成立后，实现了职业教育和就业服务的无缝对接，为职业教育的发展提供了体制保障，提高了职业教育的效能。

完善政府公共就业服务体系，建立企业用人信息交流指导服务平台。

2.加大对企业的政策扶持和宣传力度，引导和服务企业更多为实习/见习生提供机会

鉴于很多企业对于实习/见习生有关政策的知晓率较低，且大部分企业没有享受到相关优惠政策。因此，建议有关主管部门，加大对有关政策的宣传力度，同时推行更多实习生就业优惠政策，降低企业用人成本，吸引企业方更多吸收及培养实习生。建议尽快研究制定促进校企合作办学有关法规和激励政策，深化产教融合，鼓励行业和企业举办或参与举办职业教育，发挥企业重要办学主体作用。企业因接受实习生所实际发生的与取得收入有关的、合理的支出，按现行税收法律规定在计算应纳税所得额时扣除。

与此同时，进一步制定具体措施，落实规模以上企业要有机构或人员组织实施职工教育培训、对接职业院校，设立学生实习和教师实践岗位。多种形式支持企业建设兼具生产与教学功能的公共实训基地。对举办职业院校的企业，其办学符合职业教育发展规划要求的，各地可通过政府购买服务等方式给予支持。对职业院校自办的、以服务学生实习实训为主要目的的企业或经营活动，按照国家有关规定享受税收等优惠。支持企业通过校企合作共同培养培训人才，不断提升企业价值。

（二）加强能力建设，调整教育模式，提升在校学生的就业意识，加强校企结合

1.教育机构应该调整教育模式以适应产业结构的变化

随着我国加快转变经济发展方式，推动产业结构优化升级，增强发展的协调性和可持续性，劳动力市场的需求将发生巨大变革。因此，职业院校和高等学校要结合自身优势，科学准确定位，紧贴市场、紧贴产业、紧贴职业

设置专业，参照《产业结构调整指导目录》，重点设置区域经济社会发展急需的鼓励类产业相关专业，减少或取消设置限制类、淘汰类产业相关专业。要适应行业产业特征和人才需求，研究行业企业技术等级、产业价值链特点和技术技能人才培养规律，科学确定适合衔接培养的专业。校课程中注重知识体系与实践结合，实践结合现实创新、突破，不仅局限于传统无效果的项目实践。要注重传统产业相关专业改革和建设，服务传统产业向高端化、低碳化、智能化发展。要围绕"互联网+"行动、《中国制造2025》等要求，适应新技术、新模式、新业态发展实际，既要积极发展新兴产业相关专业，又要避免盲目建设、重复建设。

同时，要积极推行认识实习、跟岗实习、顶岗实习等多种实习形式，强化以育人为目标的实习实训考核评价。顶岗实习累计时间原则上以半年为主，可根据实际需要，集中或分阶段安排实习时间。要切实规范并加强实习教学、管理和服务，保证学生实习岗位与其所学专业面向的岗位群基本一致。推进学生实习责任保险制度建设。要加大对学生创新创业实践活动的支持和保障力度。

2.合理引导学生（实习/见习生）的就业预期，增强学生的就业能力

建议有关职业学校、高等院校、家庭和社会加强毕业生职业指导工作。在教学中帮助学生树立职业规划意识，在不同的阶段，帮助他们进行职业教育培养、专业选择、见习/实习社会实践和求职技能的培养，增强他们的就业能力。

实习生/见习生不断加强自身的职业道德感，调整心态，树立正确的就业意识，要理性地认识就业形势并作出切实的职业选择。有必要消除自己的主观理想预期与社会客观实际之间的差距，主动地转变就业观念、调整自身素质，以充分适应社会。正确认识就业形势与择业困难之间的关系并理性地作出择业意向。另外还要调整大学生自身的就业观念，避免现在实习生/见习生择业时普遍存在的个人主观化、理想化的倾向，适当调整就业预期目标，以适应社会现实的要求。

3.加强学校与企业的合作,促进实习/见习生就业的实效性

建议大力推动校企共建校内外生产性实训基地、技术服务和产品开发中心、技能大师工作室、创业教育实践平台等,切实增强职业院校技术技能积累能力和学生就业创业能力。推行校企合作模式,搭建校企合作平台,寓教育于实际工作与技能中,在学生教育阶段更注重与倾向实际工作技能与能力培养上。促进实习/见习生社会实践不只是学校应有职责,更是企业社会责任,校企合作协同育人是培养社会有用人才的必经之路,学校给予"知",企业给予"行",协同育人就是让学子更好地"知行合一"。通过校企合作办学,充分发挥企业优势,给广大同学提供了一个非常好的学习和实践平台,让学生的成长更适应社会,让学生的成才更贴近企业,同时为企业提供更强有力的人才支撑。

4.充分发挥企业组织的推动作用

目前,许多企业在促进实习/见习生就业方面经验不足,仍然需要多方面的支持帮助。建议应该充分发挥企业组织的作用,广泛整合有关资源,总结典型案例,进行政策宣传,经验分享,让企业充分认识到实习/见习生的人才潜能,为企业可持续发展做好人才储备,促进青年就业。

六、企业案例

在调研中,我们发现更多的企业已经充分意识到实习/见习生的潜在价值,在相关部门的引导下,探索了职业学校与企业之间的紧密结合,通过签订协议,定向培养,充分发挥各自优势,实现了产教融合,增强实习/见习生的专业技术能力和就业的针对性,实现了多赢的局面。

1.信阳携手同程通讯技术有限公司探索"在学中做、做中学"的模式

信阳携手同程通讯技术有限公司是信阳航空服务学校与上海携程网合作共建的携程网信阳呼叫中心。该企业主要通过校园招聘的方式,在学生入学时签订就业协议,前两年在学校呼叫专业学习,第三年在携程网信阳呼叫中心实习,毕业后就可直接就业。目前,信阳航空服务学校已向携程网

信阳呼叫中心输送了500余名学生，该校每年98%的毕业生都在不同的岗位上实现了就业，月薪达到3000—4000元。这种"在学中做、做中学"的模式，受到广大学生和家长的欢迎，就学即就业已成为该地区职业教育发展的一大优势。

在培训发展方面。携程拥有健全的培训、晋升、轮岗机制以及优秀的讲师队伍，为员工提供良好的培训及发展机会；公司每年1月实行全公司范围内的员工晋升（每年7月，部分工作表现突出的员工也有机会得到晋升），让每位员工都能获得广阔的发展平台。

在员工福利方面。携程为员工提供全面的福利及富有竞争力的薪资，福利包括带薪假期、活动福利金、度假福利金、公司产品资源优惠等，部分优秀员工可获得公司期权奖励。同时员工还可参加各式各样的活动俱乐部（足球、篮球、乒乓球、网球、太极、卡拉OK、电脑游戏等）丰富业余生活。

信阳携手同程通讯技术有限公司现有员工200余人，主要为大学毕业生，以女性员工为主。该企业目前聘用了23名实习/见习员工，其中青年女性员工为13人。招聘方式主要通过企业官方网站，发布相关招聘信息；通过参加专门的招聘会；通过学校推荐等方式。

在工资待遇方面。携程信阳呼叫中心员工工资待遇主要为基础工资和业绩工资两部分组成，公司按照人力资源和社会保障部门要求，为员工购买五险一金，并根据国家政策法规以及员工个人的工作情况进行不同程度的调整，充分达到人性化管理。

在未来发展方面，携程信阳呼叫中心与信阳航空服务学校进行深度合作，旨在建立集培训、服务于一体的校企联办机构。并将业务扩充到其他承办呼叫业务，为全国各地呼叫中心输出培训师等内容。

2.信阳舜宇光学公司秉承"共同创造"理念，创建光学产业园区，实现了产教融合，促进员工和企业发展

信阳舜宇光学有限公司于2011年落户河南省信阳市平桥产业集聚区，公司占地200亩，总投资3亿元人民币，注册资金1亿元人民币，其中一期120亩。由浙江舜宇光学公司投资创建。浙江舜宇光学公司是国内领先的综合光学产品制造企业，成立于1984年，2007年在香港联交所主板上市

（02382HK）。2012年，信阳舜宇光学有限公司在公共实训基地装备实训车间，进行培训式生产，实现了产教融合。信阳舜宇光学有限公司实训车间仅设备投资就达5000多万元，建设标准化生产流水线，培训学员800多人。在产业集聚区的新厂建成后，原来培训过的工人均成为企业的技术骨干，为企业的迅速投产和稳定生产提供了人力保障。如今，信阳舜宇光学有限公司在平桥产业聚集区投资5亿元，占地120亩的新厂区正式投产，年销售额6亿元。

产品主要包括光学零件（玻璃/塑料镜片、平面镜、棱镜和各种镜头）、光电产品（手机相机模组及其他光学模组）和光学仪器（显微镜、测量仪器及分析仪器），主要出口日本的松下、索尼、尼康以及韩国的三星、LG等国际知名光学企业，还有宝马和奥迪等欧洲名牌汽车企业。项目全部建成后，将成为全球单体最大的光学镜片生产基地，同时还可带动光学配套产业，形成以信阳为中心的光学产业园区。公司一期已建成投产。

目前，已建成标准化厂房一栋，总面积30360平方米；已建成职工宿舍楼三栋，总计27000平方米，可供3612名员工住宿；1700平方米的职工文体活动室已投入使用；厂区绿化、亮化、硬化全部结束；公司月产350万片光学平面镜片及月产100万片光学球面镜片两条生产线已投入生产，现有员工1800余人，月产值达1500多万元，全部建成投产后，可实现产值7亿元，利税1.2亿元，解决就业人员达3200人。

信阳舜宇光学有限公司在员工招聘方面主要以招聘当地富余劳动力为主，学历为初中、高中居多，年龄基本在20—35岁之间，并且女性员工所占比例较大。与职工签订合同时。试用期为3个月，合同期满后根据员工试用情况签订由人力资源部门核发的劳动合同，并按照国家相关政策法规为员工购买五险一金（养老/失业/工伤/医疗/生育险和住房公积金）。

在工资待遇方面。将试用期作为新员工的培训期，工资水平线处于3000元左右，试用期满之后，根据各部门岗位需求不同，进行不同程度的工资调整。大多数岗位工资上涨200—500元，技术要求高的岗位，如镀锌等可上涨1000元。在福利待遇方面。公司员工拥有国家法律颁行的所有福利保障，法定节假日、带薪年休假、婚假、产假、恩恤假及其他福利休假。

信阳舜宇光学有限公司积极的在社会责任方面发挥特长。创造社会责任理念源于"共同创造"的核心价值观,即相信社会的和谐发展需要每个人、每个组织的共同努力。自觉承担企业公民在经济发展、社会保障、文化教育、环境保护等方面的社会责任,长期致力于社会的文明进步与可持续发展。

就晋升通道方面。管理通道由员工→线长→课长→部长向高管递进。而技术通道也由技术员→助理工程师→工程师→高级工程师向资深高工递进。专业通道由员工→助理专员→专员→高级专员向资深专家迈进。信阳舜宇光学有限公司注重员工培养,给员工学习与公平竞争的机会,较为关注实习生竞聘环节,重视对新进储备员工的培养,为新员工提供良好的用工环境,保障有序、高效的进行生产。

未来发展方面,该企业将重点关注招工难、用工难的问题,争取制定更加贴近实习/见习生的规章制度,保障实习/见习生的根本利益,就和谐劳动关系,构建和谐劳动关系企业发挥自己的力量。与此同时,扩大再生产,争取为周边群众就业致富做出新的贡献。

3.深圳市宝鹰建设集团探索与职业技术学院共同创建培训学院,定向培养和储备人才

深圳市宝鹰建设集团股份有限公司(以下简称"宝鹰集团")成立于1994年,是由深圳市宝鹰装饰设计工程有限公司发展改制组建的一家集设计、施工为一体,控股6家子公司,形成了多元化产业经营结构的大型现代化集团股份制民营企业。公司注册资金5188万元,系中国建筑装饰协会理事单位,广东省企业联合会副会长单位。

尊重人才,爱惜人才,是宝鹰集团的一贯用人标准。深度挖掘专业人才,注重人才培养,形成人才接力梯队,将企业文化,行业文化、产业文化引入对人才梯队的专业培养中,是宝鹰集团在"互联网+建筑装饰"和"践行一带一路"两大集团战略中形成的新的企业人才培养方式。自2007年10月宝鹰集团和广西水电学院建立人才联合培养意向开始,双方一直磋商校企合作大计,2012年7月双方正式启动人才联合培养计划并在广西水电学院开设"宝鹰工程班"进行人才定向培养,广西水电学院聘请宝鹰集团10位经验丰

富的中高层领导者为客座教授。教授们根据行业和企业的发展需求，编写教材，自主出题，自主监考，自主录取的形式进行教学。到目前为止，"宝鹰工程班"已成功举办了三届，为宝鹰集团培养了近150名技术类管理人才，学生流失率不到2%。

2014年6月6日，宝鹰集团和广西水电学院的合作继续深化，共同签订了《广西水利电力职业技术学院与深圳市宝鹰建设集团股份有限公司共建"宝鹰建筑学院"框架协议》，正式揭牌成立宝鹰建筑学院，标志着双方的合作迈出了更坚实的一步，成为双方发展史上的重要里程碑。宝鹰集团、广西水电学院党委有关领导，宝鹰集团员工代表和学院师生代表100多人参加了签约揭牌仪式。宝鹰建筑学院的成立，标志着宝鹰集团人才培养和人才储备进入了一个新时代，也说明了人才教育和培养，不只是学校应有职责，更是企业社会责任，校企合作协同育人是培养社会有用人才的必经之路，学校给予"知"，企业给予"行"，协同育人就是让学子更好地"知行合一"。通过校企合作办学，充分发挥企业优势，给广大同学提供了一个非常好的学习和实践平台，让学生的成长更适应社会，让学生的成才更贴近企业，同时为公司提供更强有力的人才支撑。宝鹰建筑学院也为实习生/见习生提供了很好的机遇，促进他们不断提高自身专业技术水平，成为产业发展急需的专业人才。自2014年起，宝鹰集团相继与广西水电职业学院，湖南城建职业技术学院、深圳职业技术学院形成人才培养战略合作框架。以实践实习基地、校企联合培养的方式，实现学子与企业的对接，深度践行宝鹰人才观。

2015年8月26日，宝鹰集团与广西水利水电职业技术学院共同在宝鹰建筑学院设立了"宝鹰励志奖学金"，并捐款12万元，用于在广西水利水电职业技术学院全院范围奖励品学兼优的学生，激励学生学习。

宝鹰集团与广西水利水电职业技术学院的合作模式，体现了以下特点：

（1）依托职教集团搭建合作平台。

多年来，广西水利水电职业技术学院坚持以国家骨干高职院校建设为主线，以广西水利电力职业教育集团为依托，将创新校企合作体制机制作为重点建设内容，探索校企合作形式，以此来提升人才培养质量。深圳宝鹰集团是广西水利电力职业教育集团会员单位，通过这一纽带，校企双方进行积极探索，合作开发职教课程，改革课程体系和教学内容，增强教学过程的开放性和职业性。学院引入企业管理骨干和技术能手担任专业建设指导委员会专家，充实教师队伍。

（2）创新校企合作形式和内容。

2007年11月，水电职院2007届部分毕业生首次到宝鹰公司就业，宝鹰公司副总裁古朴先生根据水电职院毕业生的优异表现，肯定了广西水电职院的教学水平，进一步促成了校企双方联合培养学生的意向。双方经过多次沟通交流，于2012年7月举行了人才联合培养签约仪式，于2014年6月签订共建"宝鹰建筑学院"框架协议。校企双方在积极探索校企合作的有效途径，形成了校企合作的多元化模式。其一，创新"双主体"育人模式。校企双方共同签订人才联合培养协议，构建校企"双主体"育人平台。在校内成立宝鹰建筑学院，融合校企双方优势，以校企合作共赢为基础，在人才培养模式、教学模式、教学资源开发、教学方法等方面紧密合作。在2010—2014级中连续开设了5期"宝鹰工程班"，通过人才联合培养，为宝鹰集团培养技术技能型专门人才。设立宝鹰励志奖学金，用于奖励品学兼优的学生，扩大企业的影响力。其二，实施校企"双导师"教学。校企共同组建了由宝鹰集团技术专家与学院骨干教师组成"混编"教学团队，参与学校专业标准、课程开发、课程设置、人才培养方案的建设与修订工作。其三，校企双方开发教学资源。在校内建立宝鹰建筑学院实训中心，与宝鹰集团共建共管，使学生直观了解和掌握建筑装饰工程施工全过程，提升学生室内设计、装饰施工等实际工作能力，真正达到"零距离上岗"，该实训中心也可作为企业员工的培训基地。其四，校企双方初步达成了设立宝鹰文化大讲堂、成立校中企——深圳市宝鹰建设集团股份有限公司南宁分公司合作项目的意向，进一步实现双方在知识、资源、人员三方面的共享互用。

（3）探索"现代学徒制"育人新途径。

现代学徒制因适应市场对职业技能人才的需求，越来越受到职业院校和用人单位的青睐，广西水电职院和宝鹰集团在"现代学徒制"育人新途径方面进行积极地探索。宝鹰工程班在设立之初，校企双方先进行了课程重构方面的探讨，共同进行课程的二次开发，更加注重增强实践技能，宝鹰建筑实训场的成立标志了学生的教学组织方式更为弹性，强化对学生职业能力、技术素养、管理素质等方面的综合培养；建立宝鹰文化展示室，引入企业文化、行业文化、产业文化，让学生对企业产生认同感；除了在企业内聘请教师，学院还多次指派教师赴宝鹰集团进行学习或锻炼，实现深度参与。

校企双方进行积极探索，合作开发职教课程，改革课程体系和教学内容，增强教学过程的开放性和职业性。学院引入企业管理骨干和技术能手担任专业建设指导委员会专家，充实教师队伍。校企双方共同签订人才联合培养协议，构建校企"双主体"育人平台。实施校企"双导师"教学，"现代学徒制"成果斐然。

（报告执笔人：马超、王荷月）

企业劳动争议预防调解工作的现状及对策研究

中国企业联合会雇主工作部

一、我国劳动争议预防调解工作的现状

（一）劳动争议调解的内涵、特征及作用

1.劳动争议调解的内涵

劳动争议调解，是指在劳动争议调解机构的主持下，依照法律、法规、政策和道德规范，在查明事实、分清是非的基础上，通过疏导、说服、劝导，促使争议双方互谅互让，进行协商，自愿达成协议，从而消除争议的方法和活动。目前在我国的劳动争议调解制度中，劳动争议调解有广义和狭义之分。广义的劳动争议调解不仅包括劳动争议调解委员会的调解，还包括劳动争议仲裁委员会的调解和人民法院的调解；狭义的劳动争议调解仅指劳动争议调解委员会的调解。

2.劳动争议调解的特征

劳动争议调解与协商、仲裁、诉讼相比，其主要特征有：

（1）调解主体特定。

2007年12月29日颁布的《劳动争议调解仲裁法》规定了三类法定调解组织，即企业劳动争议调解委员会，依法设立的基层人民调解组织和在乡镇、街道设立的具有与劳动争议调解职能的组织，形成了差别化的劳动争议调解组织架构。

（2）调解方的居中性。

调解方是争议双方之外的第三方，正是由于第三方的存在，使得调解和协商区别开来。

（3）调解过程的灵活性。

调解基本上不设固定程序和形式，具有较高的灵活性和自治性。

3.劳动争议调解的作用

（1）有利于劳动争议的及时解决。

劳动争议发生在用人单位和劳动者之间，劳动争议的妥善解决与企业的生产经营和职工的切身利益密切相关，因此，效率是劳动争议解决机制所追求的价值目标之一。劳动争议调解相对于其他劳动争议处理制度，具有程序灵活、简捷，易于查明事实情况以及方便争议双方参与调解活动等优点，有利于及时将纠纷化解在萌芽状态，减少劳动争议对劳动关系的冲击和震荡，提升企业包含劳动关系管理在内的综合管理水平。

（2）有利于节约仲裁和司法资源。

通过劳动争议调解机构的调解，把劳动争议化解在基层，避免大量劳动争议进入仲裁程序，可以使仲裁机关和人民法院的负担大幅减轻，有效地节约仲裁和司法资源。

（3）有利于维护劳动关系的和谐。

当前，我国正处于社会转型关键期、结构调整阵痛期和增长速度换挡期，经济增长下行压力增大，企业劳动争议乃至群体性事件频发，对经济和社会的运行发展产生了消极影响。党的十八大和十八届三中全会提出构建和谐劳动关系的要求，加强劳动争议调解工作，坚持"预防为主、基层为主、调解为主"的工作方针，有利于维护劳动关系的和谐，促进经济发展和社会和谐稳定。

（二）我国劳动争议调解制度的历史沿革。

1.新中国成立以前的劳动争议调解制度

我国劳动争议调解制度可溯源到20世纪30年代，国民党政府在1928年颁布了《劳动争议处理法》，后在1930年修订。该法规定，特定公益事业发生的劳资争议必须调解，调解没有结果的，实行强制仲裁。调解委员会的调解，经当事人双方代表同意、签名后，该调解笔录成立。调解委员会的决定，由全体委员合议，多数委员意见一致即可，但须得到当事人双方的同意，才能产生拘束力。调解委员会由省政府或特别市政府召集。

2.新中国成立初期的劳动争议调解制度

新中国成立初期，资本主义工商业改造尚未完成，还存在大量的私营企业，劳资纠纷经常发生，劳动争议数量较多。为贯彻"发展生产、繁荣经济、公私兼顾、劳资两利"的经济与劳动政策，1949年11月22日中华全国总工会颁布了《关于劳动关系暂行处理办法》《关于劳动争议解决程序的暂行规定》。1950年11月经中央人民政府政务院批准，劳动部颁布了《关于劳动争议解决程序的规定》。上述法律文件均对劳动争议调解作出了规定，促使了新中国劳动争议调解制度的确立。

3.劳动争议调解制度的中断

1956年，我国社会主义改造基本完成，资本归属国家，私营企业不再存在，工人阶级成为企业的"主人翁"，劳资纠纷不再存在。各地劳动部门设立的处理劳动争议的机构相继撤销，《关于劳动争议解决程序的规定》也停止施行，人民法院不再审理劳动争议案件，劳动争议的调解、仲裁均改为由国家机关按照人民来信信访的方式处理，用信访制度替代劳动争议调解制度。

4.劳动争议调解制度的恢复

1978年十一届三中全会以来，随着改革开放的深入开展，企业有了一定的自主权，劳动关系发生了深刻变化，劳动争议也相应增多。1987年7月31日国务院发布的《国营企业劳动争议处理暂行规定》明确规定了劳动争议调解委员会的设立、组成、性质、调解范围、调解程序、调解效力等，这一规定标志着中断了30年的我国劳动争议处理制度得到了恢复。

5.劳动争议调解制度的发展和完善

随着我国市场经济体制的逐步确立，出现了一大批私营企业、外商投资企业和乡镇企业，劳动关系日益多元化，劳动关系的矛盾也越来越复杂。针对这种情况，1993年6月11日，国务院发布了《中华人民共和国企业劳动争议处理条例》，对企业调解制度作了专章规定。1995年1月1日，《劳动法》正式实施，以基本法的形式确立了劳动争议及其处理制度，我国社会主义市场经济下劳动争议调解制度基本形成。1995年《工会参与劳动争议处理试行办法》中规定了区域性调解组织的设立、组成及职责。2008年5月1日，《劳动争议调解仲裁法》正式实施，这是我国劳动争议处理的第一部专门性法律，该法对劳动争议调解做出专章规定：一是规定了三类法定调解组织；二是规定了调解员条件；三是规定了调解工作程序。2009年10月，人力资源社会保障部会同司法部、全国总工会、中国企业联合会共同下发了《关于加强劳动人事争议调解工作的意见》，提出了完善基层劳动争议调解组织，建立调解工作部门联动机制等要求。2011年11月，人力资源和社会保障部颁布了《企业劳动争议协商调解规定》，对加强企业协商、调解制度做出明确规定。

（三）当前我国劳动争议调解的格局

我国现行劳动争议处理制度，主要是由法律、行政法规及规章和司法解释所规定。这些法规规定了目前我国劳动争议处理程序中最为常见的四类调解，确立了我国现行的劳动争议调解格局。

1.企业劳动争议调解委员会调解

《劳动法》《企业劳动争议处理条例》和《劳动争议调解仲裁法》都对企业劳动争议调解委员会的地位进行了规定。企业劳动争议调解委员会设置于企业内部，依照《劳动争议调解仲裁法》的规定："企业劳动争议调解委员会由职工代表和企业代表组成。职工代表由工会成员担任或者由全体职工推举产生，企业代表由企业负责人指定。企业劳动争议调解委员会由工会成员或双方推举的人员担任。"因此，企业劳动争议调解委员会是依法设立的调解组织，也是调解本单位内部劳动争议的群众性组织。企业劳动争议调解委员会的调解是可选择的程序。

2.仲裁调解

仲裁调解指仲裁委受理劳动争议案件后，作出仲裁裁决前进行的协商、调和以解决劳动争议的活动和制度。《劳动争议调解仲裁法》规定："仲裁庭在做出裁决前，应当先行调解。调解达成协议的，仲裁庭应当制作调解书。调解书应当写明仲裁请求和当事人协议的结果。调解书由仲裁员签名，加盖劳动争议仲裁委员会印章，送达双方当事人。调解书经双方当事人签收后，发生法律效力。"由此可见，调解是仲裁中的必经程序。

3.法院调解

调解原则是我国民事诉讼活动中的重要原则，贯穿于民事审判活动的全过程。法院调解可在诉讼终结前的任何阶段进行，在审判实践中大致可分为庭前调解、庭审调解和庭后调解等。法院调解与劳动争议仲裁委员会调解基本相似，不同点在于，调解是仲裁的必经程序，但调解不是诉讼的必经程序。

4.基层劳动争议调解组织的调解

《劳动争议调解仲裁法》规定，发生劳动争议，当事人除了可以到劳动争议调解委员会进行调节外，还可以到"依法设立的基层人民调解组织"和"在乡镇、街道设立的具有劳动争议调解职能的组织"进行调解。基层劳动争议调解组织的存在扩展了劳动争议的解决渠道，主要有以下几种类型：

（1）行业性调解组织的调解。

行业性调解委员会由该行业的专业人员兼任，包含工会、用人单位代表。由于行业组织熟悉行业情况，与成员联系紧密的优势，由其来调节行业成员之间以及与行业有关的劳动争议较其他民间组织具有更大的优势。1995年，上海市浦东新区个体劳动者协会、私营企业协会经司法行政部门批准，成立了全国第一家行业性调解委员会。

（2）区域性调解组织的调解。

根据中华全国总工会1995年8月17日颁布的《工会参与劳动争议处理试行办法》第17条规定："工会可以在城镇和乡镇企业集中的地方设立区域性劳动争议调解指导委员会。区域性劳动争议调解指导委员会可以邀请劳动行政部门的代表和社会有关人士参加。区域性劳动争议调解指导委员会名单报上级地方总工会和劳动争议仲裁委员会备案。"第18条规定："区域性劳动争议调解指导委员会指导本区域内劳动争议调解委员会的调解工作，并调解未设调解组织的用人单位的劳动争议。"2001年11月14日，劳动和社会保障部、国家经济贸易委员会、中华全国总工会、中国企业联合会联合下发的《关于进一步加强劳动争议处理工作的通知》（劳动部发[2001]16号）中规定："在具备条件的地区，积极建立由地方工会组织、劳动保障部门、企业代表组织组成的区域性等劳动争议调解组织，主动开展调解工作，努力将劳动争议化解在当地。"

（3）行政性调解组织的调解。

这种调解组织主要是由政府的职能部门设立，由政府职能部门来担任调解者。典型的如上海市在市、区县设立的外劳力调解委员会。在上海，外地从业人员和本单位发生纠纷后，要先经过其所在区的外地劳动力劳务纠纷调解委员会的调解程序，才能进入劳动仲裁程序。外地从业人员经过外劳力调解委员会的调解后直接向法院起诉的，法院也会立案，但是以劳务纠纷的形式立案，而非将其看作劳动争议案件。需要说明的是，根据上海市高级人民法院《关于审理劳动争议案件若干问题的解答》（沪高法民一[2006]17号）规定，从2006年年底开始，上海已经取消了外劳力劳动纠纷必须先进行行政调解的规定，但外劳力的调解机构仍予以保留。

（4）信访组织的调解。

信访制度是一项具有中国特色的政治参与和权利救济制度，争议当事人通过向政府上访、反映问题，通过政府的力量来解决纠纷。国务院颁布的《信访条例》第13条规定："社区的市、县两级人民政府可以根据信访工作的实际需要，建立政府主导、社会参与、有利于迅速解决纠纷的工作机制。信访工作机构应当组织相关社会团体、法律援助机构、相关专业人员、社会志愿者等共同参与，运用咨询、教育、协商、调解、听证等方法，依法、及时、合理处理信访人的投诉请求。"因此，从实质上来说，信访也担负着调解劳动争议的工作。在实践中，很大一部分劳动争议也是通过信访来解决的。

（5）调解工作部门联动机制。

2009年10月，人力资源社会保障部会同司法部、全国总工会、中国企业联合会共同下发了《关于加强劳动人事争议调解工作的意见》，提出了"建立健全人力资源社会保障行政部门主导，工会、企业代表组织及主管部门共同参与的对突发性、集体性劳动人事争议应急调解协调机制，落实重大集体劳动人事争议信息报告制度"的要求，并提出完善基层劳动争议调解组织建设，建立调解工作部门联动机制等要求。

二、我国劳动争议预防调解工作的经验和成效

据中华全国总工会统计，截至2013年底，全国基层工会所在企事业单位建立劳动争议调解委员会100.6万个。其中，已建工会大中型企业（职工300人以上）劳动争议调解委员会5.3万个，区域性行业性劳动争议调解组织2.7万个。2013年，全国各类劳动争议调解组织受理劳动争议39.6万件，调解成功24.4万件，调解成功率61.6%。与往年相比，全国劳动争议调解组织受理的案件数居高不下，且逐年增长，而调解成功的案件数量连续三年超过六成，区域性行业性劳动争议调解成功率高达80%以上。可见，我国劳动争议调解工作已取得长足进展。

（一）人社部门在劳动争议预防调解中的作用

1.大力开展劳动争议预防调解示范活动

（1）在部分国有企业开展劳动争议预防调解示范活动（2010年10月至2013年4月）。

2014年4月9日，企业劳动争议预防调解工作经验交流现场会在广州召开，人社部总结了第一批国有企业劳动争议预防调解示范工作取得的成效。经检查验收，在人社部确定的首批64家国有大中型企业中，共有63家示范企

业达到了示范工作的要求，普遍建立了有组织、有预防、有制度、有保障的劳动争议专业化预防调解工作机制。一是调解组织建立健全，工作网络发挥作用。示范企业按照要求，建立了调解委员会、调解中心、调解小组等多种形式的调解组织，形成了多层次的调解工作网络，配备了专兼职调解人员。有些大企业还成立了劳动争议预防与调解中心等实体性机构，并将劳动争议预防调解组织延伸到生产一线。通过示范工作，完善的调解工作网络搭建起企业与职工之间良好的沟通平台，重点解决职工最为关心的工资调整、劳动保护等问题，为企业内部协调劳动关系、预防化解争议提供了组织保障。二是预防机制逐步形成，从源头上化解争议。示范企业重视企业规章制度建设，加强民主管理，注重对职工的人文关怀，完善职工诉求表达机制，建立起预防为主的利益协调机制。有些企业在制定颁布涉及职工利益的规章制度时，均提前征集职工提案，充分考虑全体职工意见和建议。通过示范工作，以劳资协商为主要内容的预防机制建设推动企业管理由单向变为互动，企业决策由单决变为共决，对于提高职工满意度、培养职工归属感、责任感，促进职工劳动权益保护与企业发展良性互动发挥了积极作用。三是制度保障不断完善，工作效能有效提升。示范企业调解组织建立了工作流程、登记备案、档案管理、岗位职责等制度。有些企业制定了《劳动争议调解细则》，其中包含24个标准化附件，对劳动争议调解全程作出具体、明确规范。有些企业每年按当年职工工资总额的0.5%提取调解组织专项经费，在给予调解员定额补贴和办案补贴的基础上，每年还对成绩突出的调解组织和调解员进行表彰，并给予奖励。一些企业与属地调解仲裁机构建立了调裁衔接机制，实行调解协议仲裁审查确认制度，提高了调解组织的公信力。

（2）在部分非公单位开展劳动争议预防调解示范活动（2013年7月至2015年6月）。

在40家大中型非公有制企业、34家商会（协会）开展劳动争议预防调解示范工作（以下简称"示范工作"）。一是建立健全劳动争议调解组织。示范企业总部和分支机构要建立劳动争议调解委员会，逐步形成劳动争议分级负责、上下联动的企业内部劳动争议预防调解工作机制。示范商会（协会）要建立劳动争议调解组织，主要负责人由商会（协会）会长、常务副会长或秘书长担任，秘书长负责日常工作。示范企业和商会（协会）应当提供必要的办公设施、场所等工作条件，支持调解组织依法开展工作。调解组织可以邀请律师、专家学者参加调解活动。二是建立有效的劳动争议预防工作机制。示范企业要认真落实"调防结合，以防为主"的方针，依法实行劳动合同和集体合同制度，规范劳动用工管理，营造健康和谐的企业文化，加强人文关怀和心理疏导，从源头上预防和减少劳动关系矛盾；要依托劳动争议调解委员会，采取召开劳资恳谈会或劳资协商会等方式，畅通企业经营管理者与职工之间的沟通交流渠道，建立企业内部劳动争议协商解决机制；要建立集体劳动争议预警制度，通过预测、预报和预防等措施，有效排查劳动争议隐患，及时将纠纷化解在萌芽状态。示范商会（协会）要建立行业性劳动争议预防工作机制，通过提供咨询服务、组织经验交流、加强宣传教育，指导民营企业特别是小型微型企业建立灵活有效的劳动争议预防机制，必要时应主动介入、积极协调企业的劳动争议，防范企业劳动关系矛盾激化。三是建立健全调解工作制度。示范企业和商会（协会）劳动争议调解组织要建立健全调解登记、督促履行等制度，完善调解员选聘、培训、工作考评等管理制度。要主动与所在地人力资源社会保障行政部门、工商联组织加强沟通协调，建立联席会议和重大集体劳动争议报告等制度。四是加强调解与仲裁工作衔接。各地调解仲裁机构要加大对示范企业和商会（协会）的指导力度，积极开展委托调解等工作，建立便捷的调解协议仲裁审查确认机制。要建立劳动争议调解建议书制度和案例反馈制度，定期向示范企业和商会（协会）通报涉及的劳动争议案件及处理情况。五是建立具有较高素质的专兼职调解员队伍。示范企业劳动争议调解委员会应结合工作实际，配备一定数量的专兼职调解员，支持调解员从事调解活动，对调解员依法履行调解职责需要占用生产或者工作时间的，按照正常出勤对待，将调解员的劳动合同期限与聘期对应起来。示范商会（协会）劳动争议调解组织要由本行业企业与职工共同推举代表担任调解员，积极吸收企业家和商会（协会）资深人士参加调解工作。要建立调解员开展劳动争议预防调解工作的激励和约束机制，稳定和发展调解员队伍。

（3）开展第二批国有企业劳动争议预防调解示范活动（2014年1月至2015年10月）。

在全国65家国有企业开展第二批劳动争议预防调解示范工作，按照以点带面、分类指导的要求，指导、推动第二批示范企业建立"有组织、有预防、有调解、有保障"的劳动争议预防调解工作机制。一是建立以劳资协商为主要内容的争议预防机制。示范企业劳动争议调解委员会要采取劳资恳谈会或劳资协商会等方式，畅通企业经营管理者与职工之间的沟通交流渠道，参与制订涉及企业和职工权利义务的劳动规章制度，研究解决涉及职工切身利益的劳动条件、劳动报酬、保险福利等问题，建立企业内部劳动争议协商解决机制。要建立集体劳动争议预警机制，通过预测、预报和预防等措施，有效排查劳动争议隐患，及时将纠纷化解在萌芽状态。二是提高调解工作规范化水平。示范企业劳动争议调解委员会要建立健全调解登记、调解记录、督促履行、档案管理、统计报告等工作制度，促进预防调解制度与企业人力资源管理制度的融合，规范申请、受理、调解、结案等工作程序。根据企业自身特点，不断创新灵活有效的调解方法和技巧。三是加强调解员队伍建设。示范企业劳动争议调解委员会要配备一定数量的专兼职调解员，完善调解员选聘、业务培训、工作考评等管理制度。要建立调解员开展预防调解工作的激励和约束机制，采取多种方式调动调解员的积极性，稳定调解员队伍。四是搞好调解与仲裁工作的衔接。各地调解仲裁机构要建立便捷的调解协议仲裁审查确认机制、劳动争议调解建议书制度和案件反馈制度，定期向示范企业通报相关劳动争议案件及处理情况。要指导企业贯彻落实劳动保障法律法规，依法规范劳动用工，积极预防争议发生。示范企业要与当地调解仲裁机构建立日常沟通机制，主动接受工作指导。

2.建立部门联动机制

人力资源和社会保障部、司法部、全国总工会、中国企业联合会共同下发的《关于加强劳动人事争议调解工作的意见》实施以来，四部门贯彻"预防为主、基层为主、调解为主"的工作方针，按照意见提出的逐步建立和完善多渠道、开放式的争议调解体系，最大限度地将争议化解在基层、消除在萌芽状态的总体要求，既充分发挥各自职能优势，指导、推动本系统劳动人事争议调解工作，又协调配合、通力合作，联合开展督查调研、集中宣传、业务培训等活动。各地因地制宜，积极探索，开展了有益的尝试：一是探索建立劳动争议调解联动机制。各地把机制制度创新作为推动调解工作的着力点，加强资源整合和工作衔接，科学设置工作流程。二是健全完善调解工作制度规范。各地通过工作指导、典型示范、督促检查等多种方式，不断强化调解组织建立健全各项工作制度和工作台帐。三是不断提高调解员队伍整体素质。各地将加强调解员队伍建设作为劳动争议调解工作的重要保障。四是加强调解与仲裁、诉讼衔接机制建设。为提升基层调解组织社会公信力，各地在"调、裁、诉"工作机制衔接上下工夫、做文章，取得一定成效。

（二）企业组织在劳动争议预防调解中的作用（以中国企业联合会为例）

中国企业联合会一直按照中央要求和国家协调劳动关系三方会议的有关部署，积极参与劳动关系协调和劳动争议预防调解工作。一是带好头，发挥引擎作用。《企业劳动争议协商调解规定》（以下简称《规定》）下发后，中国企业联合会及时转发给各地方企联并要求其认真贯彻落实。二是领好路，发挥引导作用。中国企业联合会在每年下发的《省级企联、企业家协会雇主工作要点》中，都要求各地方企联积极参与劳动争议预防调解工作，加强企业劳动争议调解员、兼职仲裁员和企业劳动关系协调员（师）队伍的建设。三是选好型，发挥示范作用。在每年的雇主工作年会上，中国企业联合会都会挑选一批在参与企业劳动争议预防调解工作中成绩突出的地方企联进行典型经验介绍和交流。此外还通过《雇主工作简报》和《中国企业报》，将地方企联推动企业劳动争议预防调解机制建设的典型向有关部门和领导进行汇报，向社会公开宣传。这些举措都极大提高了各级企联对企业劳动争议预防调解工作的重视程度，有效推进了各级企联对《规定》的贯彻落实，切实提升了企联系统参与企业劳动争议预防调解工作的能力和水平。

2013年3月，人社部调解仲裁司会同中国企业联合会雇主工作部、全国总工会法律部联合组成督查调研组，赴安徽、上海、山东、福建、湖南、湖北等6个省市开展督查调研，了解《规定》贯彻落实情况。调研显示，地方企联在推动企业劳动争议预防调解工作的组织建设、制度建设和队伍建设方面取得了积极成效。

1. 积极推动企业依法建立劳动争议调解组织

一是积极采取措施，推动《规定》贯彻落实。部分省份的三方联合下发了关于加强人事争议调解机制建设的地方性文件，要求规模以上企业建立劳动争议调解委员会，尚未建立工会的企业要同步组建工会与劳动争议调解委员会。上海还在此基础上建立了考核机制，对企业在调解组织建立进程、采取措施等方面落实《规定》的情况进行考核评估，推动企业建立健全劳动争议预防、预警、疏导、调解机制。二是密切配合当地人社部门、工会，推动企业依法建立健全劳动争议调解组织。部分企联通过召开研讨会、座谈会和工作会议等形式，研究部署了推动企业劳动争议调解组织建设的工作，起草下发了相关指导意见，指导企业完善劳动争议预防调解制度，提高自主解决争议的能力。有的企联为推进乡镇街道的调解组织建设做出了积极贡献，例如，上海市企联会同人社局、总工会设立了25个市、区、街镇级三方劳动争议调解中心，推荐数十名仲裁员和调解员参与工作。三是全面统筹工作，企业劳动争议预防调解组织建立健全初见成效。目前为止，部分省份已实现大中型企业劳动争议调解委员会的广泛覆盖。例如，安徽省截至2012年底，建立企业劳动争议调解组织12427个，调解人员达28123人，国有企业调解组织基本实现全覆盖；山东省大中型企业建立劳动争议调解委员会33516个，组建率90.2%。

2. 不断加强对企业劳动争议预防调解工作的指导服务

一是积极宣传推广，提升企业对《规定》的认识并促其贯彻落实。有的企联为扩大企业和员工对劳动争议调解工作的认知度，第一时间在企联网站、通讯和各类会议、文件、报纸上宣传国家规定和企联指导意见，宣传劳动争议调解的优势，提高企业对执行《规定》重要性的认识。有的企联开通了雇主法律咨询热线，全天24小时为企业提供劳动、人事、薪酬、合同、劳动争议等法律法规政策及风险防范服务。二是注重培训指导，增进企业劳动争议预防调处能力的建设。部分企联结合专项培训，加载劳动争议调解内容，引导企业把调解作为解决劳动争议的首选方式，不断提高企业相关人员对法律法规的掌握水平和调解劳动争议的能力。

3. 切实加大参与劳动争议调解仲裁的办案力度

这一方面，上海市企联的经验值得推广。上海市企联会同人社局、总工会出台了《关于建立本市处置群体性劳动关系矛盾工作机制的指导意见》，分工合作、共同处理重大集体劳动争议。为化解劳动争议积案，上海市企联共推荐14名兼职仲裁员、20名兼职调解员，参加全市化解劳动争议积案专项队伍，累计调处各类劳动争议324起。仅2012年，上海市企联方兼职仲裁员和调解员在三方劳动人事争议联合调解中心参与调处劳动争议45起，调解成功30起，成功率达67%。

实践证明，《规定》下发以来，企联系统在密切配合各级人社部门、工会工作的同时，充分发挥了自身的职能优势，探索建立了推进企业劳动争议预防调解工作的长效机制，有效应对了劳动争议案件大幅上升、集体劳动争议居高不下的态势，为化解劳动纠纷、促进劳动关系和谐、维护社会稳定作出了积极贡献。

（三）企业在劳动争议预防调解中的良好实践（以广州地下铁道总公司为例）

广州地下铁道总公司结合自身实际，积极开展劳动争议预防调解示范工作，形成了"在公司党政领导下，行政主导，工会参与，各分支机构齐头并进"的劳动争议预防调解工作格局，持续保持公司劳动关系总体和谐稳定。一是建立分类责任制，领导层、调解委员会和党团组织共同参与，分工配合，确保劳动争议调解"有组织，有人员，有经费"，打造功能齐备的劳动争议调解工作系统。二是完善劳动争议处理的内部程序，建立了多部门联动的劳动争议调解流程责任机制和分类调处劳动争议机制，提高劳动争议预防调解工作的针对性和专业化水平。三是构建和谐稳定的劳动争议预防环境。建立公正合理的用工和薪酬机制，完善工资集体协商机制和集体合同制度，搭建公开公正的人才选拔平台，建立员工的职业培训体系，在管理中、活动中和生活中关爱员工，实现企业和员工的和谐与共赢。

三、我国劳动争议预防调解工作的问题和原因

（一）我国现有劳动争议调解制度的弊端

我国自1987年恢复劳动争议处理制度以来，迄今已近30年。伴随着劳动关系的发展，特别是劳动争议多发阶段的来临，以"一调一裁两审"为主要内容的劳动争议处理制度亟待创新和发展。针对我国劳动争议调解制度，企业调解的问题最多，社会各界对企业调解的意见和分歧也最大，主要表现为企业内调解组织组建率较低、企业内调解组织的调解成功率不高、企业内调解组织作为劳动争议的第一道防线并未发挥实际作用等，劳动争议当事人普遍不愿意将争议交予企业调解委员会来处理，企业劳动争议调解委员会形式大于实质。

（二）我国劳动争议预防调解工作困境的原因

1.缺乏独立的第三方

企业调解作为劳动争议的第一道防线，其制度设计上致命的缺陷在于缺乏独立的第三方。第一，劳动争议是发生在本企业内的用人单位和劳动者之间，在这个阶段，无论是理论上还是实践上，是不可能存在第三方的。第二，企业劳动争议调解委员会是用人单位按规定在本单位内部设立的机构，在《劳动争议调解仲裁法》施行前，该机构由职工代表（职工代表大会或职工大会推举产生）、用人单位代表、工会代表（用人单位工会委员会指定）等人员组成。工会实质上是职工利益的代表，工会和职工只能是一方，用人单位为一方，这样就只有两方了。《劳动争议调解仲裁法》施行后，该机构由职工代表（工会成员担任或由全体职工推举产生）和企业代表（由企业负责人指定）组成，就更没有第三方的存在了。第三，相对于劳动争议双方当事人而言，劳动争议调解委员会好像是第三方，但只是表面现象。由于劳动争议发生在本企业，劳动争议调解委员会也属于本企业，最后，就演变成争议的双方就是劳动争议调解委员会的双方。既然没有第三方的存在，所谓的

调解就与协商没什么分别了。正因如此，才导致企业内的调解失去了调解本来具有的解决纠纷的优势，以至于被当事人所抛弃。甚至使人们怀疑，企业内调解组织的存在是否有必要。特别是在非国有企业中，调解组织基本上被架空。与缺乏独立的第三方这个根本问题相比，调解组织不健全、调解组织组建率低、调解不是必经程序、调解人员素质低等都只是表面的问题。

2. 缺乏调解的主渠道

《劳动争议调解仲裁法》虽然确立了多元化调解的模式，但是企业内调解依然是重点。然而企业内调解无论从理论上还是实践上都不是劳动争议调解的最优途径，只能作为预防机制，而非劳动争议调解的核心机制。另外，《劳动争议调解仲裁法》除了企业调解委员会之外规定的"依法设立的基层人民调解组织"和"在乡镇、街道设立的具有劳动争议调解职能的组织"虽然是调解组织形式多元化，但是，缺乏主渠道的多元化只会加剧企业调解的虚化。

针对企业内独立第三方的缺失，近年来，学界和业界都主张建立行业性、区域性劳动争议调解机制来补充企业内劳动争议调解制度的不足，然而，这两种调解组织在本质上与企业调解委员会并无区别，因为其调解方仍然以工会为主。此外，这两种组织还存在着法律依据不足、经费来源不明确、组织基础薄弱、专业人员缺失等问题，尚不够成熟，且存在着一定的隐患。

在多元化的调解格局下，必须存在主渠道，只有在最广的范围内保证调解的覆盖率，才能充分发挥多元调解机制的灵活性，而不仅仅是流于形式。

四、我国劳动争议预防调解工作的对策和建议

（一）国外劳动争议调解模式探析

在历史的发展进程中，调解存在过不同的形式和模式，不但呼应着各个不同时代的思维趋向与政治目的，也反映出"国家与劳资社会势力"间的折冲与演变。目前国际上通行的调节模式有：

1.国家提供调解机制+当事人自由启动与进行

这种模式是国家提供调解的程序机制,但不具有强制性,仅由劳资当事人一方或双方请求,自由启动。行政机关所提供的程序中,或许有对调解委员会的组成、程序、当事人的和平义务、调解成立或不成立的条件等规定,但其"当事人自由启动"的性质未变。

这种调解模式以英国的劳动咨询调解仲裁委员会(英文简称ACAS)和美国的联邦调解调停局(英文简称FACS)最为典型。英国的ACAS是一个由雇主、工会与中立代表组织组成的中立的法定机构,同时也是由政府出资建立的独立的非政府组织,资金主要来源于贸易与工作部,但政府不直接影响其工作。英国将调解定位在自愿的基础上,争议当事人是否选择调解者出面服务完全自由,调解者也可以在争议当事人未发出邀请时主动上门服务,争议当事人是否接受调解者的调解意见取决于自己的意愿。ACAS的工作职责主要是向公众提供信息和建议,宣传好的做法,预防和处理劳资纠纷,解决具体的个人纠纷等。美国的FACS成立于1947年,是美国联邦政府的一个独立机构,其主要目标是与各公司以及代表这些公司的工会合作,帮助他们达成确定雇员工资与工时以及雇员工作条件的集体劳资协议或合同。该局作为一个中立方,以一个由调解人员组成的基础架构随时向劳动者和管理者提供帮助,美国法律不要求劳动关系必须接受调解,并且法律并不把调解强加给不想调解的当事人,调解是否成功取决于双方当事人接受的程度,调解本身不具有约束力。

2.国家提供调解机制+当事人非完全自由启动与进行

这种模式是由国家规定劳资争议的调解机制,同时强制当事人在发生劳动争议时必须进入这一套调解程序。

这种类型的调解模式以瑞典为典型。瑞典劳动争议处理体制中的调解是一种国家强制性调解,调解机构即调解办公室(National Mediation Office)由国家设立,其目的是调解雇员或者雇员组织与雇主或者雇主组织的工业争议,即集体谈判过程中发生的争议。这种调解的强制性的表现之一是调解办公室只要认为在争议中存在工业行动的危险或者已经开始工业行动,便可以在没有经过双方同意的情况下，任命一名或一名以上谈判领导或者调解员。

3.国家提供调解机制+提出不具约束力的调解建议

这种模式是更进一步的。国家除了单纯的调解机制与程序之外，又得依职权，抑或当事人间的合意，由国家在当事人之间无法通过调解达成共识时，提出具体的调解建议，但其建议不具有约束力。

这种模式以日本的劳动委员会（由三方构成的行政机构）为代表。调解委员会在认真听取当事人的意见后，必须依据调查的事实和审议的结论制作调解解决方案，并将调解方案提交给争议的当事人。一般调解委员会会劝导当事人接受调解协议，并附以10天期限。当事人可以自主决定接受或不接受调解方案。

可见，由国家来提供调解机制，由政府代表的公权力来保障调解机制的公信力，是国际主流模式。由国家提供调解的公共资源，可以保障调解机构最大范围的覆盖，避免出现当事人救济困乏的困境，同时，自由的启动方式又可保障当事人最大范围内的意思自治。这对我国当前正在构建和完善的调解制度有着重要的借鉴意义。

（二）完善我国劳动争议预防调解工作的建议

进一步完善我国劳动争议预防调解工作，总的目标是实现基层调解工作规范化、人员队伍专业化、预防调解工作信息化，使调解制度的优势得到进一步发挥，劳动人事争议处理效能得到全面提升。

1.强化劳动争议的源头防控

将劳动关系工作关口前移，通过加强协调劳动关系的法律、体制、制度、机制和能力建设，初步实现矛盾治理从治标向治本、从事后救济向加强事前防范、事中监管转变，努力把劳动关系矛盾解决在基层，化解在萌芽状态。

2.完善劳动人事调解仲裁制度

坚持预防为主、基层为主、调解为主的工作方针，大力加强劳动争议专业性预防调解工作，推动基层调解工作规范化，推动各类企业普遍建立内部劳动争议协商调解机制，提升乡镇、街道劳动争议调解组织组建率，建立人社部门主导的调解工作联动机制。

3.加强协调劳动关系队伍建设

加强县级以上人力资源和社会保障部门劳动关系工作机构建设，配备必要的工作力量。推动劳动人事仲裁院标准化建设，规范调解仲裁队伍管理，加大教育培训力度，加强调解仲裁行风建设，提升调解仲裁队伍专业化水平。大力推进劳动关系协调工作进基层，完善乡镇（街道）、村（社区）的劳动关系工作职能，通过开发公益性岗位等多种途径，合理配置并整合劳动关系协调员、劳动争议调解员队伍，积极承担劳动法律政策咨询、劳动用工管理、劳动争议调处等职能。

4.加强劳动争议预防调解统计调查工作和信息化建设

提高统计调查劳动争议预防调解工作的效率和水平，加强对劳动争议预防调解基础数据和工作信息的汇总分析，为制定和落实相关政策措施提供依据。加强网络舆情监测，强化统计信息分析研判，增强工作预见性和针对性。全面推广使用调解仲裁办案系统，实现全国各级调解仲裁行政部门管理信息系统全覆盖。加强基层调解工作信息化建设。充分利用信息管理系统实行在线及时监督监测，提升工作效能。

上海市劳动关系问题调研

——劳动保障政策变化对上海企业用工方式选择的影响

上海市企业联合会

自1994年以来，我国相继颁布了《劳动法》《劳动合同法》《社会保险法》等法律，以及大量的行政法规、条例和规章等政策性文件。这些法律和文件对市场经济条件下劳动关系的调整起到了十分重要的作用。上海市作为中国经济发展最快，市场经济体系最完善的地方，其劳资关系也一直是地方人大和政府重点关注与立法的领域，相继出台了《上海市劳动合同条例》等一系列地方性条例和地方政府规章。然而，作为市场主体的企业对这些法律，条例和规章到底持什么态度，对企业的用工有什么影响？企业在这些条例和规章之下，会做出什么反应？这些问题都是立法者和执法者所关心的，也是今后立法与执法的重要参考依据。本文从实证角度，采取问卷调查的方法，对上述问题进行了系统而详尽的调查研究，并运用统计学方法进行数据分析与归纳，从而得出相应的结论。这些结论虽然可能与之前基于文本研究和比较研究得出的结论有所不同，但从另一个角度看，却更能反映企业的真实想法和实际情况，应该具有特殊的参考价值。

一、总体情况的统计与分析

（一）关于此次调研对象的总体情况

此次调研采取了随机抽样的方式，因此各种所有制，规模，用人方式的企业都有,而且分布在本市的各区县,黄浦、闵行、浦东、普陀四个区相对较多,崇明、松江、青浦、奉贤等郊区相对较少。从行业分布看,制造业占了1/3,其他产业也有一定的涵盖。因此,此次调研从抽样来看是较为成功的。由于本次调研主要关注企业劳动用工方面的问题,因此,我们特别对企业的人数、工资水平、用工方式等做了调研。从企业人数看,100—500人的企业和100人以下的企业占绝大多数,而超过5000人的大型企业则比例很低。但从注册资本看,1000万元到一亿元的企业和一亿元以上的企业相加占了55.10%。说明不少企业人数虽然少,但是资产却不低,这也符合上海市企业的特点。从企业平均工资看,3000—5000元和5000—10000元的占比超过8成,而这一数字也正好与上海市2013年的社会平均工资5036元相契合。

(二) 关于劳动关系政策对企业用工方式选择的影响

本次调研首先选取了三个比较重要的劳动关系政策:"无固定期限合同""较为严格的企业解除劳动关系条件"以及"是否有集体合同",考察其与企业选择用工方式的影响关系。我们发现企业的选择相当一致,一半左右的企业选择了"有影响,但不大",另有大约1/5—1/4的企业选择"影响比较大",而选择"影响很大"和"没有影响"的占比较小。说明这些政策对企业有一定的影响,但企业仍然可以通过自身调整来适应这些政策,立法和守法之间的矛盾并不突出。考虑到国家立法机关刚修改"劳务派遣"法律规范不久,本次调研设置了一些有关"劳务派遣"和"企业用工"的问题。总的来看,企业认为新修改的"劳务派遣政策"对自身影响较大,其中选择"很大"的占比超过20%,有43%的受访企业选择了"比较大",两者相加超过了63%。仅有9%的企业选择了没有影响。在紧接着的原因选择(可多选)方面,有超过60%的企业选择了"增加企业用工成本",有超过47%的企业选择"增加了招退工难度",也就是说,这两个原因是此次修改劳务派遣政策后,对企业用工方式选择影响最大的因素。紧接着就是企业会否因此而改变企业用工方式的问题,有大约48%的企业选择观望,大约有超过30%的企业明确会根据政策变化改变用工方式,即对现有劳务派遣方式进行调整。这说明这一制度的变化起到了一定的作用。

本部分的最后，我们设计了一个总结性的问题，即对现行几个劳动关系制度的影响力进行选择。结果基本与我们预测一致，即"严格的劳动关系解除制度"影响最大，"无固定期限劳动合同"居中，"集体合同"影响最小。说明企业更关注用工的灵活性问题，渴望能够更加灵活的用工，而不是相对固定的用工关系。

（三）关于劳动标准政策对企业用工方式的影响

劳动标准政策主要包括工资制度和工时制度，其中工资制度包括最低工资制度和工资发放制度。由于我国尚处于发展中国家行列，因此工资制度，尤其是最低工资制度显得尤其重要。一方面，对于劳动者来说，由于短时期内劳动力供大于求，大量农村转移劳动力又缺乏相应的技能，使得很多进城务工人员面对城市高昂的物价，迫切希望政府能够不断提高最低工资，保证其基本生活；另一方面，由于大多数企业自身原因，本身盈利能力不高，主要依靠低成本竞争，利润较低，因此希望尽量降低最低工资标准，这一愿望在金融危机期间尤其明显。此次调研，我们在本部分从多个角度，针对企业对最低工资的看法设计问题，以期更加全面地了解企业对这一政策的态度。

在"最低工资政策对企业用工方式影响"的问题下，超过一半的企业选择了"有影响，但不大"，超过23%的企业选择"影响较大"，两者相加超过了75%，说明最低工资政策对企业用工有较大的影响，但是其影响仍在可承受范围内，只有不到6%的企业选择了"影响很大"。本市每年都要上调最低工资线，调整比例一般在9%—10%，即使在美国金融危机最严重的2008年也上调了8%左右。这一做法争议较大。从这次调研情况看，认为这一做法不合理的占到了接近75%。但是在这75%的企业中，认为"无法忍受"或者"完全不支持"的总和仅占13%左右，剩余的62%均表示"可以理解"或"可以承受"，说明企业对此种做法虽然反对，但仍然保持理性。于此相对应的，对于本市今年的最低工资数额认为"不合理，完全不能忍受"的仅占6.60%。对于"本市最低工资应如何调整"这一问题，获得支持最多的选项是"每年调整，但幅度降低"，占44%，支持最少的选项是"维持现行做法"，在13%左右。在最低工资增幅多少为"合理"这一问题的反馈中，超过一半的企业选择了5%—10%，22.4%的企业选择了5%以下。另有超过13%的企业选择不调整。从上述内容看，企业普遍对现行最低工资调整政策不够满意，认为调整幅度过高，而且不考虑宏观经济形势，过于刚性。但大多数企业都能够理解政府的做法，能够理性的面对和遵守相关规定。

接下来两个问题是从较为宏观角度调查企业对于工资制度和工时制度的看法。在对工时制度的看法反馈中，有超过一半的企业选择了"综合工时制"最有利于企业，而选择"标准工时制"的不到30%，反映了企业希望灵活用工的态度。在对现行工资制度对企业的有利程度的总体看法中，传统的标准工资制占比最高，占到41%，计件工资制占27%，而年薪制只占到21%。这说明企业虽然渴望灵活用工，但毕竟计件工资制尚未得到大规模推广，企业仍然依赖传统的标准工资制度。

考虑到非全日制工时制度是一项较为灵活的用工制度，本次调查特地设置了一个问题。但企业对此项制度并不"感冒"，仅有约11%的企业表示会考虑使用，其余企业均因为各种理由拒绝使用。究其原因，笔者认为是这一制度较为新颖，企业对制度本身缺乏了解，而有关部门又没有出台详细的操作办法，使得企业望而却步。

接下来一个问题是本部分的最后一个问题，也是一个带有综合性的问题。在这一问题的回答中，认为对企业选择用工方式影响最大的是最低工资制度，占了44%，其次是劳务派遣政策，占了26%，两者相加占了70%。究其原因，我们认为是因为这两项制度与企业的成本开支直接相关，在目前企业主要依赖低成本竞争的大环境下，这两项制度的变化将直接影响企业的成本和利润。

（四）关于社会保险政策对企业用工的影响

社会保险政策是劳动保障政策的重要组成部分，同时又对企业成本有重要影响。我国社会保险政策起步较晚，目前还存在着诸多缺陷和不足。本次调研针对我国现行社会保险制度的几个主要方面，重点观察企业对这些制度的反映与情绪。

第一个问题是一个较为宏观的问题，旨在从宏观上考察企业用工方式的选择与社会保险政策的关系。受访企业中超过3/4做了肯定回答,不到1/4的企业做了否定回答。根据第一个问题的回答结果,做肯定回答的企业回答后面三个问题。第一个问题,77%的企业选择了社会保险费数额的变化对企业用工方式选择影响最大,其次是社会保险费征缴方式,占13%左右。其余政策均关注度较低。第二个问题,从险种角度考察社会保险政策对企业用工的影响。结果是:接近80%的企业选择了养老保险对企业用工方式的影响最大,其次是工伤保险,医疗保险仅占6%左右。这一结果应当在预料之中,因为养老保险本身缴费数额最大,而且远远超过其他几个险种,其对与企业用工成本的增加有重要关系。而工伤保险则有可能是因为本市采取了工伤保险浮动费率的方式,导致企业关注度增加。本部分最后一个问题则直接针对社会保险对企业用工方式影响的原因,不出所料,选择"直接增加用工成本"的企业超过了80%,说明企业对于人力资源成本的高度敏感和巨大的资金压力。

在调查最后,我们设置了一个关于劳务派遣的问题,即劳务派遣会否考虑变更用工方式。主要是由于劳务派遣的政策刚刚变化,具有较强的现实意义。超过一半(58%)的企业选择了劳务派遣政策变化后会考虑变更企业用工形式。说明政策的效用已经开始显现。以上是对此次调研的总体情况的简要分析。综合来看,一方面,受访企业大多数仍对员工工资、社保缴费数额等直接关系企业成本的指标比较敏感,感觉到压力比较大;另一方面上海的企业能够考虑到员工的实际生存权利,能够理性面对,充分理解相关政策。相比之下,上海的企业对"社会保险费的征缴方式"等制度软环境相对满意度较高。

两项新的政策:非全日制用工和新的劳务派遣制度对于企业用工方式的选择的影响呈现一定的反差。对于前者,少有企业问津,不少企业认可其相对较灵活的特点和优势,但却不愿意加以使用。这可能与该制度目前尚不完善,特别是涉及一些具体问题,如工伤保险等问题的具体操作尚不明确有关。对于后者,企业明显感受到了压力,并大多做出了反应。其原因主要在于劳务派遣制度并不是一项全新的制度,很多企业对其非常熟悉。此次政策修改对部分企业造成一定压力,这部分企业不得不顺势而动,调整用工方式。

二、分类统计结果的分析

我们针对不同类型的企业的问卷调查结果进行了统计，得出了统计结果。下面对上述分类统计结果做一个简要的分析。

（一）劳动关系政策对企业用工形式的影响

1. "实施较为严格的劳动合同解除制度"对企业用工形式影响

我们选择了填写影响"很大"和"比较大"的企业综合数量做为观察指标。我们发现：①按照企业注册资本分类，注册资本在1000万元到一亿元的企业对这一政策最敏感，而一亿元以上和500万元到1000万元的企业敏感度一般，注册资本相对较少的企业（100万元到500万元，100万元以下）对这一政策相对最不敏感。这可能与注册资本高的企业相对比较重视企业行为合规性，而注册资本低的企业相对不重视这一内容有关。②按照企业人数分类，呈现较为典型的敏感度与人数负相关性，即企业人数越少，对该制度越敏感，人数越多，对该制度越不敏感。③按照此次调查的行业分布分类，我们统计了前四名，分别是制造业、电子信息业、咨询服务业和其他。如果排除"其他行业"，我们发现制造业最敏感，咨询服务业次之，电子制造业相对最不敏感。④按现有企业用工方式统计，对该政策敏感度由高到低排列，占据前两位的分别是全员劳动合同制企业和劳动合同制为主劳务派遣为辅的企业。这个结果当在意料之中。毕竟采取劳动合同制的企业才会遇到解除劳动合同的问题，而劳务派遣制则可以有效规避该问题。

2. 劳务派遣政策变化对企业用工形式的影响

①按企业注册资本分类，除了注册资本在100万元到500万元的企业外，其他各类企业对于该政策均敏感度很高，选择"影响很大"和"比较大"之和的比例为65%—75%，而选择"影响不大"的比例比较低，而且并非注册资本越高影响越小。这说明大型企业对劳务派遣也有较高的依赖性。②按企业人数分类，人数在100人以下的企业相对敏感度较小，但选择"影响较

大"和"很大"的比例也超过了50%，而其余企业则超过了65%，有的部分甚至达到了100%。③按行业分布分类，该政策对咨询服务业影响最大，其次是制造业，再次是电子信息业。这可能是由于咨询服务业以外资居多，而根据现行政策，用工方式主要采取由外服或中智派遣的方式进行。④按企业现行用工方式分，结果显而易见，劳务派遣使用的比例越高，对该政策变化就越敏感。本次调研也证实了这一点。

3.劳务派遣政策变化对企业用工的影响（具体）

①按注册资本分类，无论注册资本多少，排名前三位的原因依次是"增加了企业用工成本""增加了企业招退工的难度"和"促进企业员工间和谐相处"。但绝大部分受访企业均选择了前两者，而第三个因素则仅仅在某些类型中占了极少的比例。②按企业员工人数分类，情况跟上述按注册资本分类后的结果非常一致，绝大多数企业都选择了"增加了企业用工成本"和"增加了企业招退工的难度"，只有极少数企业选择"促进企业员工间和谐相处"。③按行业数量前四名分类，结果也与上述结果基本一致，有所不同的是，电子信息产业的企业选择"增加了企业招退工的难度"的数量大大高于选择"增加了企业用工成本"的企业数量。④按企业用工方式（前四名）分类，统计结果也与前述基本一致。

4.劳务派遣政策变化后，企业是否会变更用工方式

①按注册资本分类，除了注册资本在500万元—1000万元的企业外，其他各个类型的企业中，选择"观望"的占比最高，而注册资本在500万元—1000万元的企业则有58%的企业选择"会变更用工方式"。说明这一部分企业比较敏感。②按企业员工人数分类，则呈现以下一些特点：首先，观望气氛较浓，每个人数段都有相当比例的企业选择观望，其中3000—5000人的企业全部选择了观望；其次，除了3000—5000人的企业外，其他企业都有不少比例选择了要"变更"；选择"不会变更"的企业比例不高，一般在18%—27%之间，其中5000人以上企业的比例为零。说明随着劳务派遣政策变更的到位，会有一定比例的企业选择变更用工方式，但更多的企业选择观望。③按行业分布前四名分类统计，呈现以下特点：首先，观望气氛较浓，尤其是

制造业和电子信息业，选择观望的企业都超过了50%，其次，在制造业、电子信息业和咨询业中，明确表示会变更用工方式的比例并不高，说明这三个行业面对可能的政策调整所带的挑战有一定的耐受能力。④按照企业现行的劳动用工制度形态分类，我们发现：首先，观望气氛浓厚，在所有的分类中，观望的企业占的比例都很大；其次，除了全员劳动合同制企业选择变更的比例低于20%外，其余类型企业选择"变更"的比例均超过了25%；最后，选择"不会变更"的比例相对较低，除了全员劳动合同制，这一项比例比较高之外，其他均低于20%。

5. 在"集体合同""无固定期限劳动合同"和"严格的解除劳动合同政策"中，对企业劳动用工方式选择影响最大的因素

①按照企业注册资本分类，呈现以下特点：首先，选择"严格的解除劳动合同政策"的企业的比例按照注册资本从大到小按照先降后升，注册资本超过一亿元的企业选择该项的比例最高；其次，选择"无固定期限劳动合同"的企业比例处于第二位，大多在1/3左右；最后，选择"集体合同"的企业比例很小，甚至小于选择"都不影响"的比例。②按照企业用工人数分类，选择"严格的解除劳动合同政策"的比例依然最高；选择集体合同的比例依然很低，甚至有的类型企业中为零；选择"无固定期限劳动合同"的比例在1/5到1/3左右。③按照行业前四名统计，除了电子信息业中选择"无固定期限劳动合同"的比例高于"严格的解除劳动合同政策"，其他几个行业的企业均选择"严格的劳动合同解除制度"最多，而选择"集体合同"的比例最低。④按现有的用工方式前四名统计，选择"严格的解除劳动合同政策"的企业数量依然最高，占40%—62%，选择"无固定期限劳动合同"的比例也比较高，基本上在1/4左右的比例。

（二）劳动标准政策变化对企业用工方式选择的影响

1. "最低工资标准政策"对企业选择用工方式的影响

①按照注册资金分类，各类企业中，选择"有影响，但不大"的比例最高，选择"影响很大"的企业比例最低；选择"完全不影响"的企业也

占到了一定的比例。选择"影响很大"的企业中，注册资金500万元—1000万元的企业和低于100万元的企业比例很高，都超过了1/3。②按企业人数统计，人数在3000—5000人的企业中，选择"完全没影响"的比例高于"有影响但不大"的比例，其余类型企业选择"有影响但不大"的比例最高；总体来看，选择"影响比较大"和"影响很大"的企业之和呈现按企业人数的减少而比例上升的趋势。③按行业前四名统计，呈现以下特点：所有行业中，选择"有影响，但不大"的比例最高，且全都超过了50%；选择"影响很大"的企业比例在各行业中均最少，均低于10%，其中制造业相对最大，达到9.09%；选择"完全不影响"的企业比例中，制造业最少，电子信息业次之，咨询服务也最高。④按企业现有用工方式分类统计，选择"有影响，但不大"的企业比例最高，均超过50%；选择"影响很大"的企业比例最小，一般在5%—9%之间；每种企业中均有一定比例（13%—23%）选择"完全没有影响"。

2.对"本市最低工资线每年均向上调整一定的比例"的做法的态度

①按企业注册资本分类，我们发现：大多数企业对此种做法抱有一定的负面态度，或者不理解，或者不支持；从不同注册资本的企业来看，选择"合理、支持"的企业均不多。虽然大多数企业均表示了负面态度，但其中的绝大部分企业考虑到劳动者的权利或者企业自身的财务状况，表示可以理解或者可以承受，说明整体来看，企业是识大体顾大局的；表示"很不合理"的企业虽然不多，但是也占到一定比例，尤其在1000万元到一亿元的企业中有11家。②按照企业人数分类，我们得到的总体结论与上述按注册资本分类的结论差不多。但如果仔细观察，会发现选择"很不合理，企业很快将无法承受"的企业数量随着企业职工总数的减少而逐渐增加，比例也在增加，而选择"可以理解"或"可以忍受"的企业比例却没有同步增加。③按行业前四名统计，我们发现：制造业由于受访企业数量多，其各类选项的企业数量也多，但总体看，制造业承受一定的压力，但仍在可以承受的范围内；电子信息业虽然受访企业不多，但总体看，对政策的承受力比制造业强，完全反对的声音相对较弱；咨询服务业是三个行业中支持声音相对最高，反对声音相对最低的行业。④按现有的用工方式（前四名）统计，我们

发现，全员劳动合同制企业相对更加理解和支持该政策，反对声音较小；随着劳务派遣、外包等用工方式的出现，理解和支持这一政策的企业数量开始减少，比例也随之降低。但全员劳动合同制企业中选择"很不合理"的数量也最大，比例也最高。

3.对"认为本市最低工资制度应该是怎样？"的分类统计

①按照注册资本统计，我们发现：注册资本在100万元以上的企业，选择"维持每年增长，但增速降低"的企业最多，而且从比例看，基本与注册资本的变化正相关，但注册资本在100万元以下的企业选择"应有升有降，根据企业经营情况调整"的最多。每个区段的注册资本的企业都有选择"维持现行做法"。②按照企业人数统计，我们发现：选择"维持每年增长的做法，但增速降低"的企业数量和比例仍然是最高的，但在500—1000人的企业和3000—5000人的企业中，选择"不必每年增长，某些年份可以不增长"的企业数相对较高；选择"维持现行做法"的企业比较少，相对而言，人数在100人以下的企业选择该选项的较多。③按行业前四名统计；我们发现：制造业和电子信息业中，选择"维持每年增长的做法，但增速降低"的企业最多，但咨询服务业中选择"应当有升有降，根据企业经营状况调整"的比例最高；选择"维持现行做法"的企业在各个行业中均占有一定比例。④按现行用工方式前四名统计，我们发现：除了"劳动合同制、劳务派遣、劳务外包都有"的企业，另外三种类型企业选择"维持每年增长的做法，但增速降低"的依然是各个用工方式的企业中最多的，而在"劳动合同制、劳务派遣、劳务外包都有"的企业中，选择"应当有升有降，根据企业经营情况调整"的企业最多。另外，选择"维持现行做法"的企业在各类企业中都是选择最少的，其中有一类甚至无人选择该选项。

4.劳动标准政策对企业用工方式选择的影响（总体评价）

①按注册资本分类统计，最低工资标准是影响力最大的，在各个区段的注册资本的企业中均是如此；其余三个指标在不同的注册资本区段的影响力各有不同；在注册资本100万元—500万元和100万元以下的企业中，劳务派遣政策的影响力也很大，仅次于最低工资标准。总体看，工资发放方式

的影响力最小。②按企业职工人数分类统计，从各个人数段的企业看，最低工资标准都是影响力最大的因素，在3000—5000人的企业中，甚至占到了66.7%。各个人数段的企业对其余三个政策的选择各有不同，总体看，基本上平均选择，其中劳务派遣政策的调整相对影响力较大。③按行业分布统计（前四名），我们发现：最低工资标准的影响力依然是各个行业最大的，尤其是在电子信息业和咨询服务业，均在60%左右。而劳务派遣政策的影响力也较大，在各个行业中均占25%，再次是工时制度和工资发放方式政策。④按现有用工方式的前四名统计，最低工资标准的影响力已经不是在所有类型中均占第一位的了，在"劳动合同制、劳务派遣和业务外包均有"的企业中，最低工资政策的影响仅占25%，影响力最大的是劳务派遣政策的调整。而从整个分布来看，劳务派遣用工方式所占的比例越大，劳务派遣政策的影响力就越大，呈正相关分布。而工时制也具有了一定的影响力。

（三）社会保险政策变化对企业用工的影响

1.主要社会保险政策类型对于企业用工的整体影响

①按企业注册资本分类，我们发现：无论企业的注册资本多少，全都把"社会保险费的征缴数额"看成影响企业用工方式的最大因素，这可能与社会保险费涉及大额支出的原因。排在第二位的是"社会保险费征缴方式"。而有关社会保险待遇的两个选项则选择量很小。再次说明左右企业用工方式选择的政策性因素主要是与企业用工成本有关的那些政策。②按企业员工人数分类，我们发现："社会保险费征缴数额"依然是各类企业关注的第一要素，而且比重有所上升；所不同的是，有一些人数段的企业把社会保险待遇的计算方式和发放方式也作为影响因素之一，有的甚至超过了社会保险费的征缴方式成为第二大因素。③按行业前四名分类统计，我们发现：影响最大的依然是"社会保险费征缴数额"，这一点在所有行业均如此。再一次证明社会保险费数额对企业的重要性。有所不同的是在咨询服务业中，没有企业选择"社会保险费征缴方式"这一选项。这说明在咨询服务业这一相对高端的企业中，社会保险费的征缴方式不是很重要。④按现有用工方式前四名分类，其结果与前述按注册资本分类结果很类似，在此不再赘述。

2.主要社会保险险种对企业用工方式选择的影响

①按企业注册资本分类，我们发现:养老保险是不同注册资本企业认为对其用工影响最大的社会保险险种，而且比例非常高，占各调查样本组的比例均超过70%；绝大多数企业（除注册资本100万元以下的企业），选择影响程度第二的险种为工伤保险，第三为医疗保险。注册资本100万元以下企业选择影响程度第二的为医疗保险，第三是工伤保险；其余两个险种（失业保险和生育保险）的影响都很小。②按企业人数分类，我们发现：养老保险的影响在各个类型企业中的优势地位更加明显，在3000—5000人的企业中甚至占到了100%。而且按此种分法，除了人数在3000—5000人和少于100人的企业外，其他人数的企业均把工伤保险看作影响程度第二的，而医疗保险则排第三位，其余两个保险的影响度都很小。人数少于100人的企业把医疗保险的影响看得重于工伤保险。③按行业前四名统计，我们发现：制造业、电子信息业、咨询服务业以及排在第四位的"其他"产业，除了均把养老保险的影响放在第一位外，还呈现一种新的特征，即各个行业都认为医疗保险和工伤保险的影响力相同，即这两个险种的影响力并列排在第二位。生育保险则在制造业和其他产业中占第三位，在电子信息业和咨询服务业则为零。④按企业现有用工方式前四名分类，我们发现，在全员劳动合同制和劳动合同制为主，劳务派遣为辅的企业中，除了养老保险占据影响力第一位外，其余工伤保险、医疗保险、生育保险和失业保险均占有一定的比例。但是在"劳务派遣为主，劳动合同制为辅"和"劳动合同为主，业务外包为辅"的企业中，医疗保险、生育保险和失业保险的选择均为零。而在"劳动合同制、劳务派遣和业务外包均有"的企业中，医疗保险和工伤保险的比例也比较高。

（四）其他政策

对"是否考虑在劳务派遣政策变化后变更企业用工方式"，企业的选择如下：

（1）按企业注册资本分类，我们发现：注册资本超过一亿元的企业均表示考虑变更用工方式，但其他类型企业中，大部分均表示不变更，只有少部分表示会变更用工方式。

（2）按企业员工总数分类，1000人以上的企业均选择考虑变更，1000人以下的企业则选择截然相反。其中500—1000人的企业有75%选择不会考虑变更，25%企业表示会考虑变更。而100—500人的企业和100人以下企业均表示不会考虑变更。

（3）按不同行业前四名分类，制造业和电子信息业均全都表示考虑变更，咨询服务业大部分表示不考虑变更，有少部分表示考虑变更。

（4）按现有企业用工方式前四名分类，全员劳动合同制企业有7/8的企业选择考虑变更，其余不考虑变更；而其他用工方式企业均表示不考虑变更。

三、概括性结论

根据以上调研结果，我们得出以下结论：

（1）大多数企业对于之前《劳动合同法》制定时的几个新政策的顾虑已经消除。从调研结果看，绝大多数企业对这类与企业用工成本关系不大的政策变化并不很敏感。回想在劳动合同法出台前后，不少企业曾经存在担心与焦虑。在一段时期的磨合后，绝大多数企业应该可以将此类制度造成的暂时困难自我消解。

（2）劳务派遣政策的变化会对企业用工方式选择产生较大的影响，原因在于劳务派遣政策的变化会影响企业的用工成本。用工成本问题其实是企业选择用工方式的最重要考量因素之一，这一点在本次调研中得到充分显现。但是不必把这一影响看得过高。从调研结果看，大多数企业均认为有压力，但在可控范围内，可以在不改变用工方式的前提下将压力消解。另外，我们经过分类研究，发现就劳务派遣政策影响来看，其对大型企业的影响超过中小型企业，同时也说明大企业使用劳务派遣的比例也比较大。

（3）在现行的几个主要的劳动关系政策中，"严格的劳动关系解除制度"以及"无固定期限劳动合同规定"对企业影响较大，尤其是前者。可见企业对于宽松的解除劳动关系解除权这一点仍然较为在意。从分类统计看，对于劳动关系解除方面的政策对资本高的企业影响较大，对制造业影响较大。

（4）现行劳动标准政策对企业影响较大。其中影响最大的是最低工资政策。对于现行最低工资数额，企业表现出一定的保留意见。但是绝大多数企业出于各种考虑，能够理解或者接受现行做法。大多数企业对于最低工资政策的期望主要是希望增速能够低一点，甚至不增长，尤其以大中型制造业企业为代表的部分企业承受压力较大，普遍要求降低增速。而一些小型企业则希望能够充分考虑经济形势，做到最低工资标准有升有降。

（5）社会保险政策对企业的影响方面，对企业影响最大的是"社会保险费的征缴数额"。在险种方面，养老保险具有最高的影响力。排在第二位的险种根据企业类型的不同，有的选择医疗保险，有的选择工伤保险。但总体看来，选择工伤保险较多。我们判断，原因在于工伤保险除了支付保费外，企业还需负担由于上一年度工伤保险支出数额较大而导致的保费费率上调的风险。

四、建议

根据以上结论，为了更好的适应经济"新常态"，结合当前本市的经济形势和社会情况，我们建议：

（1）适当放宽企业解除劳动合同的限制。现行的解除劳动合同机制建立在劳动合同法及其他一些配套法规基础上。这一机制在保护劳动者方面起到一定作用，但其副作用也很明显，即导致企业的用人机制缺乏灵活性。这种机制在经济繁荣发展的时期有利于劳动关系的稳定和社会安宁，但在经济发展速度下降，同时面临结构调整的时期将有可能成为企业转型发展的负担，从而拖累整个经济。因此可以考虑通过法律解释的方式，适当考虑放宽企业解除劳动合同的限制，同时将招工录用手续也一并简化。可以利用本市发达的信息网络，大力推广网上招退工，网上申报社会保险业务等，方便用人单位。当然，同时也要考虑劳动者情绪，防止出现大的影响社会稳定的波动和社会问题。

（2）适当考虑改进现行最低工资调整机制。现行最低工资增长机制建立在本市经济高速增长年代。但随着增速回落，现行最低工资增长制度遭遇较多不满。政府是否可以考虑根据今后每年经济增速的实际情况建立相应的最低工资增长制度，从而建立本市最低工资的"新常态"，不再一味追求高速增长，可以考虑适当调低增速。从长远看，探索建立最低工资增长与本市经济增长挂钩的联动机制，增强政策的预见性与可操作性。

（3）适当放宽对用工方式（包括劳务派遣制的使用，企业的工时制度等）进行调整的政策规制。企业根据自身需求和经营状况对用工方式进行变化，如从一般工时制改为综合工时制，从全员劳动合同制变成派遣制或者劳务外包，这本身是一种正常的企业自主行为。目前相关法律政策考虑到社会稳定等因素，对这类企业行为进行了一些规制，比如对综合工时制的审批，对劳务派遣比例和劳务派遣公司的严格限制等。我们建议可以考虑适当放宽审批条件，甚至可以考虑在当前背景下，将综合工时制审批变为备案，对劳务派遣用工的比例也适当予以放宽，甚至鼓励企业扩大劳务外包，方便企业用工方式转换。

（4）对社会保险费，尤其是养老保险费率可以考虑适当降低，或者缓征。本市的社会保险费率一直较高，尤其是养老保险费率，当然这与本市的经济发展历史和人口结构有关。在过去的经济高速增长时期，这一费率已经显得较高，但企业仍能够承受，但在经济"新常态"下，企业是否能够承受，加上未来美元汇率的波动等因素，企业面临的成本压力会更大。在此情形下，是否可以考虑适当降低经济社会保险费率，尤其是养老保险费率，减轻企业负担。

上海企联理解上海市基本养老保险基金入不敷出的现状，但如果一味考虑支出而忽略对缴费单位的负担的考虑，可能会引发新的不平衡和问题。养老保险基金的财务风险应当采取多方开源，综合解决方法，而不应单纯依靠缴费收入。与此同时，养老保险待遇每年都按一定比例增加，这一惯例也值得商榷。在经济的"新常态"下，通缩的风险远远大于通胀，是否可以考虑对养老金的增长惯例进行调整，以减轻养老保险基金压力，同时也减轻缴费企业的压力。

（执笔人：雇主部宋靖）

安徽省集体协商工作情况介绍

安徽省企业联合会

几年来,安徽省劳动关系三方贯彻党的十八大和十八届三中全会精神,按照国家三方推进实施集体合同制度攻坚计划视频会议部署要求(党的十八大提出要"健全劳动关系协调机制""推行企业工资集体协商制度";十八届三中全会进一步明确了"创新劳动关系协调机制"和"完善企业工资集体协商制度"的改革任务),贯彻落实省委、省政府办公厅《关于进一步推进工资集体协商工作的意见》(皖办发〔2011〕36号)精神,统一思想认识,明确目标任务,加大工作力度,推进集体协商工作深入开展,维护劳动关系的和谐稳定。

一、开拓进取,全省集体协商工作取得明显成效

集体协商工作开展以来,尤其是省两办36号文件下发以来,各地高度重视,积极贯彻,精心部署,稳步推进,取得了明显成效。

(一)工作机制逐步健全

一是加强了组织领导。各地基本成立了以当地党委或政府领导为组长、协调劳动关系三方负责人为成员的集体协商工作领导小组,并以党委政府文件形式出台了推进集体协商工作方面文件和政策。芜湖市政府2015年制定出台了《芜湖市企业工资集体协商办法》,对工资集体协商代表、工资集体协

商内容、程序及监督调查、争议等内容做出明确规定,为推进工资集体协商进一步提供了政策支持。宿州市、淮南市还规定,必须经过集体协商确定的薪资才能税前扣除,有力调动了企业开展工资集体协商的积极性。

二是建立了考核机制。各地将推进工资集体协商工作与各类评先评优相结合,对不开展工资集体协商的企业,取消相应的评先评优资格。马鞍山、淮南、滁州等地将工资集体协商工作纳入党委、政府年度目标考核,对完不成任务的实行"一票否决"。淮北市还设立工资集体协商工作推进奖和先进奖,每年支出专项奖励经费。

三是加强了督查调度。各地基本建立了督查制度,普遍开展督查工作。滁州市将每年10月份确定为"联合检查督导月",由市三方联合检查企业协商、履约情况。亳州市建立了工作调度和情况通报制度,由三方领导分别带队赴县区检查,收效明显。宣城建立了领导联系点制度,联系领导负责指导协调、督促检查所联系的县区工资集体协商的推进工作,推动了基层工资集体协商工作的开展。

(二)加强了宣传培训

一是加大宣传力度。各地充分利用各类媒体,采取多种形式,大力宣传开展工资集体协商的重要意义、《安徽省集体合同条例》等政策法规和企业典型。铜陵市开展了工资集体协商提升年、扩面年活动,宿州市通过开展工资集体协商强力推进年、规范提升年、巩固深化年系列活动,每年确定一个主题,营造了浓厚氛围。

二是组织开展培训。各地采取举办培训班、讲座、以会代训等形式,加强对企业经营者和工会干部的培训,培育协商主体,提高协商能力。合肥市近年来共培训工资集体协商指导员和工会干部3000多人次。滁州市两年累计举办培训班21场次,培训2856人次。铜陵市先后举办市、县、区、街道和企业不同层级培训班,马鞍山市成立了由10位专家组成的工资集体协商顾问团以及有54名专业干部组成的工资集体协商指导员队伍,加强对工资集体协商工作的指导和服务;芜湖市组织了两次工作队伍的实地观摩学习,一是学习了合肥燃气集团平等协商签订集体合同的工作经验,二是观摩了无为县高沟电线电缆行业工资集体协商现场签字仪式，通过实地观摩学习培训队伍，增加感性认识。

省企业联合会针对企联系统对集体协商工作了解不全面的状况，专门组织进行了一次"集体协商与集体合同制度"的讲座，全面系统地介绍了集体协商与集体合同制度的由来、概念、内涵以及相关国际、国内法律规定，对企联系统应当持有的思想认识、工作态度和工作方法做了简要分析。

三是开展外出学习。淮南市组织了76名企业人力资源管理人员和工会主席赴中国劳动关系学院参加工资集体协商培训，芜湖市组织有关人员赴青岛等地考察学习工资集体协商工作，马鞍山市花山区组织一批企业家和工会干部赴武汉学习餐饮业工资集体协商工作经验，拓宽了工作思路。

（三）"要约行动"有声有色

各地紧紧抓住开展工资集体协商"要约"这个关键环节，积极组织开展"要约行动"，努力提高工资集体协商建制率。安庆市2015年"要约活动月"期间，共发出要约的企业395家，经协商已签约295家；发出要约的乡镇、街道和产业集聚区35个，覆盖企业286家，签订区域性工资集体合同31份，覆盖企业275家。合肥市开展了工资集体协商"百日攻坚行动""春季行动"，形成了强大声势。芜湖市开展了工资集体协商"要约行动月"活动，举行了启动仪式，期间共组织"要约"专题活动近百场。池州市等一些地方还结合"要约行动"，向未开展工资集体协商的企业发放特别提示函，督促引导企业积极主动开展工资集体协商。

（四）服务指导扎实有效

各地普遍加强了对工资集体协商的服务指导，规范协商程序，以提高工资集体协商质量。一是注重服务。各地通过向企业发放工资集体协商指导手册、工资专项集体合同文本等，为企业开展协商提供参考。六安市、黄山市、阜阳市编印了工资集体协商操作指南，宿州市印制《要约书》《答复书》《集体合同范本》等格式文本和集体协商工作手册，向企业免费发放。二是强化指导。合肥、宿州、亳州、蚌埠等地建立了专门的工资集体协商指导员队伍，因企施策，加强对企业的分类指导。三是以点带面。铜陵市选择5家不同类型企业作为首批工资集体协商试点单位，指导试点企业制定工作方案、产生协商代表，开展业务培训。宿州市将市汽车运输总公司等10多家企业作为开展工资集体协商先进典型，组织企业观摩学习，示范效应明显。

（五）区域性、行业性工资集体协商取得突破

各地对小企业比较集中的工业园区和乡镇、街道，积极通过开展区域性、行业性工资集体协商进行覆盖。铜陵市通过集体协商，在全市建筑行业签订了首份工资集体合同，覆盖企业65家，覆盖劳动者24046人。马鞍山市花山区首次在餐饮行业签订工资专项集体合同，覆盖餐饮企业300多家、11.3万名从业人员。马鞍山市建筑业协会与市建筑业工会联合会就最低工资标准、年均工资增长幅度和工资支付办法等议题充分协商，签订了我省首份建筑业工资集体协商专项合同；国家级高新区慈湖高新区签订了区域性工资专项合同、区域性集体合同和区域性女职工特殊权益保护专项集体合同。8月6日，马鞍山市总工会举行了软件园区行业性集体合同签订仪式（集体合同覆盖了116家企业，1002名职工）。芜湖市无为、繁昌、镜湖等县区在电缆、羽毛羽绒、服装、餐饮等行业和部分乡镇、工业园区签订行业性区域性工资集体协商专项合同13份。

全省现有有效的区域性工资集体合同5060份，覆盖职工28万人；行业性工资集体合同1665份，覆盖职工7.98万人。

通过开展工资集体协商，职工工资普遍得到了提高，企业凝聚力得到了增强，劳动关系更加和谐稳定。

二、存在问题

一是推进工作不平衡，一些地方工作轰轰烈烈扎实开展，一些地方则较为冷清。尤其是基层工作开展难度大，力度小（比如乡、镇）。

二是宣传深度不够，有些县、乡、镇地方企业，尤其是非公企业对此项工作不太了解，积极性较差。

三是部分企业负责人对此工作认识不够，消极等待观望，积极性差。

四是部分工资集体协商质量不理想，普遍存在重签约、轻协商，重数量、轻质量，重进度、轻效果。

五是区域性、行业性工资集体协商工作有亮点、有成果，但还处于起步阶段，还有大量的工作需要细化，需完善提高，全面推开尚有困难。

三、几点建议

（1）继续加大宣传宣讲力度，深入各行业、区域，各类不同所有制企业，使各级领导、企业主和广大职工了解该项工作在社会管理、民主建设中的重大意义。

（2）要加大工资集体协商指导员队伍建设，提高能力和水平。设立指导员队伍建设的制度和规定。可以结合劳动关系协调队伍建设一并进行。

（3）要进一步加强该项工作的法律和政策研究，使其有法可依，有规可循。

（4）要建立并重视履行合同的监督约束机制的建设，提高其持久性和有效性。

（5）要注意调动职工和企业主的两个积极性，认真研究、总结集体协商对企业管理和企业发展的促进作用，引导企业主动协商、乐于协商。

（6）要注意行业、企业发展的不平衡状况，在宣传和推动中注意强调建立工资调整机制，而不是单纯地强调增长。

（7）要进一步扩大企业代表组织的覆盖面，积极培育、扶持行业、区域的企业代表组织，马鞍山的建筑业、餐饮业、芜湖的高沟电缆的成功经验也给了我们这样的启示。

（8）科学的协商需要建立在数据透明的基础上，应当要求企业向协商代表公开运行状况的基本数据。

（9）协商后的结果要得到各方面的认同才能够保证协商双方的积极性，应当明确协商后的工资可以纳入企业成本。

（10）要采取措施解决当前面临的"重签订、轻协商、做表面文章"的问题，应当着重强调协商这一民主过程和管理方式。

中共中央《关于构建和谐劳动关系的意见》指出集体协商工作要"不断扩大覆盖面，注重实效性"，集体协商工作是社会民主发展的要求，是职工共享企业发展成果的要求，也是企业管理的自身需要。我们要积极引导、科学规范，要注重实现集体协商工作由政府推动、工会推动向企业主动、员工主动转变，从职工维权的手段、企业管理的工具向企业科学发展的方式和构建和谐劳动关系的手段方法转变，力争职工得实惠，企业有益处，促进员工体面劳动，实现企业科学发展。

（执笔人：邢志昂）

安徽企联构建和谐劳动关系工作纪实与思考

安徽省企业联合会

近年来,安徽企联遵照党的十八大精神,坚持科学发展观,按照"完善体系、夯实基础、增强能力、扩大影响"的要求,围绕促进经济发展和社会进步主题,帮助企业转变增长方式,努力发挥企业代表组织作用。

一、积极参加国家和省有关企业的法律法规制定、修改和宣传,帮助企业合法经营、规范发展

安徽企联密切联系企业,了解企业实际,在国家和省的各项法律、法规制定中积极反映企业呼声,代表、维护企业和企业家的合法权益。与协调劳动关系三方紧密合作,就法律法规修订及宣传贯彻、推动劳动合同和集体合同制度、调整最低工资标准、发布工资增长指导线、创建劳动关系和谐企业和工业园区等多方面开展协商。

在安徽省制定《企业民主管理条例》的立法征询意见中,安徽企联提出既要充分体现党的群众路线,加强企业民主管理,又要注重保护企业的自主经营权,特别提出不能把职工代表任职时限与劳动合同期限挂钩的建议。安徽企联的有关建议得到省人大法工委的高度重视,在立法中采纳,并在后期修改中,针对具体条款征询安徽企联意见。

安徽省《最低工资规定》修订中,安徽企联提出不能将劳动者个人应缴纳的社保和公积金计入企业应支付的工资标准,多次以各种方式阐述理由,改变了原定草案,减轻了企业负担,也避免了可能发生的社会矛盾。

针对有的企业在《劳动合同法》及其修改决定实施后由开始的惶惶不安到后来的安之若素，认为新法实施也不过如此，继续原来的做法；有的企业在合法经营上有了一定的建树，但规章制度不健全，没有做到规范管理，发生了多起本来不该败诉的案件；更多的企业是在保障职工的合法权益时，不知如何规避企业存在的法律风险的情况。安徽企联利用报纸、企联网站和企联通讯等宣传阵地，发表、转载相关文章，并主动开展企业规章制度的研究，适时举办"健全规章制度，创建和谐企业"培训。并应邀为省人社厅和省工商联的有关培训做讲座。安徽企联对法规活学活用的宣讲、行之有效的培训，深受企业欢迎，受训企业按照安徽企联的指导及时建立或完善了规章制度，降低了用工管理不规范的风险。

二、积极维护企业合法权益，帮助企业解决实际问题

雇主组织作为企业组织代表的首要任务，是维护好企业和企业家的合法权益。安徽企联依照《安徽省企业和企业经营者权益保护条例》的相关规定，积极开展为企业维权工作，六安市一家建设企业在某县法院的执行案件中，由协助执行人直接被当做执行人承担不该由他们承担的债务，安徽企联通过省人大法工委给省高院去函，及时更正了县法院的错误做法，安徽企联还指导企业及时通过确认债权的诉讼明确债务标的，维护了企业的合法权益，企业给安徽企联送来了锦旗和感谢信。

安徽企联还通过参与劳动争议仲裁、设立企业维权法律咨询服务部以及电话咨询、上门指导个案服务等形式，依法维护企业和企业经营者的合法权益。在各类案件中，安徽企联代表都坚持正确适用法律，从维护双方的合法权益和促进企业发展与进步的角度出发，提出创造性、建设性的仲裁或调解方案，受到案件当事人和劳动部门、工会组织代表的肯定和欢迎。

例如，某公司职工几年前因对企业管理人员不满而罢工并强行占有厂房，造成停厂，几年后又申请仲裁，索要生活费和社会保险。安徽企联参与三方仲裁，从时效和法律角度坚持维护企业合法权益，只判决企业承担了社保费用。又如，某国有酒店在90年代时内退了一批职工，当时，还召开了职代会通过内退方案，之后，约有近百名职工办理内退手续，每月发给较高数

额的内退工资，企业沿街建设一排门面房，依靠房租收入支付工资。后来，由于该门面房属违章建筑而被拆除，企业无法支付内退人员工资，只发生活费，造成近百名职工围堵政府上访。在三方仲裁时，工会同志提出当年内退决定系经过职代会作出，现在否定内退协议仍然需要召开职代会，但事实上这批职工已经占职工的绝大多数，职代会不可能更改当初的内退协议，安徽企联代表经调查了解，当初办理内退的人员年龄都不符合国家有关规定，从而判定当年的内退协议违法，从根本上支持了企业解除内退协议的行为，并裁决企业按照最低工资标准支付职工工资。既保障了企业的正常运行，又维护了职工的权益。

针对企业劳动用工中存在的各类问题，安徽企联在全省开展了企业劳动用工管理免费咨询服务活动，组织专家深入十几家企业，帮助企业进行劳动用工合法性审查。重点是审查企业规章制度和录用解聘程序，及时发现存在的违法风险和隐患，积极为企业人力资源管理出谋划策，对企业劳动规章制度建设和现行做法提出了针对性的诊断意见和建议。

为更好地营造维护企业合法权益的舆论氛围，鼓励更多的法律工作者维护企业合法权益，安徽企联和律师协会联合发文征集维护企业合法权益典型案件，涉及范围包括行政侵权、大企业利用优势或垄断地位侵犯小企业合法权益、新闻媒介的不公正报道、司法、消费和劳动领域等。目前已经征集了十几个有代表性的案例材料，准备经评选后在有关媒体发布。

三、加强企联系统内部培训，提升工作能力

针对新进入企联工作和新组建企联的一些同志对三方机制和雇主工作不熟悉、不了解，安徽企联组织召开了雇主工作会议，以训代会，就雇主组织和三方机制工作进行了专题培训，全面介绍了国际劳工组织及国际劳工公约、国际雇主组织、国外雇主组织、中国企业联合会和安徽企联的发展历史、重要作用和工作内容，对当前三方机制工作面临的形势、任务以及工作方式、存在问题、发展前景和热点工作进行了详实细致的讲解和深入剖析，特别介绍了三届党和国家领导同志对协调劳动关系和三方机制工作的重要指示和工作要求，介绍了我国劳动法律对三方机制工作的明确规

定，加深了各地市企联负责人和工作人员对雇主工作和三方机制工作的认识和了解，提升了工作能力。

中央10号文件印发后，安徽企联立即组织内部学习，撰写学习资料（有关资料在《中国企业报》和《企业管理》杂志发表），及时召开了全省企联系统学习10号文件座谈会，举办了专题讲座，深刻领会文件精神和企联系统面临的形势与任务。并先后深入有关市举办"学习中央10号文件，构建和谐劳动关系"讲座，着重强调"学文件、见行动"，强调"文件的核心是和谐，和谐的核心是标准"，几百名企业家聆听了讲座。在全省范围内努力营造了学习中央10号文件，构建和谐劳动关系的良好氛围。

为了更好地为全省企联系统提供交流学习的平台，安徽企联与用友软件公司合作，建立起全省企联系统集办公、邮件、公告和文档管理于一体的空间，在省企联的主空间下，各市企联同样建立了子空间，很好地做到了信息及时传达、文献普遍共享、意见易于征集、经验广泛交流，实现了全省企联系统的网上集中办公，并通过平台刊登一些学习文章，指导地方企联的工作开展。

四、积极参与安徽省委、省政府实施意见的起草，强调企联组织的地位、作用和保障

在安徽省实施意见的起草中，安徽省委、省政府多次征求安徽企联意见，安徽企联提出的修改意见有多处被吸收采纳。安徽企联在目标任务中提出增加"劳动效率有效提升"、提出的"逐步建立企业用工诚信和劳动者就业诚信档案""加强对劳资双方集体协商代表的培训""企业代表组织要不断加强自身建设，充实专业人员，提高协调劳动关系的专业水平和平等协商能力"，特别是"各级政府要针对协调劳动关系三方委员会及其组成单位工作机构和队伍建设方面存在的问题，从力量配置、经费投入上给予支持，保障构建和谐劳动关系工作顺利开展"，都被省政府常务会议通过的文稿所采用，现在省委常委会已经研究通过，即将颁发。

中央10号文件发布后，企联组织面临新的发展机遇，也对安徽企联的组织建设、工作思路和工作能力提出了极大的挑战。

文件赋予了企业联合会一定的政治使命和社会管理职能，企联因此具有了特殊的社会地位、明确的工作职责和崇高的社会责任。这是中央、国务院对企联组织的莫大信任与鞭策，是对企联组织十多年来参与劳动关系三方协商机制、构建和谐劳动关系工作的充分认可，也是新时期中央完善协商民主制度和工作机制，推进协商民主广泛、多层、制度化发展，加强社会组织作用的重要体现。

企业联合会参与构建和谐劳动关系工作应包括六个方面：一是参与劳动立法和监督，通过三方协商确立劳动标准和劳动关系规范，通过三方协调机制等反映企业利益诉求；二是在行业、地区建立平等协商和集体合同制度，对行业性、区域性劳动关系重大事项进行协商解决，维护企业合法权益和社会进步；三是三方共同组成仲裁委员会，对劳动争议案件公平公正地裁决；四是加强和帮助企业自律，督促企业实行劳动合同、集体合同、企业民主管理制度，建立规章制度，提高依法用工意识，保障职工合法权益，鼓励企业履行社会责任；五是参与群体性事件应急联动处置机制，形成快速反应和处置工作合力，督促指导企业落实主体责任，及时妥善处置群体性事件；六是深入推进和谐劳动关系创建活动，促进三方不断丰富创建内容，规范创建标准，改进创建评价，完善激励措施，表彰创建活动先进单位，发挥典型引路的示范带动作用。

企联组织是社会团体，没有相应的行政地位，没有充足的财政拨款，没有充分的人员配备，在三方中相对弱小，开展以上工作有着较大的困难，当前，安徽企联应当借助贯彻落实中央文件的时机，抓住几个关键环节，提升企联工作上台阶。

一是努力督促国家及省三方委员会的成立，中央文件中很多精神和部署都是长期的工作任务，而成立三方委员会则是立刻就可以做、立刻就可以看到结果的事情。成立三方委员会对于企联的社会地位、工作作用的进一步肯定也大有裨益。

二是要努力推动劳动争议三方仲裁，2001年南京会议之后，三方仲裁得到了很好的强调，取得了进步，但人社部门合并后，劳动和人事仲裁委员会合并，这项工作被弱化，《劳动争议调解仲裁法》第八条和第十九条的规定没有被落实，我们应当从国家到地方逐层推动。

三是要充分重视基层企业联合会特别是工业园区企联的组织建设，要积极响应中央文件的部署，有工会延伸的地方都应当建立企联组织，为企联事业的发展打下组织基础。

四是积极谋求政府对企联的进一步支持，企联是文件规定的劳动关系工作机构，理应得到财政的有力支持。

五是中央赋予企业代表组织积极反映企业利益诉求，维护企业合法权益的重要职责，我们要全面领会这一要求，把企联工作的触角向维护企业合法权益更广泛的角度延伸。

企联组织社会团体的属性决定了企联和行政部门的工作方式、组织结构的不同，行政部门一般分为决策层和执行层，而企联组织决策层和执行层往往有较大的重叠，更为不一样的是，企联组织还应该有一个资源层，这是一个相对分离但又十分重要的层级，是企联开展很多工作的重要依托，虽然党和国家对领导同志在社团兼职有严格的限制性规定，但我们仍然需要各方面的关心和帮助，这就要求企联组织不断创新工作方式、丰富工作内容。

当前形势下，安徽企联要进一步强调和加强企联组织的职业化和年轻化建设，要按照中央文件的要求，努力把企联组织建设成为活力、创新的企业代表组织。

今后一段时期，安徽省企联的具体工作安排主要是：

一是努力督促省市县协调劳动关系三方委员会的成立，积极推动劳动争议三方仲裁机制的落实。二是召开省市企联会长联席会，学习贯彻省委、省政府《关于构建和谐劳动关系的实施意见》，研究制定省企联关于构建和谐劳动关系的指导意见。三是要充分重视基层企联特别是工业园区企联的组织建设。四是会同各方，共同考察、选择2—3个工业园区作为和谐劳动关系建设示范园区。五是继续做好劳动法律服务工作。坚持培训服务和深入企业的系统服务相结合，提升企联劳动法律服务工作的深度和广度。六是组织企联工作人员、企业方集体协商代表进行一次有关企业人力资源管理与集体协商的业务培训，进一步增强参与三方协商的能力和水平。

福建省和谐劳动关系调研报告

福建省企业和企业家联合会

为贯彻落实中共中央、国务院《关于构建和谐劳动关系的意见》（中发〔2015〕10号），福建省三方会议按照省政府的部署，由三方四部门组成联合调研组重点对福州市、厦门市、泉州市、南平市构建和谐劳动关系工作进行了调研。除了与联合调研组共同听取各市三方会议的工作情况汇报，实地调查了部分县（市、区）、企业和相关部门构建和谐劳动关系的做法和经验外，省企联会同省工商联在各市召开了多场企业管理人员座谈会，针对企业经营者队伍建设对构建和谐劳动关系的影响等相关课题进行了调研座谈。

2015年7月14日，泉州市企联与市工商联组织了泉州匹克公司、海天材料科技股份有限公司、福建烟草机械有限公司等二十多家企业参加座谈会。7月22日在厦门市企联召集中盛粮油集团公司、捷安建设集团公司、中国移动海沧分公司等二十多家企业参加座谈会。7月28日，南平市企联与市工商联组织了南孚电池股份有限公司、德赛技术装备有限公司、嘉联化工有限公司等二十多家企业参加座谈会。企业参会人员少数是董事长、总经理外，主要是分管副总、人事经理、甚至有部分企业工会主席。从参会企业的介绍情况看，各地企业在法律规范、政府监管和存在"招工难""留人难"的压力下，虽然存在不少问题，对构建和谐劳动关系工作还是很重视，劳动合同的及时签订、职工社保缴纳、集体合同和工资集体协商等劳动法律法规在上规模、公司治理结构完善的企业得到较好的执行。

各地在开展构建和谐劳动关系也形成了各自鲜明的地方特色，典型的例子如：

泉州的石狮市根据当地经济发展情况、产业升级需求和企业劳动关系现状出台了《关于推进人才人口人气聚集的若干意见》《石狮市新市民积分管理办法的通知》等一系列聚才引智政策,为企业引进、留住外来人才、员工,提供有力的政策保障。为及时依法处理劳动争议,石狮市市委办2015年2月专门下发了《关于石狮市劳动争议预防和处置工作的意见》,按照"鼓励和解、强化调解、依法仲裁、衔接诉讼"的要求,完善劳动争议调解体制,提出了"属地管理""一把手负责""首办问责"等创新举措,并将劳动争议预防和处置工作纳入市直及乡镇、街道综治考评和绩效管理,目的是要将大部分劳动纠纷解决在源头,解决在基层,在实践中也取得良好的效果,目前泉州市各县、区也开始学习推广石狮市的新市民积分管理办法等经验,帮助企业和员工解决后顾之忧,为企业留人创造社会条件。

厦门市劳动关系三方在创建劳动关系和谐工作中,将重心下移到街道、社区和小微企业,由市人社局牵头,会同工会、企联、工商联等部门,在厦门市湖里区试点开展"118"和谐劳动关系示范工程建设(即每个街道至少创建1个劳动关系和谐社区、1条劳动关系和谐街道和8家劳动关系和谐企业)。湖里区通过两年多的试点,在乡镇、街道开展创建和谐劳动关系方面积累许多典型经验,如辖区中的殿前街道地处厦门的城乡结合部,外来人口多,原来是厦门有名的脏、乱、差街道,通过创建和谐劳动关系工作的带动,街道的面貌得到根本改变。在试点取得经验的基础上,厦门市在各区大力开展"1118"示范工程建设(即每个区确定至少1个街(镇)、1个社区、1条商业街(楼宇)和至少8家小微企业作为创建示范点),通过全面推行"执法重心下移、维权关口前移、服务对象延伸"的工作模式,积极构建基层劳资纠纷防控体系,创新劳资纠纷预防化解工作机制,举措有力、富有创新,主要体现在:一是使得小微企业创建劳动关系和谐工作有了抓手,当地的小微企业劳动合同签订率、社会保险参保率显著提高;二是对乡镇、街道基层劳动保障机构的完善,工会、雇主组织的建立起了推动作用;三是把劳动关系和谐创建纳入促进社会全面和谐活动中,发挥乡镇、街道的组织领导作用,充分调动乡镇、街道当地工商、派出所、司法所、城建等部门共同参与的积极性,构建基层劳动关系和谐创建体系,将劳动关系和谐创建工作与当地的综治、环境、城建等社会和谐工作相互融合、相互促进,以小微企业劳动关系和谐创建工作开展带动、促进社会和谐，取得了明显成效。厦门市的经验为乡镇、街道创建劳动关系和谐工作提供了很好的借鉴。

调研中企业反映的问题主要集中在以下几个方面：

一是经济下行的压力。除产品有钢性需求的企业，多数企业生产下滑显著。从参与座谈的近80家企业反映情况，生产保持增长的企业有10几家，其余只是下降多少的问题，而参会者多为当地较好企业的代表。石狮市宝盖镇科技园高峰时外来工3万多人，目前只有1万多人，但在企业用工反而有了更多的选择，虽然是短期现象也反映出目前企业的生存状态。南平市2万多家企业，据市工商联调查，约三分之一处于停产停工状态。南孚电池股份有限公司作为一家上市公司，市场需求不足给职工放起了"高温假"。各种因素特别是市场需求下滑、产能过剩造成许多企业经营困难，生存发展的压力很大，用工不稳定，加剧劳动关系中的矛盾。

二是政策法规执行中存在的问题。劳动合同法在制定过程中，将职工作为弱势一方，给予较多的保护，立法本意很好，但在执行中给企业带来了很多困扰。企业辞退劳动者，要支付补偿金；劳动合同到期后企业与员工解除劳动关系，要支付补偿金；泉州开发区部分企业因土地国家收储关停，企业还要支付下岗职工补偿金。而员工离职则随意性高，部分行业高层人才流动频繁，纺织、制鞋行业熟练操作工集体跳槽时有发生，泉州中体物业公司出现了保安员集体离职事件，问题是企业却无法用劳动合同法来维护自身利益。公平问题还反映在社保缴交、职工退休等方面，如40—50岁就业人员的社保问题，民营企业危险岗位职工退休年龄问题，南平市武夷股份有限公司国企改制前长途车驾驶员55岁退休，改制后不能执行了；南纺股份有限公司工伤员工改制前后待遇不同，员工有意见，企业很难办。法规政策的矛盾，确实影响到企业劳动关系的和谐。有些极端的现象，如福州马尾部分建厂近三十年的台资、合资企业，许多职工接近退休年龄，多年社保政策的不连贯，对这些员工的退休保障产生很大影响，处理不好容易发生群体事件。

三是政府为企业服务的落实问题。各级政府为促进当地经济发展，出台了不少惠企政策措施，减政放权、减少行政审批事项和收费，体现了各级政府对企业发展的关心，但也还存在许多不尽如人意的方面。从调查情况看，参会企业对惠企政策的反映：一是各类减免力度太小，对企业帮助不大；二是门槛太高，多了锦上添花，少了雪中送炭，真正需要政策扶持的小微企业、困难企业很难获益。三是信息沟通渠道不畅，有些政策出不了机关的大门，企业事后得知补退手续繁琐困难。四是少数基层部门仍然存在门难进、脸难看的个别现象。

除此外企业反映更多的是政府如何做好社会服务职能的问题。大多数企业建在城市周边或是工业开发区，企业用工多是外来务工者，解决劳动者的居住生活、子女上学、公共交通、文化娱乐等方面的配套设施建设，是一个很大的问题，虽然许多企业在这方面投入了很大的精力和财力，但完全靠企业自身难以解决，这些问题对企业能否招到人、留住人及构建和谐劳动关系影响很大。如何解决这些问题应该是政府的职责，否则又回到企业办社会的老路，为企业发展创造良好的社会环境，是政府给企业最大的支持。

四是企业代表组织建设问题。企联、商会等涉企社团组织在参与三方机制工作中，作为企业和企业经营者的代表，为促进构建和谐劳动关系起着重要作用。但仍然存在许多问题，一是组织结构不完善。除省和市级外，县、区级企业组织还有部分空白，乡镇、街道及工业开发区级企业代表组织体系如何构建，还在探索之中。二是缺乏熟习相关知识的专业人员，参与三方机制工作，维护企业合法权益的底气不足。三是缺少稳定的经费支持和固定的办公场所。企联组织参与三方机制，开展和谐劳动关系创建等属于社会管理工作，特别是基层企联组织仅靠会员费等自筹经费无法承担，向企业摊派，企业有意见，社团法规不允许，减负办要清理。政府财政的扶持确实是必要。四是国家对社团组织的清理整顿工作正在进行，行业协会、商会与行政脱钩的试点工作正在开展，如何创新工作模式，适应新形势，充分发挥雇主组织作用，是当前协会工作面临的考验。

针对目前影响企业和谐劳动关系构建的主要矛盾，建议省委、省政府出台搭建福建省构建和谐劳动关系意见，应在以下几方面有所体现。

一是希望出台的意见在规范企业用工，保护劳动者权益的同时，要充分考虑当前福建省所处的经济环境和阶段，循序渐进推进构建工作，为企业转型升级、甚至关、停、并、转过程中妥善处理企业用工问题，提供帮助和服务。在当前全球经济不景气，我国经济下行压力加大的形势中，企业需要政策的支持和帮助，各级政府也出台了许多惠企政策，希望政府和有关部门进一步扩大沟通渠道，加强惠企政策宣传，以企业实际受惠数据作为政策效能考核指标，杜绝好政策出不了机关大门的现象，助力企业渡过转型升级的关键时期。

二是建议有关部门在出台相关政策法规时，注重前期调研和听证，提高政策措施的可行性和实效性，避免出现基层"执行难"，甚至起反作用，建议有关部门进一步梳理、完善现有政策中出现的相互矛盾、不合理的条款，减少因政策矛盾产生劳动纠纷。在执行法规政策时，应平衡当事人双方的利益，避免在处理劳资纠纷中一味要求企业"花钱买平安"，常此以往反而不利于企业职工合法权益的保护。从调研中反映的情况看有许多企业，特别是小微、困难企业在执行劳动法律法规中存在着很多问题，有些是企业主个人错误观念造成的，也有许多是客观环境和企业面临的问题引起的，如何给企业留一些空间，渡过当前难关，希望政府有关部门在政策法规的制定、执行中能有所考虑。

三是企联组织代表企业和雇主参与三方机制，一方面要从企业角度出发维护其合法权益，保持政策法规的平衡。另一方面也承担着对企业经营者的教育引导，加强自律等社会管理工作。当前企联建设的重点是加强基层企业代表组织建设，积极探索在企业较为集中的乡镇、街道以及经济开发区参与协调劳动关系工作的思路和方法，要加大推动力度，通过派出机构、指定联络员、建立雇主工作委员会等方式，实现参与协调劳动关系工作向基层的全面延伸。各级企联组织要健全工作机构设置，充实工作力量，引进、培养专业人才，加强联系交流，相互借鉴经验，相互支持，促进工作能力和水平的提升。地方财政应为企联组织承担部分社会管理职能提供相应经费，支持企联代表企业和雇主参与协调劳动关系，充分发挥企业代表组织对企业经营者的团结、服务、引导、教育作用。

河南省劳动关系现状分析

河南省企业联合会

和谐劳动关系是指劳动关系双方一种和谐融洽的良好状态。党和政府始终高度重视维护和促进劳动关系的稳定和谐，《中共中央、国务院关于构建和谐劳动关系的意见》（中发[2015]10号以下简称意见）提出要完善三方机制职能，健全工作制度，充分发挥政府、工会和企业代表组织共同研究解决有关劳动关系重大问题的重要作用。《意见》对充分发挥协调劳动关系三方机制作用，特别是加强中国企业联合会、工商联等企业代表组织的工作力量提出了更高更明确的要求，对促进三方机制工作水平提高、开创三方机制工作新局面具有十分重要的意义。河南企联历来高度重视和谐劳动关系建设，积极发挥雇主代表作用，通过企业座谈、调查问卷、实地走访、省外考察等多种形式开展企业调查研究，赴安徽、湖北、广东、海南等省市企联考察学习，省内企业座谈会、深入企业走访、企联秘书长会议，安阳、洛阳、新乡重点调研等，掌握了目前劳动关系的基本现状，主要情况如下：

一、不同企业劳动关系现状不一致

结合调研情况，河南企联企业调研对象既有国有大型企业，又有私营服务企业，还有技术密集型的科技企业，因此企业内部的劳动关系情况各不相同，总体情况是：

（1）大型国有企业劳动关系普遍稳定和谐。国有企业普遍的特点是历史长、产业工人数量多，技术能力强，企业的工会、职代会一直以来在稳定劳动关系方面发挥着重要的作用，国有企业的领导人法律意识强，非常重视职工的福利、劳保等利益保障，在企业的发展过程中，做到企业效益与职工福利的双增长。例如一拖集团职工的劳动合同为三年一签，工资集体协商一年一谈。企业内部建立了民主质询制度，发挥职工的主人翁意识，上下合力，为企业发展出谋划策。和谐的劳动关系已成为国企的竞争优势之一。

（2）民营企业劳动关系相对简单，不如国有企业稳定。例如洛阳大张实业有员工1.2万人，近60家店面，大部分员工从事销售、物流等工作，技术水平，文化水平、法律意识不高，企业虽然一直执行相关劳动政策，但是面临的问题是，由于人员流动大，经常出现员工签了劳动合同，随时不辞而别，劳动合同对员工没有任何约束力，如果企业辞退员工，却经常面临劳动争议。大张实业人力资源负责人坦言：人力成本是所从事服务业运营中面临最大的问题，以前是企业炒个人鱿鱼，现在是员工随时炒企业的鱿鱼。大张实业并不是个例，民企多数企业都多少存在此类问题，如何在劳动关系建设中，保护企业的合法利益，是一个服务业的共性问题。

二、集体协商及集体合同制度实施情况良好

（1）企业基本都与工会签订了集体合同，工资集体协商方面有大部分企业明确已采用。如新乡白鹭化纤集团有限公司、天方药业有限公司、河南心连心化工有限公司充分发挥职代会作用，涉及员工切身利益的规章制度及工资调整等，听取工会意见或经职代会并讨论一致后通过。

（2）劳务派遣方面情况不一。劳动密集型企业如金龙集团，及存在季节性需求的企业如新飞电器对劳务派遣工的需求多一些，而技术密集型企业如华兰生物则相对少一些。多数企业目前对劳务派遣工的需求在逐年递减。在劳务派遣工的合同签订方面，有的企业采用与派遣工个人签订合同的办法，有的则与劳务派遣公司签订合同，但在派遣工的待遇问题上，基本都采取同工同酬的原则。

三、劳动争议纠纷普遍较少，但问题比较集中

据企业反映及我会具体调研情况，目前劳动关系总体和谐稳定，劳动争议纠纷较少。民企基本上没有大的劳动争议问题，个别纠纷出现后能按照法律法规规定予以解决，不会出现上访、罢工等影响企业发展的极端事件；劳动争议纠纷主要集中在国有改制企业中特殊工种提前退休问题上。

国务院关于工人退休、退职的暂行办法（国发【1978】104号）第1条规定，全民所有制企业、事业单位和党政机关、群众团体的工人，符合下列条件之一的，应该退休。

（1）男年满60周岁，女年满50周岁，连续工龄满10年的。

（2）从事井下、高空、高温、特别繁重体力劳动或者其他有害身体健康的工作，男年满55周岁、女年满45周岁，连续工龄满10年的。

本项规定也适用于工作条件与工人相同的基层干部。

（3）男年满50周岁，女年满45周岁，连续工龄满10年，由医院证明，并经劳动鉴定委员会确认，完全丧失劳动能力的。

（4）因工致残，由医院证明，并经劳动鉴定委员会确认，完全丧失劳动能力的。

但实际中该法律的执行面临一些问题，以原新乡制药厂为例：

原新乡市制药厂，成立于1949年7月，是中国人民解放军第14野战军生产部管理的军需生产单位，1958年将新乡市制锅厂合并成立地方国营新乡蛋品制造厂，1969年更名为新乡市制药厂，主要生产土霉素碱及针片剂。1993年根据河南省体制改革委员会批准，成立新乡制药股份有限公司，2005年新乡制药股份有限公司被新乡拓新生化收购，至此，新乡制药厂实现了改制，但改制后企业保留了原有职工的国企工人身份。

新乡制药厂改制后，根据新劳社【2004】146号文件第一款之规定，企业职工继续保留国有企业职工身份，且从事其他有害身体健康工作（特殊工种）的职工改制前后累计已满八年，工作岗位并未变动，但相关部门却以非国企员工为由不为其办理退休手续，企业也不为职工提供其应得的经济补偿金。这就出现了新劳社【2004】146号文件中的国有企业职工身份不存在实

际的意义，改制前和改制后同岗位同工种工人提前退休待遇截然不同，造成企业间工人退休的不平等。

随之国企改制职工逐渐步入退休年龄，这一现象带来的社会问题日益显现，并逐渐成为一个群体性事件，不仅仅出现在新乡地区，其他省市也有类似情况，一旦大规模集中爆发，势必影响和谐劳动关系的构建和国企深化改革的步伐，必须加以解决。

终上，河南企联结合调研实际，研判当前劳动关系现状总体和谐稳定，部分国有改制企业中特殊工种提前退休问题有待进一步解决，今后河南企联将继续加大对劳动关系形势的分析研判，努力化解劳动关系中的不和谐因素，维护经济社会发展的良好局面。

（执笔人：王彦利　郜永军　宋峰）

湖北省企业构建和谐劳动关系的情况调研

湖北省企业联合会

2014年，湖北省企业联合会、企业家协会在积极推进实施国家三方提出的集体合同制度攻坚计划过程中，将落实这一攻坚计划与全面推进企业构建和谐劳动关系结合起来，深入企业了解现状，摸清存在的问题，共同寻找解决问题的途径，把和谐劳动关系的创建活动坚持下去，使更多的企业成为劳动关系和谐企业。

一、市州构建和谐劳动关系的情况

湖北省企业联合会为了进一步推进省内和谐劳动关系的构建，于2014年底选择了孝感市和咸宁市作为重点调研对象。这两个市的企联组织建设情况是：市一级组织机构健全，都成立了市企业联合会和市企业家协会，但是县区一级企联组织还没有全覆盖，只有部分成立，正在积极推进。自组建协调劳动关系三方机制以来，两市"三方四家"按照省协调劳动关系三方协商会议的统一部署，根据各自担负的责任和义务，积极主动的开展构建和谐劳动关系的各项工作和活动。同时，上述两市协调劳动关系"三方四家"主动优势互补，团结合作，使构建和谐劳动关系工作推进有序，成效明显。

孝感市2014年全市共有5864家小微企业，职工总人数25.76万人，签订劳动合同24.3347万人，覆盖率94%，其中，农民工5.7万人，签订合同5.6万人，签订率达99%。全市已建立工会的企业4187家，已实施集体合同制度的3114家，覆盖率达74%。全年全市签订工资专项合同2417份，新增工资集体协商专项集体合同169份，新增区域性工资专项合同22份，新增行业性工资专项集体合同17份，国有企业及规模以上非公有制企业工资集体合同覆盖率达100%。咸宁市2015年一季度集体合同共签订7484份，其中：企业集体合同7407份，覆盖职工450834人，区域性集体合同37份，行业性集体合同40份，共覆盖职工近千人；工资专项集体合同共签订7395份，覆盖企业7349家，覆盖职工451399人。孝感市和咸宁市的企联组织为了落实国家三方提出的实施集体合同攻坚计划，做到有计划，有安排，深入企业，积极推进，取得较好效果，孝感市企业联合会还在全省推进集体合同三年攻坚计划视频会议上作了典型发言。为了使和谐劳动关系创建活动深入开展，使更多的企业成为劳动关系和谐企业，孝感和咸宁两市的企业联合会与人社、工会、工商联紧密配合，共同开展了"劳动关系十佳企业""劳动关系和谐企业"的评选表彰活动，极大地提高了企业和企业家构建和谐劳动关系的积极性和主动性。

二、企业反映构建和谐劳动关系的情况

1.企业构建和谐劳动关系的基本情况

从企业反映的情况来看，大多数企业的领导层对构建和谐劳动关系已基本形成共识，普遍认识到构建和谐劳动关系是企业吸引并留住人才、留住职工的有效途径，是企业可持续发展的必然要求。通过构建和谐劳动关系，真正形成企业关心职工，职工关爱企业的良好局面，职工的积极性、主动性、创造性才能充分发挥出来，企业的生产才能稳定，才能发展，才能达到企业和职工互利共赢的目的。相比较而言，开展和谐劳动关系创建活动，国有企业好于非公企业，大中型企业好于小微企业。由国有改制为民营的企业在开展构建和谐劳动关系的工作也像国有企业一样，做得到位、做得规范，基本形成党政工齐抓共管的格局，形成以和谐促发展，以发展保和谐的局面。如曾被评为和谐企业的湖北九洲数控机床有限责任公司（孝感）、湖北福人金身药业有限责任公司（咸宁）等企业在这方面都做得比较好。目前由于经济下行压力大，一些小微企业困难较多，它们为了生存把主要精力都用于生产经营上，对构建和谐劳动关系处于被动应付状态，成为"你要我做"的情

况。当然，就全省劳动关系而言，尽管小的劳动纠纷和劳动争议时有发生，但全省整体上劳动关系基本稳定，没有发现矛盾激化或群体性的劳动纠纷案件。

2.企业在开展构建和谐劳动关系工作中遇到的困难

（1）经济效益差的企业，无力承担构建和谐的成本投入。构建和谐劳动关系，既要抓软件投入，又要抓硬件投入，诸如职工的"五险一金"、劳动安全与卫生、企业文化的建设以及带薪休假等，都需要企业投入大量的人力、物力和财力。但有相当多的企业，尤其是小微企业目前经营困难，效益下滑，无力承担这些成本投入。有的企业领导无奈的说，所谓"和谐"，就是把国家的税收全交齐、把职工的保金全买足、把企业的利润全分光，结果企业"所剩无几"或"一无所有"。构建和谐劳动关系应该首先完善劳动合同制度，明确劳动合同双方当事人的权利和义务，然而对一些企业来说，劳动合同对职工基本没有多大约束，职工想来就来，想走就走，企业对此毫无办法，没有任何手段阻止这类事情的发生，所以，劳动合同并不完全是约束企业和职工的法律文件，而只起到了约束企业的作用，无论是在调解或者仲裁劳动纠纷的过程中，企业总是处于弱势地位。

（2）企业在招工和留人问题上处于"两难"境地。目前，企业招工难已成为一个普遍现象。企业反映，当今的求职者，特别是大学毕业生和一般年轻人，对工资和福利待遇的要求都很高。因此，企业处于工资和福利待遇给低了招不到人，给高了又承担不起的"两难"困境。有些青年职工浮躁情绪比较严重，"这山望着那山高"，尽管企业想方设法用高工资留人、用优福利留人、用感情留人，但他们仍是在一个岗位上干不了多久便走人。这一问题在工业企业，尤其是在制造企业更为突出一些。青年员工觉得制造业又脏又累，不如"互联网＋"舒服体面来钱快，因此不愿留下。据制造企业领导反映，目前企业40岁以下的员工很难招到，招到了也留不住，待不长。所以现在有些小微企业，尤其是劳动密集型企业，只好招一些年龄大，甚至是已退休的职工，企业领导无奈地说，用这些人是没有办法的办法，明知有风险，但生产不能停，又不能不用。因此，企业由于没有一个稳定的劳动群体，既严重影响了生产的正常进行，又影响了和谐劳动关系的创建。

（3）企业经济效益的增长速度与"五险一金"、最低工资标准及税收的增长速度成反比。当前，我国经济进入新常态，经济下行压力增大，许多企业，特别是中小微企业的生产经营困难比较大，经济效益下滑比较严重，不少企业出现亏损。但企业所需缴纳的"五险一金"，特别是养老和医疗保险基数却居高不下，而且还逐年上升，企业普遍反映负担重，"交不起"。还有企业反映，企业税收"营改增"后，税费不仅没按政府的承诺降下来，反而由过去的3%上升到了7%，企业难以承受，增大了企业构建和谐劳动关系的难度。

（4）执法和仲裁不公正致使企业成为弱势群体。企业反映，在生产经营活动中，出现许多因员工违反劳动合同而引发劳动纠纷的问题，如不愿签订劳动合同、不愿交"五险一金"中应由个人所交的部分、不按合同约定突然辞职或不辞而别、因违反规章制度给企业造成经济损失等。当这些劳动纠纷上诉到劳动仲裁机构或法庭时，执法和仲裁机构为了"维稳"，往往不依法依规公正裁决，而是强行要求企业给员工以经济补偿了事，形成"政府求稳定，企业来买单"的局面。所以，企业普遍认为，在劳动纠纷面前，企业总是处于有理没法申诉的窘境，真正的弱势群体是企业。

3.企业对构建和谐劳动关系的建议

（1）政府应出台减轻企业"构建和谐"成本负担的政策。构建和谐的劳动关系是建设社会主义和谐社会的要求，也是企业生存发展的需要。但是鉴于企业目前的经营困难，政府应帮助企业解决一部分"构建和谐劳动关系"建设的资金。建议建立"构建和谐劳动关系基金"，或从所上缴税收中按一定比例返还企业用于"构建和谐"建设的投入等。

（2）适当降低"五险一金"的标准。建议首先对"五险一金"中的养老和医疗保险标准作适当下调，或根据企业的规模和效益的情况制定出"五险一金"的不同标准。

（3）公正执法和仲裁。建议制定规范的执法和仲裁制度，严格依法依规执法和仲裁。作为执法和仲裁机构，既要维护职工的合法权益，也要维护企业和企业家的合法权益，为促进企业发展营造良好的政策和法律环境。

广西企业劳动关系调查情况汇报

广西企业与企业家联合会

为了解我区企业劳动用工和社会保险法律法规专项工作的情况，2015年7月由自治区协调劳动三方成员组成的工作督查调研组由广西企联蒋满执行副会长带队对桂林、柳州、来宾三市进行督查调研。调研组通过实地走访、座谈等方式开展调研，现将调查情况汇报如下：

一、总体情况

此次专项工作督查按照自治区人社厅的布署，通过听取三市相关部门汇报和对企业走访了解，就劳动关系、劳动仲裁、劳动监察、社会保险等工作进行检查和督查。从检查结果看，绝大部分用人单位能遵守劳动用工和社会保险法律法规规定，企业普遍与劳动者签订了劳动合同，用人单位能遵守国家工资支付及最低工资规定，依法参加社会保险、缴纳社会保险费，社会保险的参保率明显提高，大部分用工单位特别是国有大、中型企业订立集体合同及工资集体协商、建立劳动用工备案制度、依法设立劳动争议调解组织、遵守工时制度和休息休假制度、制定和严格执行规定制度、遵守女职工和未成年工特殊保护规定及执行企业高温津贴等情况较好；劳动人事争议仲裁机构建设完善；劳务派遣规范合法；劳动保障监察网格化和网络化管理逐步建立，大部分建筑企业建立了农民工工资保障金制度，未发现违法使用童工情况。

二、劳动关系工作推进的措施和特点

近一年来，围绕构建和谐劳动关系的主线，各市政府高度重视，加强了对劳动关系工作的领导，为和谐劳动关系建设提供了有力的组织保障。如桂林市首次将推行集体协商和集体合同制度建设工作列为县（区）绩效考评指标，由市绩效办拟定下发考评细则，极大促进了桂林市在劳动合同、集体合同签订，工资集体协商等工作的推进。同时，创新政策举措，构建劳动用工诚信体系建设，着力构建"守法诚信评价制"等制度，督促企业建立劳动用工自我约束机制。来宾市则是通过加强宣传培训，根据已颁布的劳动合同法、社会保险法、劳动争议调解仲裁法、劳动保障监察条例等法律法规，采取多种形式开展送法入企活动，为4500多户企业免费发放法规宣传资料25万多份。一年里举办劳动政策法规宣传活动98次。柳州市通过协调劳动关系三方联动齐抓共管，对中发[2015]10号文件提出的各项工作目标进行分解，明确提出各阶段目标计划、保障措施、完成时限及责任人等工作手段，到2015年6月底止，劳动合同签订率达96.33%，集体合同签订率达89.6%。

三、存在的问题

这次专项检查在劳动关系方面还存在一些问题：①部分私营企业、个体工商户用工不规范，劳动合同签订流于形式。一方面有用人单位为最大限度减少用工成本规避劳动合同签订和社会保险参保缴费责任义务的原因；另一方面也有职工尤其是本地农民工的打工观念不愿用工单位扣缴社会保险费。②一些改制企业历史遗留问题，欠缴社保费累计额较大，无法短期内补缴，影响了职工正常享受社会保险的待遇。③建筑行业仍存拖欠农民工工资、未缴纳社会保险的情况。④一些大、中型国有企业使用劳务派遣工较多，为规避10%的上限规定，用劳务外包形式代替。

贵州省劳动关系和谐企业实地核查报告

贵州省企业联合会

为积极落实科学发展观理论，发挥工人阶级在创建和谐社会中的主力军作用，按照贵州省劳动关系和谐企业创建活动领导小组办公室《关于对2014年申报的"贵州省劳动关系和谐企业"进行实地核查的通知》的安排和部署，贵州省企联所属的核查八组，在2014年3月16日至20日期间，采取"听、看、查"等方式对黔南境内的贵州金力塑胶有限公司、黔南瑞星电器有限公司等在内的15家申报单位进行实地核查。情况如下：

一、基本情况

从总体情况来看，所核查单位劳动关系总体上相对和谐稳定，总体上呈现出国有企业好于民营、私营企业，外资、合资企业好于本地企业，大型企业好于中小型企业，技术密集型企业好于劳动密集型企业。

（1）总体上是好的。15家单位劳动关系整体不错，依法签订了集体合同和劳动合同，民主管理比较完善，按时发放工资，落实有关福利待遇等，职工合法权益基本能够得到保障。特别是一些比较好的企业，劳动关系尤为和谐，如龙里红狮水泥有限公司、瓮安县玉山水泥厂有限公司、平塘县供电局、中国建设银行股份有限公司贵州省黔南州分行等。

（2）大多数单位，落实了民主管理条例。召开职代会或职工大会的企业达100%以上，开展厂务公开工作的企业达到100%，特别是大型企业尤为重视。

（3）核查的15家单位全部依法签订了集体合同、女职工专项集体合同、安全生产专项合同。在集体合同的履行中做到工资按时发放按时增长，落实有关福利待遇等，职工合法权益能够得到保障，平等协商的作用在非公企业中发挥明显。

（4）核查中的单位基本上为职工上了"五险"，参保率达到100%。住房公积金国有企业已缴纳，少数民营企业也缴纳，极少数企业正在办理中。

（5）调查显示，100%基层单位建立三方协调机制并同步建立了调委会，调解组织覆盖基层。各工会企业建立了劳动争议的预警机制、排查机制，使纠纷解决在基层，消除在萌芽，无重大群体性事件。

二、核查过程中发现的亮点

（1）龙里红狮水泥有限公司将每年的节假日及职工的生日通过制度的方式开展慰问活动并建立台帐。

（2）瓮安县玉山水泥厂有限公司采取"对标"制度。公司各部门根据其管理职能特点，建立了主要考核指标31项，综合技术指标58项，实行月度对标，张榜公示，体现了"能者多酬，多岗多酬"薪酬分配理念。其次，总经理与公司各部门签订目标责任书，明确责任关系。

（3）贵州兰鑫石墨机电设备制造有限公司作为一个以高新、创新技术为主的公司，于2013年4月成立，现有职工36人。这家公司着重于职工安全生产方面的工作，建立安全生产检查台帐，要求保存期限不得低于五年，并且每月不定时的进行抽检。制定职工与部门之间考核机制，每周召开一次安全专项会议。

（4）黔南州瑞星电器有限公司，一个本土私营企业时时刻刻为职工着想，为困难职工建立专项档案，重视职工文化生活，投入大量资金用于职工文体活动，有针对性的开展慰问活动。

（5）贵州省金力塑胶有限公司以"党纪代领工纪"的理念，采用"请进来，送出去"的方式，邀请专家、学者、先进典型及老职工进行授课、宣讲，是其一大亮点。

（6）荔波建设工程有限公司在与职工签订的劳动合同中规范工资收入标准、明确加班工资标准。

（7）荔波樟江部落大酒店有限公司在对职工的培训方面做到有制度、

有方法、有措施，在本地荔波中职校培训40天后，继续在贵阳实地培训60天后方可上岗。同时，在工作期间定期为职工进行消防教育培训，并进行相关安全应急预演。为职工制作《员工手册》，将相关法律、法规、规范以及职工的职责、权力写入《员工手册》，发放到每个职工的手中。

（8）平塘县供电局，树立职工榜样，激励职工"闪光"，充分发挥"桥文化"，融洽党群关系，促职工成长，党员"一带三"，职工得"实惠"。

（9）中国建设银行股份有限公司贵州省黔南州分行，采用"六必谈""六必访"的方式开展对职工的关心、关爱活动。该公司为职工制定医疗再补助制度，职工自己承担的费用不足5%。公司职工每年收入稳定增长20%。

三、存在的问题

（1）各小型、非公企业在落实企业民主管理条例制度上还不够规范。一是企业职代会召开程序上不够完善，调查显示职代会召开流于形式。二是对集体合同、工资民主协商内容不够深入，职工对生产经营没有知情权，对切身利益没有话语权，对企业用人没有监督权。三是实行厂务公开制度的企业，公开的内容偏重不同，于职工利益的一方大加宣染，于领导利益一方避而不谈。四是部分企业负责人的认识有待提高，具体表现为不积极支持也不反对。五是没有建立台帐制度，资料档案不完善。六是缺乏创建、提炼企业文化的意识，难以企业精神凝聚员工。

（2）职工流动性较大。职工不稳定，尤其是技术人员、劳动强度大的行业人员流动大，甚至个别企业招工困难，给企业的发展造成了很大的影响。荔波樟江部落大酒店有限公司，先后有100多名职工跳槽到了其他公司，占到了公司员工总数的60%左右。流动性大的原因主要有：一是利益的驱动。一些技术工、熟练工受对方工资、福利相对更加稳定、高额的吸引，纷纷跳槽。其次是工作和生活环境较差，劳动强度较大，职工不愿长期从事这种工作。第三是择业机会增多。当前劳动力市场开放，人们思想意识更加活跃，不满足于现状，自我发展意识增强，不断地寻找机遇。

（3）劳动用工报酬不够高。有些企业没有建立健全合理的劳动者工资制度，部分企业把不违反最低工资标准作为劳动者工资发放的最低依据，或略高于最低工资标准或按照实际产量计件发放。

（4）央企等大型企业在建立职工董事、监事制度上存在只有总公司建立，而分公司或子公司没有建立的问题。

四、几点建议

（1）加强领导，建立党委领导、行政支持、工会运作、各方配合、全员参与的维权工作格局。

（2）必须加强宣传，积极调动企业主和职工两方面的积极性。要利用报纸、电视、广播、标语、宣传栏等形式进行广泛宣传，省企联、省工商联等作为企业（雇主）代表组织应该加强对企业经营管理者的培训，省总工会应该多开展职工民主管理方面的培训。

（3）必须抓好典型带动。要发现和抓住亮点，培养和选树一批不同所有制、不同规模、不同行业创建活动的典型，及时总结推广带有前瞻性、指导性的典型经验，坚持以点带面，用典型打开局面，并打印成册，发放到各个企业手中，用典型指导工作，推动创建活动的创新发展。

（4）必须发挥好企业工会的作用。要维护好职工的政治权益和经济权益。要坚持和完善职工民主管理监督机制，建立和完善以职工代表大会为基本形式的民主管理制度，深入推行厂务公开制度，逐步实现规范化，努力把职代会、厂务公开制度纳入现代企业制度和企业法人治理结构中。维护职工的经济权益，工会要引导职工与企业平等协商、签订集体合同和劳动合同，以法律的形式保障职工在劳动就业、工资福利、休息休假、安全卫生等方面的权益，做到有法可依，有章可循。

（5）省劳动关系和谐企业的考核指标需逐步完善，企业成立年限应当在三年以上，应该增加企业生产经营指标，让核查组人员一目了然。

构建和谐劳动关系必须始终注重党政主导与各方协同相衔接，注重促进企业发展与维护职工利益相统一，注重依法规范与改革创新相促进，真正形成企业关心职工，职工关爱企业的良好局面。

（撰稿人：王昌宏）

第三部分

企业构建和谐劳动关系实践案例

营造共建共享的职工家园

浙江省能源集团有限公司

浙江省能源集团有限公司（简称浙能集团）"坚持以人为本，把解决广大职工最关心、最直接、最现实的利益问题，实现好、维护好、发展好他们的根本权益，作为构建和谐浙能的根本出发点和落脚点"。依托创建和谐劳动关系工作平台、发挥创建和谐企业的"虹吸作用"、整合各方力量，促进企业各项事业的迅猛发展。

一、文化铸魂，培育和谐人文环境

"十年企业看发展，百年企业靠文化"。浙能集团着力打造支撑企业发展的和谐人文环境，培育"为发展提供动力、为社会创造财富、为员工谋求幸福"的企业使命；"让事业精彩、让生命闪光"的企业精神；"以德立人、以能立业"的企业价值观等核心理念；形成了以和谐文化为主线，以人为本、安全为天的安全文化……浙能特色文化建设，为企业和谐发展注入了强劲动力。

在培育浙能特色的文化过程中，浙能集团始终追求内涵与外形的高度统一。根据能源行业在价值实现中的"光与热"的形态，结合企业积累的文化底蕴和职工认同的精神风貌，通过大力实施楷模工程，培育"闪光"奉献理念、弘扬"闪光"精神、光大"闪光"文化，形成了许多带有行业特点、具有时代特征、富有强大感召力的企业精神，"让事业精彩、让生命闪光"，体现了浙能人艰苦奋斗、无私奉献、产业报国的主旋律，展现了浙能人崇高的思想境界，丰富了浙能文化建设的精神宝库，激发广大干部员工的创新创业激情，促进了企业和谐。

为培育和谐人文环境，浙能集团努力将先进的安全文化根植于全系统职工。组织开展安全知识竞赛、安全警句格言征集、安全生产征文、安全巡回演讲等活动，传播先进的安全文化。以"创建优秀班组、争当工人先锋号"活动为载体，着力培育先进的班组文化，不断推动班组管理水平、班组成员素质、班组工作质量和班组创新能力的新提升。组织开展年度优秀班组申报、考评、评定，深入班组现场检查考评，近年来表彰命名了100余个优秀班组。

弘扬劳模先进的标杆文化。浙能集团工会制订、实施《浙能集团劳模管理办法》，牵头组织开展浙能集团劳模评选、表彰。开展劳模慰问，组织劳模疗休养，劳模风采展示、劳模寄语格言征集与宣传活动，大力倡导劳模精神文化。

同时，浙能集团不断以"文化为魂提升管理水平"，切实将企业核心理念转化为企业的管理实践，渗透融合于企业的各个管理层面和管理制度中，通过营造健康、和谐的企业文化氛围，树立正确的价值观和行为导向，实现浙能文化的成功落地，推进"和谐强企"。

企业是以赢利为目的的经济组织。但作为国有企业，浙能集团又有着一份特殊的社会责任。忠实履行社会责任，在追求企业效益最大化的同时追求社会效益最大化，最终达到社会效益和经济效益的"双赢"。在这种理念的支配下，浙能集团的各项生产经营活动都始终体现规范经营、合法守纪、合理所取、利益兼顾。在经营责任制考核管理、资本市场运作机制建立、重大战略决策的取舍选择、经营风险与法纪法规的权衡等方面，始终体现出一种健康积极、持续发展、良性竞争的经营文化导向，确保了国有资产在正确的经营文化理念中实现良性、快速增值，确保国有资产健康安全运营。

打造廉政文化，坚持制度和文化的融合，通过"制度反腐"和"文化倡廉"达到相融相生。在浙能集团，企业管理制度是让想犯错的人没有机会或少些机会犯错，那么文化就是让即使有机会犯错的人也不愿意犯错，让"廉洁文化"的意识占领党员干部的思想阵地，构筑起"不想为""不能为"和"不敢为"的自律机制。

实践创新文化。创新发展是浙能集团取得长足发展的重要法宝。浙能集团始终保持永不自满、永不懈怠的精神状态，坚持以改革的思路推进各项工作。坚持制度创新，完善法人治理结构，构建现代企业制度；坚持体制创新，完善集团管控模式，有效防范风险，提高管理效率；坚持机制创新，不断提高市场竞争能力；坚持科技创新，提升生产建设技术水平；坚持经营模式创新，加快推进完善规范化、集约化、信息化管理；坚持党建工作创新，开展党务公开、"工作创新奖"、建立党建工作目标责任制、开展企业党建区域共建、推行党建工作质量管理体系试点等，激发党建工作活力。

高度重视载体文化，在推进企业文化建设活动中，浙能集团高度重视丰富企业文化建设的载体，多方搭建平台，积极创新载体，努力营造企业文化建设氛围。成立新闻中心，形成宣传主流，《浙江能源报》《浙能党建文化》网站、《浙江能源》杂志、《浙能新闻》视频等共同发挥宣传辐射和凝聚功能。集体创作的浙能司歌《动力梦想》承载浙能人的梦想和心声，唱遍全系统，成为浙能集团万名员工的连心桥。浙能文化铸就浙能集团和谐之魂。

二、民主管理，助推和谐浙能建设

企业民主，是企业和谐的前提。浙能集团致力于不断完善企业民主管理，畅通民主管理渠道，切实保障职工的知情权、参与权、表达权、监督权的落实，不断助推和谐浙能建设。增强企业与员工和谐度。通过建立稳定有序、公平竞争的良好机制，努力将员工的愿望融入公司的发展战略中，形成企业关爱员工、员工热爱企业的团队精神，使员工的工作生活条件随着公司事业的发展不断改善，员工的收入随着公司经营绩效的提升不断增长。

完善职代会制度。深入贯彻落实《浙江省企业民主管理条例》，建立健全全系统职代会制度和集团公司本级职代会制度，不断强化以职代会为主渠道的民主管理、民主参与和平等协商制度，完善现代企业制度下职工民主管理体系，努力将维权"关口"前移，做到凡出台有关职工利益的规章制度，工会都能源头参与、及时表达职工的意愿。根据浙能集团产业快速拓展、所属企业增加、部分所属企业从业人员的增减和所属企业领导人员调整等因素，精心拟订职代会制度实施调整方案，切实保障了职代会的代表性和代表的覆盖面和职代会各项职权的落实。举办各级职工代表培训、开展职代会提案征集处理、组织职工代表巡视，保障职代会代表的参与权、知情权和监督权，努力调动广大职工参与企业民主管理的积极性，充分落实职代会制度规定的各项职权。

深化厂务公开工作。全系统所属企业全面建立了厂务公开制度，保障和落实职工的知情权、参与权和监督权，畅通职工谏言和反映诉求的渠道。在此基础上，加强厂务公开工作的动态管理，所属企业不断规范厂务公开程序、拓宽公开形式、深化公开内容，把厂务公开工作不断引向深入，把厂务公开工作完全融入企业管理的各个层面和环节，使其得到进一步落实。切实贯彻落实平等协商、集体合同制度，本着合规合法、平等合作的原则，企业工会在与企业协商一致的基础上，全面签订"集体合同"，并认真落实。同时，组织开展平等协商、集体合同制度落实抽查，不断规范和完善平等协商程序、把握平等协商最佳结合点、增强针对性和实效性，基本实现集体合同制度在所属企业的全覆盖，并切实做好集体合同履约情况的监督，有效地助推了和谐企业建设。

三、以情动人，构建职工文化家园

近年来，浙能集团不断深化党的群众路线教育实践活动，着力发挥工会组织的桥梁纽带作用，倾力打造"职工之家"。深入所属企业、部门、班组，与职工群众面对面沟通，及时掌握职工关注的热点、焦点和难点问题，重视职工利益诉求，切实做好思想疏导、注重解疑释惑、矛盾化解。嘉电公司着力打造"面对面、心贴心、实打实"地为职工服务机制；兰电公司全面落实"五必访"；华光潭水电公司细微之中见真情，对职工宿舍配防潮设施、让双职工入住夫妻间、为单身职工当"红娘"；金华燃机着力搭建"连心桥"；各所属企业响应集团公司号召，大力推行"关爱诚心""寄语动心""问候铭心""祝福连心""座谈交心""真情暖心"六心并举活动，努力做到思想上尊重职工、感情上贴近职工、行动上深入职工、工作上依靠职工，积极协助企业解决职工最关心、最直接、最现实的利益问题，真心实意为职工办实事。深入落实"送温暖""送清凉"制度,实现"两送"活动的即时化、经常化。开展元旦、春节期间"送温暖"集中帮扶活动,近五年来,集团公司工会组织对近500余位居住在各地的特困职工和职工遗属进行了走访慰问,发放100余万元慰问金。认真落实《浙能集团关爱互助金管理办法实施细则》,实实在在为困难职工帮困解难。

致力于不断丰富职工业余文化生活,组织开展丰富多彩、健康向上的群众性文化、艺术和体育活动,着力满足广大职工日益增长的文体生活需求,为增强浙能人的自豪感、集体荣誉感和企业凝聚力作出努力。成功举办了以"倡导全民健身弘扬浙能精神"为主题的首届职工健身运动会等50余项体育赛事,最大限度吸引广大职工参加全民健身活动。在节俭的原则前提下,举办职工书画展、健身排舞大赛、职工才艺大赛、春节广场游艺、庆"七一"职工文娱、中秋文艺联欢、迎春职工文艺演出等文化艺术活动,举办职工书法、美术、文体骨干培训班,丰富了广大职工的业余文化生活,努力把企业建成职工温馨的家园。

充分发挥工会组织开展群众性文体活动的优势,健全所属企业文联、体协组织,坚持规范有序、广泛参与的理念,把加强职工思想教育、提高综合素质同开展健康有益、生动活泼的文体娱乐活动结合起来,丰富职工文化生活,引导和激励职工树立自强不息、奋发进取精神。加强基层文体阵地建设,逐步完善职工活动中心、乒乓球室、棋牌室、阅览室、健身房等建设,为职工群众提供健康文明、安全规范的活动场所。把"职工之家"建设成为民主管理、开展文化活动的新阵地,把"职工书屋"建设成为职工文化知识的"加油站",使职工文体活动更具群众性、广泛性和自发性,从而更好地丰富职工业余文化生活,增强企业的凝聚力和向心力。

四、立足育人,激励职工成长进步

近年来,浙能集团充分发挥工会组织的"大学校"作用,紧紧围绕企业转型升级、实施"大能源战略"总体目标,实施"职工素质工程",大力倡导职工成长进步、推进职工岗位建功,广泛发动职工参与科技创新,广泛开展职工合理化建议、技术比武等活动。先后举办了继电保护、火电机组集控值班员、起重工、热工、水工、输气工等专业技能大赛，吸引了6000余人次的职工参加技能普考和技术参加培训。共有近30名职工通过大赛获得技师资格，并被授予"浙江省技术能手""浙能集团岗位能手"称号。

2014年，集团公司克服困难，成功举办了第一届"输气工专业技能大赛"和"水工技能大赛"，在1000余名职工参加技能普考、培训的基础上，有200余名职工参加集中选拔并晋级最后决赛。所属企业以此为契机，广泛组织技能培训、岗位练兵、技术比武和选拔参赛活动。据统计，全系统所属企业共举办了火电厂仪控、电气、机务、集控运行、化学环保、燃料检修和水工水文、天然气运行等30余项、100余场次的各类技术培训、技术比武，4000余人次参与此类活动。集团公司还结合电力主业人才需求，努力争取上级工会、省人社厅的支持，成功举办了项目涵盖水样铜分析和电厂化学理论等7个项目的"2014中国技能大赛——浙江省发电企业化学环保专业技能竞赛"；成功举办了包括30万千瓦、60万千瓦、9F机组在内的"2014年中国技能大赛——浙江省发电企业集控值班员技能竞赛"，集团选派的选手包揽了两项竞赛的前十名。以组队参加"第九届全国电力行业热工程控保护工职业技能竞赛"为契机，分三个阶段共组织了7个批次的热工程控保护工培训和考核。在与来自全国各地100余名高手激烈的角逐中，取得了斐然成绩：获得个人第一名、团体二等奖，选派的6名选手均名列前20位，全部荣获全国"电力行业技术能手"称号。1人荣获全国"五一劳动奖章"。职工成长进步，蔚然成风。

五、共建和谐，实现职企互利双赢

浙能集团在开展和谐劳动关系企业创建中，注重保护、调动和发挥好企业经营者与职工双方积极性，依法保障企业和职工的合法权益，做到互利、双赢，达到"共建和谐企业、共谋企业发展、共享发展成果"目标。实施集体合同制度，按规定通过平等协商及时签订、续订集体合同，认真履行劳动合同，杜绝了违约现象发生；实行工效挂钩的工资总额提取办法。按照"效益优先，兼顾公平"的原则，依法确定企业内部工资分配制度和分配形式，合理拉开收入差距。集团根据工资总额与经济效益挂钩考核管理办法的有关规定，结合企业经济效益实际情况，努力提高在岗职工工资待遇，职工收入有了一定幅度的增长。严格按照《劳动法》规定，认真贯彻执行国家法定节假日休息、婚假、丧假、探亲假、产假、计划生育假和带薪年休假等制度，并按标准支付了职工工资。依法合规妥善安排职工疗休养和职工健康体检，对职业危害人员进行了专项检查。依法合规参加社会保险，为职工办理了大病医疗救助和职工互助补充医疗保险，认真贯彻执行《劳动法》关于医疗期内的患病或非因工负伤职工、患职业病或因工负伤被确认丧失或部分丧失劳动能力的职工及处于孕期、产期、哺乳期女职工的劳动合同的管理规定，保障了职工的合法权益。

建立和谐劳动关系，"驱动"了浙能集团和谐健康的跨越式发展。和谐立企，和谐兴企，浙能源集团在成立至今的十年间，经营业绩获得了惊人的飞跃——从2001年成立时控股、管理发电装机容量376万千瓦的小型地方能源企业发展成如今的集电源建设、电力生产、煤矿投资开发、煤炭流通经营、天然气开发利用和能源服务于一身的浙江国有企业的排头兵。持续跻身中国企业500强排行榜，2013年位列中国企业500强第171位、中国企业效益200佳第81位，荣膺"全国五一劳动奖状"等荣誉称号。总资产由148亿元增至1837亿元，比成立初期增长了1141%；净资产由107亿元增至869.7亿元，比成立初期增长了713%，双双跃居省属国企第一。企业赢利能力、生产管理等各项经济技术指标也走在全国发电企业前列，为浙江的社会经济发展作出了贡献。与此同时，随着和谐理念的全面贯彻，浙能集团的软实力也获得提升。发电机组运行水平领跑全国，内部管理迈向集约化、板块化、科学化。先后荣获"全国五一劳动奖状""全省国有企业创建'四好'领导班子先进集体""全国'安康杯'竞赛优胜企业""浙江省最具社会责任感企业""浙江省诚信示范企业""浙江省企业文化建设示范单位""浙江省'五大百亿'工程考核优秀单位""浙江省节能减排十大标杆企业"全国火力发电可靠性"金牌机组""浙江省'十一五'节能降耗工作先进集体""浙江省减排工作先进单位""浙江和谐企业"等荣誉称号……累累荣誉见证着浙能集团强大的核心竞争力。

六、彰显责任，与社会脉搏同跳动

党建工作创新有为，构建和谐企业文化，积极履行社会责任，浙能集团在融入社会、回报社会方面成效显著。

科学化推进"大党建"。不断创新深化思想政治工作，以事业凝聚人心，以思想统一行动，以成就鼓舞士气，在决战电荒保生产、抢抓机遇建电源、克难攻坚铺管网、改革机构减人员、合并重组省属国有企业等非常时期的重大事件中充分发挥了企业党建优势，"五大工程"建设的党建经验，入编了中央党校基层党建经典案例。

在回报社会方面，多年来，积极参与全社会扶贫帮困和捐赠，捐赠总额近800万元。其中投入资金150万元扶贫磐安县双峰乡，帮助该乡兴建防洪堤和村级办公场所等基础设施，有效推动了当地新农村建设。2008年，浙能集团还参与了常山县10个村结对帮扶共建"低收入农户奔小康工程"。

2008年汶川特大地震发生后，集团公司领导带头，全体干部员工纷纷慷慨解囊，捐款总额逾930万元，其中领导和干部员工个人捐款达500多万元。集团系统共产党员纷纷交出一份份沉甸甸的"特殊党费"，总额达到243.075万元，居省属国有企业之首。

玉树抗震救灾、西南抗旱救灾、扶残助残、支持"三农"……无不牵动着广大干部员工的心，累计捐款总额达1000余万元。荣获玉树抗震救灾、西南抗旱救灾特别奉献奖，连续三届获评"浙江最具社会责任感企业"。先后荣获浙江省十大善美企业、第四届"浙江慈善奖"、"博爱之星"等荣誉。

十多年来，浙能集团在协调劳动关系、构建和谐企业、促进企业发展方面做了大量工作，取得了明显成效。但是，随着国企改革的不断深入和形势的不断发展，企业劳动关系方面还会出现许多新情况和新问题。浙能集团将认真贯彻全心全意依靠工人阶级的根本方针，主动适应新常态，借鉴先进单位的好经验、好做法，建立和完善协调劳动关系、构建和谐企业的长效机制，落实好、维护好、发展好广大职工的合法权益，创造企业和职工相互尊重、相互支持、相互依存、互惠共赢的良好局面，为企业的快速、健康、协调发展，为打造"浙江能源升级版"奠定坚实的基础。

构建新型劳动关系 实现企业跨越发展

中国建筑第五工程局有限公司

中国建筑第五工程局有限公司（简称中建五局）是中国建筑工程总公司骨干成员企业，作为中央在湘企业，三十多年来，已完全融入湖南省的发展进程。2014年完成合同额1320亿元，完成营业收入550亿元，实现利润总额20.5亿元，员工收入年均增长10%以上；位居中国建筑业综合竞争力百强企业第3名，湖南省百强企业第7名；主要经济指标连续十年实现了持续增长、快速增长、加速增长、科学增长的良好态势，为湖南的经济建设作出了贡献。

回顾中建五局的发展，倍感今天的成绩来之不易。2001年，"该企业资金极度紧缺，已资不抵债，举步维艰。由于长期欠付工资和医疗费，职工生活困难，迫于无奈，部分职工自谋生路，有的只好养鸡、养猪，甚至到附近菜场捡菜叶为生……"（摘自国家审计署的审计报告）；2002年，"中建五局1.6万名职工中，在岗职工4876人，离退休职工4870人，下岗等其他职工5555人；全局营业额仅为26.9亿元，合同额为22.3亿元；企业报表利润总额为-1575万元，不良资产达4.8亿元。拖欠职工工资2个多亿，有的公司拖欠工资达48个月。原下属16家二级单位中有11家亏损，每年亏损几千万元"（摘自中国建筑工程总公司的审计报告）。

2002年底，中建总公司对中建五局领导班子进行了调整。为摆脱困境，新班子上任后采取了一系列深化劳动用工制度的改革措施，使企业发生了脱胎换骨的变化。至2014年底员工总数17460人，其中自有员工12824人，派遣员工2616人，其他用工2020人，离退休职工养老金全部实现社会化发放。自

2003年以来，累计理顺劳动关系6000余人，接收高校毕业生10000余人。通过一进一出，员工队伍结构呈现出"V字型"变化，员工平均年龄32岁（管理人员达98%以上）。实现了从"资不抵债、濒临倒闭"到"资产优良、发展强劲"的蜕变。

中建五局较好解决了下岗再就业和冗员剥离问题，实现了企业快速发展，其中主要得益于，十多年持续坚持建设"信和"主流文化，不断构建新型和谐劳动关系，使劳资双方实现了"良性互动、真诚合作、共谋发展"的局面。

一、确立共赢理念，"信和"文化引领和谐

一是坚持文化引导，确立共赢理念。"信和"主流文化，是吸收中华文化、湖湘文化、中建文化的精髓，而形成的"以信为本、以和为贵"的企业文化。即为摆脱困境开展的"信心、信用、人和"三项工程建设；把"立德、立人、立业"确定为企业使命；确立"以信为本，以和为贵"为企业核心价值观；明确"企业即人、企业为人、企业靠人"的思想；形成劳资双方"共生、共赢、共长"的理念。

二是坚持精细管理，提升内生和谐。中建五局在快速发展的进程中，坚持把精细管理作为现代企业管理"依法治企、依人兴企"的重要内容。通过"都江堰三角法则""七成定律""导师带徒""青苗工程""五同原则""工资集体协商"等一系列工作思路和措施，从理念探索、制度安排、机制建设和品牌活动推进等不同层面，持续提升企业内生和谐能力。形成"以内因生和为体，外因促和为用"的新型和谐劳动关系格局。

三是坚持人本理念，共享发展成果。中建五局把人本理念作为"信和"文化的精髓。通过持续提升人本精神打造"劳资融洽、活力勃发"的劳动用工环境，尤其是持续建设"惠民工程"，坚持开展"关爱一线员工，送清凉进项目""关爱困难职工，送温暖助家庭""关爱离退休职工，共享发展成果""关爱社会发展，公益支持回报社会"等一系列"办实事、惠民生、促和谐"品牌活动，把和谐理念和惠民措施送到项目一线，送到员工家庭和子女。通过公益活动和社会支持回报社会，实现"强企"与"富民"一体，使

内部员工和社会相关方共同分享企业改革发展成果。

二、优化创新机制，确保内部用工和谐

中建五局推行人本管理，用"公开、公平、公正"的制度破解企业人情难题，建立和谐用工关系。通过实施员工分类管理，形成"自有员工统一管理，派遣员工计划管理，其他员工授权管理"的新型和谐用工格局，通过优化创新机制，不断激发企业和谐用工的活力、动力、潜力。

1. 建立"换血"机制，激发和谐用工活力

十几年来，中建五局一直坚持创新用工机制，大力实施"换血"工程。一是直面矛盾，推动下岗员工再就业。针对原来下岗员工多、冗员多的情况，采取"以用促清、清用并举"的方针，分解出18种不同下岗情况，依法、公平、公正的理顺劳动关系；并对优势企业下达安置指标，加大再就业和转岗培训。通过直面矛盾、有情操作，在"不显山、不露水、保稳定"的情况下，较好地解决了下岗再就业和冗员剥离问题，实现了全局下岗职工"全部清零"的目标。二是"抬高进口、敞开出口"，畅通员工进出通道。在引进环节，严格规定新进员工应具备的学历、经验等条件，提高新员工的入职门槛。2003年以来，每年接收高校毕业生均在500人以上，2014年达到2043人，其中不乏清华、北大、人大等国内顶尖高校的毕业生。在淘汰环节，规范试用期考核、见习期考核、劳动合同到期考核等制度，实行末位调整，对于考核不合格的员工，依法依规处理，采取调整岗位、降低职级直至解除劳动合同等办法，保持员工队伍活力。三是引入赛马机制，公开公平竞聘上岗。中建五局把竞聘上岗作为重要的制度措施来落实，从普通员工到中层干部，不再把接受组织任命作为唯一途径，而是通过公开竞聘的方式获得事业舞台。四是探索派遣制度，不断完善和谐用工。根据劳务派遣用工具有灵活性强、效率高的特点，在建筑项目上推广实施，以满足临时性、辅助性、替代性需要，减少人力浪费和闲置储备。在实施过程中，坚持对派遣员工实行"同工同酬"，并执行"转正"制度，既有效调动派遣员工的积极性，又便于企业用活用好人才。

2. 坚持绩效导向，增强和谐用工动力

一是建立全方位、分层次的绩效管理体系。根据不同对象规定不同考核内容、周期、方法等，对分、子公司实行分类考核；对总部机关部门实行定性和定量相结合考核；对二级单位领导班子采取年度经营业绩考核、述职评分、民主测评、专业线条检查等综合考核；对工程项目采取以成本考核为主的管理责任考核等。实现"企业目标是什么，五局就考核什么"。二是赏罚分明、考核兑现绩效。按照"横向到边、纵向到底"确定与分解全员的绩效目标，形成"千斤重担人人挑、人人肩上有指标"。在此基础上，运行"金条+老虎"的绩效激励机制，对业绩突出者采用提薪、送培、晋升等正向激励措施进行奖励；对工作懈怠、业绩靠后的员工，采取降薪、戒勉谈话、末位换岗等负向激励措施有效传递压力，促进员工绩效水平螺旋上升。三是推行统一的薪酬体系。明确"四大职业通道""三大晋升梯子"和"五大工资单元"，促进了内部人才合理流动，实现员工年均收入增长10%以上，内部活力明显增强。

3. 通过多措并举，挖掘和谐用工潜力

一是畅通全员职业发展通道。坚持"疏导是根本，人人皆可成才"理念，在用人上像"都江堰治水"一样采用"疏导"的方式，使员工行有方向、干有目标、自由流动而找到合适岗位。"人人皆可成才"是指人才在于发现，在于雕琢，在于培养，在于将合适的人放到合适的岗位，为此，制定《干部职务级别管理办法》，拓展人才发展通道。二是开展人才梯队建设。分层进行员工职业生涯规划，针对中高层领导干部出台《提高领导班子素质若干规定》和《后备干部选拔和管理办法》，选拔后备领导干部，采用送培和岗位锻炼等方式，培养接班人；对于工作3-5年的青年员工，出台《"青苗"计划实施办法》，选拔有培养前途的青年员工进行重点培养；对于每年新引进的员工，制定《导师带徒制度实施办法》，为每位大学生安排一位导师，负责思想和业务指导，确保其尽早融入企业。三是倡导"七成定律"，挖掘员工潜能。针对员工队伍比较年轻，在指导思想上，提出了"七成定律"理论。即在看人、知人和用人上，具备应征岗位70%的要求就可使用,不能一开始就苛求100%胜任要求。在机制上,通过一定比例的人员流动(包括岗位轮换、末位换岗和职位升降),营造"不进则退"的氛围;在方法上,通过绩效评价识别员工职业发展的机会,建立职业发展调查制度,提供有针对性的学习和教育来提高员工能力。四是强化"三班一会"培训培养。连续十年开展"一年一期领导干部学习班""一年一期中层干部培训班""一年一期新员工入职培训班""一年一次青苗人才座谈会"、坚持"一年推荐一本书"等活动,使员工的工作能力和精神境界得到同步提升。

三、关爱务工人员,"五同原则"延伸和谐

中建五局秉承"贡献民生、贡献社会、贡献国家"的宗旨,针对"务工人员用量大、务工人员问题多"的行业特点和社会问题,将"以信为本,以和为贵"的核心价值观落实到劳务用工上,延伸到产业链和价值链的主要环节中,通过对劳务企业和务工人员实施"五同"原则,即政治上同对待、工作上同要求、素质上同提高、利益上同收获、生活上同关心,实现了由向分供方输出管理,到向分供方输出文化的根本性转变。

一是组织保证。将"信和"主流文化建设和思想政治工作、党群组织建设等延伸覆盖到农民工群体,充分发挥国企的政治优势,满足农民工在政治、文化等精神层面的更高需求,实现了企业思想政治工作的创新。积极倡导在工程项目上建立联合党、工、团组织,一方面鼓励务工人员和正式员工一起,参加组织生活,参与企业管理;另一方面,确保务工人员在工资待遇、福利保障等方面有诉求载体。

二是素质保证。举办农民工技能大赛等各类教育培训活动,在项目上成立农民工业余学校,利用业余时间传授施工技术、安全生产知识、法律维权知识等,帮助农民工提高经济收入、提高劳动技能、提高综合素质、提高谋生能力和提高社会影响,近年已有2名务工人员荣获"全国劳动模范""全国五一劳动奖章""湖南省劳动模范"等荣誉,其中1人当选"全国人大代表",实现了个人与企业共同发展。

三是人文保证。推行人文关怀,在宿舍区设置夫妻房,开办务工人员

阅览室、食堂、文体室、实行农民工工资实名制、设立工资保障金专用账户等，保证农民工工资按时发放，增强了务工人员与企业共荣、共赢的责任意识，使"以信为本，以和为贵"的价值理念贯穿到务工人员的物质保障和精神文明层面。

"五同"原则，凝聚了一支遍及海内外600多个施工项目、具备国际竞争力的20万农民工大军，实现了企业与农民工的共赢，形成了"2万员工闯市场，20万民工奔小康"的和谐发展局面。

自2003年以来，中建五局围绕构建和谐劳动关系，开展了"办实事、惠民生、促和谐"系列品牌活动，实现了"强企"与"富民"一体，生产规模由20多亿增加到600多亿，员工收入年均增长10%以上，先后荣获"全国五一劳动奖状""全国模范职工之家""全国厂务公开民主管理先进单位""中国最具成长性企业"，获省部级以上优质工程及先进集体与个人等"名品、名人、名企"各类奖项2000余项，孕育产生的先进模范代表——"大姐书记陈超英"享誉全国，多家中央主流媒体宣传"中建五局现象"。

构建和谐劳动关系，促进了企业跨越发展。为此，中建五局将继续围绕"三个一流"的企业愿景（即全国一流的建筑施工总承包商、全国一流的基础设施专业营造商、全国一流的房地产品牌发展商），始终坚持履行企业社会责任，不断探索、创新、实践和谐用工机制，为把中建五局建设成为"社会尊敬、员工自豪"的现代建筑企业而不懈努力！

（中建五局人力资源部供稿）

以人为本 打造良好雇主品牌

中国银行广东省分行

中国银行广东省分行是中国银行境内规模最大的分行之一，下辖33家支行，1018个网点，全省共有员工约2.5万人。长期以来，广东中行始终坚持"以人为本"的人力资源管理核心理念，把充分调动人的积极性、提高人的素质，以人的能动性促进银行的发展作为工作的重要目标，努力形成育才、引才、聚才和用才的良好机制，不仅为广大员工提供了展示才华的空间与舞台，也为优秀人才脱颖而出提供了成长环境与机制保障，更为全体职工快乐工作、快乐生活营造了和谐温馨的氛围与环境！分行党委经常强调："员工是中行最宝贵的资源""只有满意的员工，才有满意的客户"，要求在银行发展战略制订和实施的全过程中，均要将全面落实劳动法律法规，主动改善用工环境，完善内部民主制度，保障员工当家作主权力等贯穿始终。

长期、持续地重视雇主品牌建设，使广东中行受益匪浅。近年来，广东中行经营效益稳步提高，各项业务长足发展，资产质量保持优良，不仅成为中国银行系统内优秀的区域分行，也成为广东区域优秀的商业银行。广东中行获得2010、2011年度"广东省模范劳动关系和谐企业"，获得"广东银行业亚运金融服务先进单位"、获得2011年度"模范职工之家"，获得2013、2014年度"广东省最佳雇主"，连续多年获得"广东省银行业总体服务满意度评价"第一名荣誉称号。

广东中行近年来在雇主品牌建设方面，主要做到"十项保障"：

（1）严格落实劳动合同制度，切实保障员工劳动有依据。一直以来，广东中行严格遵守《劳动法》《劳动合同法》的有关规定，无论是城镇职工还是农业职工，均在平等自愿、协商一致的基础上与其签订劳动合同，劳动合同签订率达100%。在劳动合同签订工作方面，坚持做到"三个确保"，即新录用职工确保入职一个月内签订劳动合同；续签人员确保提前一个月征询续签意见；流动人员确保依法办理劳动合同签订及用工备案。在劳动合同期限管理方面，广东中行避免用工短期化，初次签订和续签劳动合同的期限均为三年，并及时与符合签订无固定期劳动合同条件的职工签订无固定期劳动合同。在规范劳动合同文本方面，2008年初劳动合同法颁布实施后，广东中行根据法律政策变化及时修订了新版的劳动合同文本，经省劳动厅审核（粤劳合审[2008]050号文）同意后正式启用，保证了劳动合同文本的规范统一、依法合规。

（2）建立健全集体协商制度，切实保障员工权益有商量。广东中行结合本行实际，逐步建立健全集体协商制度。2010年在与职工充分协商的基础上，签订了《女职工权益保护专项集体合同》，既保障了女职工在民主管理、文化教育培训、招工录用、岗位安排等合法权益，又落实了女职工孕期、产期、哺乳期等特殊权益保护。该专项集体合同的初稿经女工委成员、女职工代表集体讨论修改，按照集体协商的程序，征求了人力资源部、法律与合规部等相关部门的意见，正式合同文本经征求全体职工意见后审议通过，报广东省劳动行政部门及总行工会工委备案，作为首个集体合同全行执行。

（3）多渠道落实职工收入分配制度，切实保障员工收入有增长。广东中行将薪酬制度作为吸引、激励、发展与留住人才的有力工具，在收入分配方面严格遵循《劳动法》《劳动合同法》及《广东省工资支付条例》等劳动法律法规，按照本行薪酬制度及时、足额发放员工工资，并按规定及时支付加班工资。在此基础上，广东中行还多方面完善薪酬分配制度、提高员工福利：一是采用国际领先理念，建立了"以岗定薪、岗变薪变、按绩取酬"的薪酬体系，保障员工公平、合理的获得工作报酬；二是使用统一的E-HR薪酬发放系统，具备员工网上自助查询功能，保障员工简单快捷的核对、监督工资发放情况；三是提供形式多样的福利补充，包括年金、商业保险、医疗保健、劳动保护、学习培训、文化活动等，满足员工不同层级、不同方面的福利需求。

（4）全面执行劳动标准，切实保障员工休假有安排。广东中行根据国家有关法律法规，在职代会充分征求员工意见的基础上，制定了考勤及请休假管理办法，并在日常管理中严格执行工时和休息休假规定，保证职工享有法定节日、年休假、生育假、婚丧假、探亲假等休息权益，保持员工工作时间的合理性，使员工松弛有度，保护员工身心健康。根据国家劳动与社会保障部的文件批复，广东中行对高管人员、保安后勤、外汇交易、网点储蓄等部分特殊规定岗位实行不定时或综合计算工时制度外，其余岗位严格执行标准工时制度，切实保障员工合法利益。

（5）不断完善劳动规章制度，切实保障员工当家作主有参与。广东中行不断建立健全企业劳动规章制度建设，规定所有规章制度均需经过制度草拟、调研论证、征求意见、合规审查、审批、公布等环节的严格审查控制，保证规章制度依法合规，提升规章制度质量。对直接涉及职工切实利益的规章制度和重大事项决定，除按照上述环节执行外，还通过全行征求意见、召开职工代表大会的形式，充分征求广大员工的意见和建议。同时，广东中行全面实行公示告知制度，通过NOTES邮箱、内部网、专栏、办公场所张贴公告等形式向广大职工信息公开，保障职工的表达权、参与权、知情权和监督权。

近年来，广东中行按照上述民主程序，制定了《员工守则》《企业年金计划书》《员工绩效管理实施细则》《员工薪酬管理办法》《员工考勤及请休假管理办法》《员工离职管理实施细则》《员工离岗管理实施细则》等一系列影响改革发展及员工切身利益的制度，充分保证了制度制定的民主性和合规性。

（6）大力改善用工环境，切实保障员工工作心情。广东中行高度重视企业文化建设，成立企业文化建设领导小组，编制《2009—2012年企业文化建设规划》，开展管理层与员工网络交流、行长接待日、企业文化巡回宣讲、知识辩论赛、青年论坛等广大员工喜闻乐见、丰富多彩的文化活动，形成了以"追求卓越、诚信、绩效、责任、创新、和谐"为主要内容的企业文化内涵。

广东中行不断促进员工培训发展，每位员工每年培训时间不少于40小时，培训覆盖率达100%。在经营管理人才序列，率先在中行系统内推出

"梦想起航""事业扬帆""管理攀登""经营卓越"系列人才培养项目，促进员工成长；在专业技术人才序列，开展金融理财师（CFA）、金融理财师（AFP、CFP）、注册内部审计师（CIA）、单信用证资格（CDCS）以及保险、证券、基金等外部资格认证培训和考试，提升员工的职场竞争力；在技能操作人才序列，以岗位资格培训为主体，采用"1+2+3"的培养模式，实施新员工入行培训、上岗培训、技能培训持续进修、服务明星的系统化培训体系，以培训扩宽员工职业发展空间。

广东中行关爱员工生活，建设了集多功能厅、乒乓球厅、桌球厅、健身房、健美练功房、阅览室、茶艺厅、牌艺室等活动设施为一体，总面积达五千多平方米的"职工之家"，为广大员工在工作之余提供了休闲、减压、调节、娱乐的综合性平台，满足员工的精神文化需求。

（7）全面执行社会保险制度，切实保障员工福利不打折。按照"依法合规"的要求，广东中行严格遵循国家、地方社会保险和住房公积金管理规定，按规定足额为员工购买养老保险、医疗保险、失业保险、工伤保险、生育保险及住房公积金。其中，2010年起，在房价高企的背景下，广东中行将住房公积金单位缴费比例提高至封顶值，进一步提高了员工住房保障水平。在上述法定的社会保险和住房公积金基础上，广东中行还自行建立了企业年金和补充医疗保险制度，购买了员工意外保险，进一步提高了员工养老金和医疗保障水平，增强了员工的认同感，促进了劳动关系的和谐。

（8）完善安全生产制度，切实保障员工工作有平安。广东中行不断完善安全管理规章制度，狠抓各项落实措施，安全管理水平显著提高，无人身死亡事故、无严重交通安全事故、无影响生产的大面积停电事故，安全生产保持平稳状态。广东中行认真执行安全生产规程，加强劳动保护措施，建立安全应急体系，制定应急保障预案；开展安全检查和监督管理，在重大节日、重要活动之前，均组织安全大检查，对安全生产的薄弱环节组织专项安全监督；组织安全生产和预防工伤的教育培训，开展交通安全教育、消防安全教育及消防设备应急实操演练、职工健康及预防季节流行病讲座等活动，提升职工安全意识。

（9）充分发挥工会作用，切实保障员工民主管理有娘家。广东中行按照中华全国总工会、金融工会以及总行的相关要求，设立了企业工会组织，配置专职工会干部。广东中行坚持按照《工会法》《中国工会章程》等有关制度法规，加强民主管理制度建设，坚持每年召开职工代表大会和工会会员代表大会，完善职工参与民主决策、民主管理、民主监督机制，不断提高职代会制度建设水平，保障职工参与企业民主管理、民主决策、民主监督的权利，实现企业与职工的互利双赢。

（10）建立企业内部协调机制，切实保障员工提问有通道。广东中行成立了由省行主要领导任组长，人力资源、法律合规、监察纪检、党团、工会等职能部门代表为组员的员工关系处理专责小组，形成了处理劳动权益、考核评级、福利薪酬、下岗补偿等问题的协调联动机制和劳动关系矛盾预警和疏导机制。全面做好员工的政策宣传、解释、沟通、疏导等工作，密切关注员工的思想动态和举动，消除隐患；建立快速反应机制，坚持有理、有利、有节，依法合规处理问题，妥善化解矛盾，做到早预警、早疏通、早化解，尽量避免劳动争议和劳动纠纷的发生；在发生劳动争议时，及时了解缘由和相关背景，开展疏导、化解工作，避免矛盾激化，防止演变成群体性事件。

"行必责实，方成大事"，广东中行在不断健全和完善各种制度的同时，注重强化责任、细化责任，在必要的时候追究责任，切实增强执行的刚性，保障员工各项权益的实现，2008年以来，广东中行的劳资关系和职工队伍稳定，未发生非法用工、未按规定签订劳动合同、未依法参加社会保险、未依法建立工会、违反法律法规引发严重影响社会稳定事件、重大安全生产责任事故、重大职业病危害事件以及其他严重违反法律法规的行为。广东中行将继续以构建以人为本、和谐稳定的雇主品牌为目标，不断努力，规范用工管理，改善用工环境，加强人文关怀，提升可持续发展能力。

造车育人　携手共赢

广汽丰田汽车有限公司

广汽丰田汽车有限公司（以下简称广汽丰田）成立于2004年9月1日，由广州汽车集团股份有限公司和丰田汽车公司各出资50%组建，现有员工约9700余人，主要生产凯美瑞、汉兰达、雷凌、致炫、逸致以及凯美瑞双擎、雷凌双擎等车型。成立以来，广汽丰田始终秉持"造车育人"的企业理念，不仅以高品质的产品和服务深入人心，更将对员工的责任视为企业社会责任的重要一环，努力从人事体制建设、薪酬福利体系、构建和谐职场等方面为员工打造一个和谐、幸福的职场大家庭。

一、建立"全方位人才培养体系"，携手员工可持续发展

企业要获得长远发展，就要与员工共同保持可持续发展。广汽丰田自成立之初，就确立了"造车育人"的企业理念，并构建了独有的"全方位人才培养体系"，以确保每个员工在不同阶段都能获得快速成长。

广汽丰田的全方位人才培养体系是以公司需要员工具备的能力为前提建立的。广汽丰田的人才培养是上司、前辈通过日常业务对部下进行培养的活动。按培养方式分为OJD（On the Job Development，在职培养）、Off-JD（Off the Job Development，脱产培训）和自我启发。其中OJD是人才培养的主体。

OJD包括日常业务安排和职场前后辈制度等。职场前后辈制度主要是针对职场新人选定有专业知识和经验的前辈，从入职到工作3年，在业务和工

作意识和方法上对新人进行具体指导,强化"教"与"学"的关系,促进人才培养以及知识、技能的传承与累积。

Off-JD是作为OJD的一种补充,包括公司共通知识、部门专门知识学习,与职场前后辈制度和职场实践活动联动,如参加公司组织的问题解决、工作方法提高培训,或由各部门提供培训信息,学员经过上司的认可参加等。

而且,为了满足不同个体的求知欲望,广汽丰田在员工成长的每个时段都会举办相关培训。培训的形式和内容各式各样,包括公司文化、工作方法(丰田问题解决办法)、QC小组活动、安全环境、职业卫生、丰田生产方式(TPS)以及岗位技能、管理者职责等,全方位地涵盖了员工工作、生活的各种求知需求。

二、广纳高潜人才,携手构筑可信赖职场

广汽丰田坚持以"培养和留住企业战略所需的高潜人才"为人才发展战略。成立以来,从最初的人员招聘、人才培训逐步发展到人才培养及管理体系的搭建,并形成了丰富的人才管理理念:构筑员工可信赖、安心的职场;持续的、自发的智慧,创造能促进改善的组织;彻底的人才培养;实现个人价值及促进以整体最优化为目标的团队建设。

除了特别组织专场招聘会,吸引研发、销售领域的专业精英加入广汽丰田,在招聘生产一线员工(技能员)方面,特别强化包括广州市外学校的校企合作,以对应未来人员招聘需求。在办公室人员(事技员)招聘方面,广汽丰田自2012年创建了"职业启航"项目,提前吸引优秀学生。"广阔未来,丰收梦想"的高校招聘逐渐形成品牌。2015年广汽丰田更是通过"造车育人""卓越品质""社会责任""先进技术"等特色项目贯彻企业雇主品牌,进一步提升公司在校园的影响力,培养未来雇员。同时招聘方式不断创新,如建立"广汽丰田招聘"微信公众号及手机端投递简历系统等。

为兼顾公司规模不断扩大对人才的需求及员工对更多发展机会的需求,自2013年起,广汽丰田启动了后备人才发展项目。通过构建管理岗位素质模型、设计开发人才评价中心、导入测评技术与实施后备选拔、实施人才发展建议与跟踪四个步骤的推进,在人才选用方面取得了突出的成果,不仅完善

了能力素质模型并实现科学的人才选拔、促成了职场计划性人才培养的实施,还搭建了公司与员工间共同发展的平台,建成了三级的后备人才体制。

三、创造优良条件,营造员工归属感和幸福感

以"造车育人"为方针的广汽丰田有着务实、尊重人才的企业文化,更难能可贵的是,广汽丰田更注重在工作和生活等方面营造员工的归属感和幸福感。让员工"快乐地工作、体面地做人、健康的生活"是广汽丰田一直以来所倡导的。

在薪酬福利方面,广汽丰田一直保持着行业中上水平的竞争力。除工资以外,广汽丰田每年均参照经营状况发放具有竞争力的奖金,同时,每年对工资、福利项目进行相应的调整和改善。公司除了提供员工宿舍、食堂、交通车以外,目前已有企业年金、商业补充医疗保险、购房贴息、特殊救助金、素质提升费等特色非法定福利。对于员工的激励认可,广汽丰田除了双通道的晋级晋升机会以外,还有考核和表彰的形式,以认可员工的能力和成绩。

良好的工作环境是员工快乐工作、健康生活的重要保障。广汽丰田不仅悉心打造出"花园式的工厂",更注重营造公司内部和谐的人文环境。员工之间的关系不仅仅是工作上的合作伙伴,更是生活上互相关心的朋友。在每两月一次的午餐恳谈会上,员工代表都会聚在一起畅所欲言,或交流工作、生活上的心得,或对公司的管理、制度等提出意见,而人事部门则会认真备录,并针对员工的提议进行改善。对于骨干员工和基层管理者则是由高层领导亲自主持召开座谈会,直接对话,把握和答复他们的诉求。

员工心理关爱,是广汽丰田对员工关怀中必不可少的部分。广汽丰田从2013年开始导入"员工心理健康关爱活动"[也叫"员工帮助计划"(Employee Assistance Program,简称EAP)],通过微信平台宣传心理知识、定期召开心理讲座和体验活动、为员工和家人提供专业心理咨询免费服务等方式,主动关爱员工心理健康,切实呵护员工成长。

在核心企业文化价值观引导上,广汽丰田通过内刊、内网、微信、电视台等多样的宣传渠道,开展长跑比赛、新年会等丰富的企业文化活动,

既将"感恩（Grateful）、共有（Teamwork）、活力（Motivation）、创新（Creative）"的核心企业文化价值观传达给每个员工，又让员工减轻压力、舒缓心情，以和谐奋进的精神面貌投入到工作中。

广汽丰田在打造"全方位人才培养体系"的道路上一直不遗余力。通过构建"全方位人才培养体系"，广汽丰田致力于为员工打造可信赖的职场，营造员工的归属感和幸福感。为了打造一个和谐、幸福的职场大家庭，广汽丰田在人才制度与体系构建上，致力构造最优厚的条件，携手各个员工共同成长，达到公司员工双方共赢，以此团结一心，创造更辉煌的成绩。

助员工造梦 成就企业梦想

交通银行广东省分行

交通银行广东省分行坚持贯彻总行发展战略，坚持树立远大目标，以铸造一支战斗能力强、精神劲头足的队伍为己任，带领全体干部员工一起勾勒腾飞蓝图，号召全体干部员工胸怀一流银行梦想，保持充足发展信心，推动改革创新，抓住转型发展的重大历史机遇，通过孜孜不倦地追求、勤勤恳恳地工作，力争打造交行系统内的旗帜、岭南同业中的标兵，以此激发员工强烈的责任心和荣誉感，鼓励员工活出人生的意义和价值。

交通银行广东省分行作为交行在华南地区最大的分行，管辖交行在广东省内（除深圳外）的全部分支机构，共238家营业网点，其中广州地区91家，并在14个地市设有省辖分行，省分行机关设29个部门；全分行共设34个基层工会和团组织，并内设女工委、青年志愿者协会等。

近年来，在总行的正确领导和大力支持下，广东省分行班子带领全行干部员工，外拓市场，内强管理，逐步从数量扩张走向科学发展。广东省分行的发展集中体现为"走、转、改"。"走"是走做大做强、做专业做特色发展之路，打造核心竞争力；"转"是转型发展、增添腾飞动力；"改"是改革创新、激发发展活力。通过几年来的努力，广东省分行实现了"四个一"转变：经营方式、业务结构、盈利模式、服务渠道得到根本转变，综合竞争力和市场地位大幅提升，客户、管理、服务等基础逐步夯实。

在同业竞争日趋激烈的今天，商业银行要在群雄逐鹿的市场上站稳脚跟，从根本上讲必须铸造一支战斗能力强、精神劲头足的队伍，而这种精神则来源于企业内部长期积淀并由领导人强力推动而形成的企业文化。交通银行广东省分行始终以员工为根本，通过唤醒、激发员工内心工作热情，实现个人价值，让员工成为交行事业发展的有力保障。

一、描绘蓝图，树立信心，为员工大胆"造梦"

交通银行广东省分行在建立和执行共同愿景的过程中，十分注重员工的思想教育，鼓励员工不断超越自我。一方面，鼓励员工将"工具性"的工作观转变为"创造性"的工作观，把工作视为美好人生的重要部分，变为自己真正想要做的事情，最大化地激发员工的潜力；另一方面，鼓励员工向困难挑战、向极限挑战，教育员工理性客观地分析问题，以"建设性""创造性"的态度看待愿景与现状之间存在的鸿沟，在勇于面对、战胜困难的过程中不断磨练完善自身，不断加深达成愿望的迫切性、增强达成愿景的自信心。

为坚定员工的理想信念，广东省分行在总行"拼搏进取、责任立业、创新超越"的"交行精神"的基础上，提出"敬业、进取、务实、创新、团队"五种精神，既与"交行精神"一脉相承，又充分契合自身发展特点。广东省分行弘扬"五种精神"，产生导向、约束、凝聚、激励、辐射作用，积极向上的理念及行为准则形成强烈的使命感和持久的驱动力，员工被精神所鼓舞，自觉自愿地发挥潜能，更为努力高效地工作。"五种精神"推动广大员工树立发展信心，团结一致，向着共同的目标奋勇前进，最终实现我行的发展愿景。

二、强化能力，提升价值，让员工放心"追梦"

交通银行广东省分行在经营管理中，坚持尊重、依靠、塑造、关爱、造福员工，紧紧抓牢员工的思想动态和心理状态，以创新的工作方式，为想干事的员工提供机会，为会干事的员工提供舞台，为干成事的员工提供激励，充分调动激发员工的积极性、主动性和创造力。

1.以员工为师

着力提升员工"被需要、被重视、被肯定"的感受，多渠道、多方式、多角度激发员工内心深处对企业的亲和力、责任心，产生强烈的"必须有所作为"的意愿。在当前深化改革创新和转型发展的关键时期，广东省分行畅通意见箱、邮箱、微信群、BBS论坛等渠道，通过组织各类主题大讨论、开展低成本核心负债征文、建设"金点子"工程、开发产品创意管理平台、创新管理工作推广座谈会等多种方式，鼓励员工为小至普惠型特色网点选址、大至全行业务发展方向上出谋划策，从员工身上汲取智慧，汲取力量源泉。除"敞开胸怀"纳民意之外，广东省分行还建立行领导挂钩联系、分行部门常态联系分支行制度，要求领导干部主动"俯下身子"接地气，定期赴基层调研，帮助基层解决实际困难和问题，培养与员工的深厚感情。在调研工作中，注重创新方式方法，认真抽选基层调研座谈会和个人谈话的群众样本，兼顾不同行龄、不同层级以及前中后台员工。深入网点走访营业柜台、厅堂，把不同行龄、不同学历，并且身处批发市场、居民区、写字楼等不同区域网点的柜员、客户经理请出来，与柜员、客户经理面对面交流，了解一线员工真实工作状况以及对分行发展的想法；组织历届管理培训生，以分组专题讨论的形式开展座谈，从管培生独特的视角发掘利于我行发展的思想；把退休老同志请回来，关心退休员工生活，了解退休员工想法，鼓励他们为我行发展建言献策。

2.给员工舞台

注重营造公平、公开、公正的选人用人氛围，通过透明化、竞争性的人才选拔机制激发干部员工活力。畅通员工提拔晋升通道，创新干部选拔培养方式，选拔基层经验丰富、业绩突出的优秀年轻干部充实管理团队，选人标准既注重考核占比，也关注平时表现，竞聘引入民主推荐环节，建立"综合考核+经营问责+专项巡察"三位一体高管绩效考核体系，将触角延伸至指标考核和民主测评不及之处，并采用"笔试+半结构化面试+演讲答辩"综合性选拔方式；拓宽人才成长路径，探索人才多样化培养方式，推进专家型人才队伍建设，充实高端营销骨干、战略专业人才及后备人才队伍，为员工提供展示才华、创造业绩的广阔空间；持续优化人员分层培养模式，完善员工职业规划和多向发展通道，使广大员工"晋升有机会、发展有希望"。

3.让员工成长

在塑造员工方面，不断加强专业人才队伍建设，鼓励员工成为业务专家、专业人才，一心一意把银行做好。不断完善全方位、多形式、阶梯化的员工培训体系，深入开展员工职业化个性培训，并不断强化过程管理，持续开展活动竞赛、先进评比活动，树立典型榜样，营造"比学赶超""争先进位"的良好氛围。

一是培训内容范围广，涵盖思想作风、业务技能、风险管理等，着力培养营销队伍敢闯、敢拼、敢抢的"狼性"精神，打造"进取、团队、合规"的营销团队。二是培训形式"花样"多，干部培训方面，行内强化中心组集中学习和日常个人自学，邀请总行领导、专家学者和业界精英来行举办讲座，并以扩大会的形式扩充至全体中层干部；行外长期与北大、清华、人大、中大等高校合办研修培训班，开展年度脱产培训、领导力能力提升培训等，系统强化干部的管理能力和综合素养；组织干部到腾讯等公司学习企业优秀管理经验，提升干部理论结合实际的能力。员工培训方面，做好兼职培训师管理，推广"下基层"培训、"送教上门""支行内部教练制""以岗代训""回炉"等多种培训方式，让员工掌握持续发展的技能，获得打造幸福生活的能力；积极建设长效学习机制，持续创建学习型组织，平时由领导干部向员工推荐书籍，宣导海底捞、河南胖东来等优秀企业文化，使之根植于每一个干部员工心中，并指导员工将其运用于工作实践，进一步提高员工的服务意识、执行能力以及精益求精的职业素养。同时，还创新学习形式，注重实践化人才培养方式，将业界专家"请进来"面对面交流，"走出去"学习行业先进典范，如组织户外拓展培育团队文化、去海底捞体验服务文化等，通过亲身体验深化对文化的感知，提高员工学文化、用文化的自觉意识。三是培训体系阶梯化，完善总行、省行、基层与个人等多层级培训体系，借助总行培训资源开展前沿理论与发展战略培养、省行层面开展业务适用培训，配合分行重点业务纵深开展、基层培训以业务实操为主，提升员工业务精准度与工作效率；积极倡导员工自学与师徒互助体系建立，充分发挥层级间、条线间、员工间的培训资源合力，"一人一策"推动员工培训体系向专业化与职业化方向发展。

4.建员工之家

在关爱员工方面，积极创建"职工之家"。一是积极打造"家"环境，倡导"快乐工作、健康生活"理念，在办公大楼设置多功能厅、健身房、阅览室、乒乓球室，羽毛球馆、员工心理减压室等面向员工开放；组织丰富多彩的文娱活动，成立乒乓球、羽毛球、篮球、瑜伽、舞蹈及太极健身等俱乐部，每天坚持两遍第九套广播体操作为员工工间操，每周坚持多媒体功能厅播放电影，每年坚持举办大型职工文艺汇演或职工运动会，推广健康交行、健康小屋、交融驿站等员工服务渠道，不定期为员工举办住房、汽车等团购活动，丰富员工工作之余的生活，给员工紧张的工作注入生机和提供便利。二是树立爱"家"之风。领导干部作为一"家"之长，带头关爱"家人"冷暖，定期谈心，鼓舞士气，摸查困难员工并建立帮扶档案，积极为员工解除后顾之忧，提升员工幸福指数。建立健全困难职工档案，制定《广东省分行员工送温暖管理办法》，组织做好困难员工帮扶工作，重点对患重大疾病员工、特困员工、单亲女职工开展"送温暖"活动。及时组织慰问因病、因伤住院员工，关注和关心他们身体的康复进展。倡导职工救济互助之风，发动全行员工为患重病员工捐款，有员工补充医疗保险和完善的员工互助系统，遭受自然灾害的员工还实施特别救灾补助，实实在在解决困难员工的实际困难。免费为员工和家属开通24小时心理咨询热线，专门设立员工减压室，定期安排心理专家现场为员工答疑解难；坚持每年一次安排全行干部员工进行健康体检。开展"关爱女职工"活动，举办"女职工卫生保健常识讲座"，进行女员工发展状况调查，分别举行退休职工茶话会、新员工成长计划、及健身、郊游、登山等活动，为怀孕期女员工发放防护服装补贴，解决单亲女职工实际问题，实行困难女职工关爱帮扶动态管理；开展"六必访、五必谈、三知道"活动，发挥基层工会关心帮扶员工的作用。重视职工反映的问题。为新职工解决宿舍，为异地干部发放住房补贴等。三是明确治"家"之规。注重培养员工坚强意志和过硬作风，开展"作风建设与执行力提升年"活动，把作风建设与执行力提升作为业务发展的"催化剂"，加强信念教育、养成教育和纪律教育，使全行上下有令必行、政令畅通，打造一支"素质过硬、作风优良、执行有力的员工队伍。

5.与员工分享

当前金融市场环境的深刻变化给银行业可持续发展带来巨大压力，银行利差空间不断收窄，转型发展迫在眉睫。在困难形势面前，积极推动转型创新，着力拓展新利润增长点，争取保持良好经营效益，并切实关注员工收入的提高，不断增进员工福祉，坚定员工对实现我行发展目标的信心和定力，领导干部担起重责、荣辱与共，努力通过提升业绩提高员工的薪酬水平，让员工充分享受企业改革发展的成果，提升员工的荣誉感和自豪感，激励员工做出更大的贡献。在雇主责任方面，严格按照国家有关劳动法规要求，依法与员工订立劳动合同，严格执行国家规定的工作时间及加班工资支付制度，规范缴纳五险一金等福利补贴，并为员工补充了年金、商业医疗等福利待遇等。在造福员工方面，还积极推进竞争性薪酬模式改革，着力建立更为科学、公平的奖惩机制和更有竞争力的薪酬福利制度，推进全产品计价体系建设，强化薪酬与绩效考核挂钩力度，使员工所获报酬应与所做贡献直接挂钩，让员工与同行业、公司内部其他员工相比所获薪酬感觉是公平合理的，切实增强员工对工作、生活的满足感，为追求个人幸福奠定坚实物质基础。

三、积极履行社会责任，支持民生建设

交通银行广东省分行以服务客户、牵挂民生为己任，以不断打造更优服务质量、创新服务产品、支持民生建设等为抓手，不断强化金融服务社会民生水平。

1.积极转变客户服务模式

持续推进"三位一体"（物理网点+电子银行+客户经理）客户服务渠道建设。物理网点方面，不断完善机构网络建设，全面整合优化资源，开展存量省辖行矩阵式改革及综合型网点建设工作；营业网点探索设立书吧、咖啡吧和网吧等增值服务，恰当融入当地文化元素，营造人性化、体验式的服务氛围。电子渠道方面，增强线上线下一体化服务能力，加大离行式ATM和自助银行投放力度，成立国内银行业第一个"自助设备维保调度与监控指挥中心"；丰富创新电银产品服务，着力培育移动支付客户、电子支付商户群

体，ITM智能柜员机获评第三届金榕奖"年度最具竞争力金融创新产品"。客户服务方面，持续提升客户经理服务技能，通过个性化服务给予客户差异化体验，对服务态度投诉"零容忍"，制定多发投诉解决预案，提高客户纠纷化解能力。金融服务方面，持续开展"财富进企业、进社区、进市场、进学校"活动，近年来"财富四进"活动年均开展3500余场，并联合第三方合作公司开展"绿色生活社区行"大型主题活动，以金融知识普及、民生金融服务为重点，全力打造"亲情金融、温馨金融、便利金融"的交行金融服务品牌。

2.创新金融产品便利民众

一是推出社保IC卡、自助医院等项目，保障和改善民生。2013年，交行广东省分行打破老四家医保银行垄断格局，取得广东省城镇居民社会养老保险金融服务资格，金融社保IC卡的服务功能得到进一步完善。针对医院门诊病人和住院病人日益增长、患者支付医疗费用不便的情况，交行广东省分行依托于"银卫安康"的品牌优势，在广东地区率先推出了自助社区医院项目，以区卫生局为"基站"对其下属医院及卫生服务中心进行辐射，致力于提升区域医疗资源共享水平，缓解了"就医难"的问题。目前交行广东省分行已与天河区卫生局签订合作协议，并与广州、珠海、中山多家医院在推进上线事宜。二是将日常居民缴费需求向电子渠道整合，网上银行和手机银行推出各类充值、缴费等功能；创新推出"广东跨行通"优势业务，打造交行便民通品牌，大大方便和丰富了市民的日常生活。整合8项重点公共事业收费项目，打响"缴费通"业务品牌，首创全渠道柜台签约，并在手机银行、网上银行、柜面等渠道投产，成为业内首家实现缴费签约从收费单位迁移到银行渠道办理的银行，广受客户好评。三是推进"财智校园"业务，重点解决学校校园卡用途受限和人工充值、人工收费、门禁等工作繁冗问题，满足学校信息化、智能化和一体化建设的需求。交行广东省分行已成功在星海音乐学院、广东中医药大学、韶关医学院、广东省财经职业技术学院等上线"财智校园"项目。

3.支持"三旧改造"、保障房和新农村建设

积极介入佛山南村、天河区冼村、越秀区杨箕村、荔湾区东漖村旧城改

造项目，承办广州市住房保障办之广氮珠矶保障住房项目。同时，积极向总行申请并获批新农村建设贷款试点分行资格，通过新农村建设贷款、棚户区改造贷款等产品，满足新农村建设金融需求。2013年，交行广东省分行承办了增城挂绿湖水利工程石滩镇新农村建设项目、花都汽车城（四期）项目、长岭居城镇化建设项目以及番禺创新城、海珠生态城、白云健康城等项目。

4.支持地方经济转型升级

优先支持区域龙头企业产业转移，支持符合国家产业政策导向、产品符合市场需求的企业发展。如为广东豪美铝业集团提供授信，支持其厂区从佛山转入清远；支持绿色低碳经济，将绿色信贷政策落实到信贷工作全流程，支持节能环保、新能源等行业发展，对"两高一剩"行业实施严格限额管控。

5.大力支持社会公益事业

目前，交行广东省分行在全省7个地区都有定点扶贫项目。2010—2012年分行本部的定点扶贫单位是五华县梅林镇黄砂村，交行广东省分行成立了扶贫工作领导小组，派出扶贫工作组进驻黄砂村开展为期三年的扶贫工作，大力扶持农户特色养殖，积极建设水电站、修复引水渠，捐建图书馆等。交行广东省分行扶贫"双到"工作连续三年被省扶贫办考核为"优秀"级别，并被评为"爱心企业"、省扶贫先进单位。在广东省第二轮（2013年—2015年）扶贫"双到"工作中，交行广东省分行定点帮扶梅州市五华县郭田镇郭田村，至今已启动了综合养殖、环境治理、安全饮水、医保救济等项目，新一轮扶贫工作取得良好成效，目前村集体经济收入已进入稳步增长的阶段，贫困户的年人均收入也不断增加。同时，积极参与社会公益和救灾工作，多次向地震灾区捐款捐物；参加无偿献血共1万多人次，连续多年被评为广州市无偿献血先进单位。

综上，交通银行广东省分行始终坚持培育强大的"软实力"，把人本文化作为这股软实力的核心，树立以员工为本，让员工幸福的信念，切实在员工谋求福利、实现价值的事业上多花心思、多下功夫，打造员工心目中"最佳雇主"的品牌形象。

打造雇主品牌　留住优秀人才

广东鸿粤汽车销售集团有限公司

广东鸿粤汽车销售集团有限公司，创立于1997年，是一家总部位于白云区专业从事汽车销售及服务业务的集团公司，是全国最具影响力的汽车经销商集团之一，在2014年度中国汽车流通行业经销商集团百强排名位于第38名，广州市第2名。旗下拥有宾利、法拉利、玛莎拉蒂、林肯、捷豹、路虎、奔驰、进口大众、雷克萨斯、通用别克、克莱斯勒、Jeep、道奇、一汽丰田、广汽丰田、广汽本田、东风本田等多个品牌优势的4S店。鸿粤集团在广州汽车市场的销售占有率达到10%左右，公司近几年销售额年均增长约15%，2014年鸿粤集团营业额达到117亿元。

自公司成立以来到现在已经走过18个年头，从开始的三十多人的一家4S店，发展到现在的2800多人、44家4S店；从开始的一个品牌发展到现在的17个品牌；从开始的单一业务发展到现在的整车销售、维修零配件供应、汽车租赁、二手车交易等业务；鸿粤集团连续多年被市工商局评为优质诚信经销商，并为白云区税收做出重大贡献，为"白云区纳税大户"荣誉获得者，这些骄人的业绩公司是如何做到的，又是如何凝聚着这么多人与企业同荣辱、共奋进的？鸿粤集团有着属于自己的秘诀！

一、高瞻远瞩的战略规划及精细化的目标分解

要在变幻风云、激烈竞争和严峻挑战的经营环境中求得长期生存和不断发展，就必须站在战略的角度审视企业的发展前途，制定明确的企业长远发

展战略目标,加强对经营环境的研究分析,以未来的环境变化趋势作为决策的基础,正确的确立企业发展方向,选择企业合适的经营领域或产品市场领域,从而更好的把握外部环境所提供的机会,增强企业经营活动对外部环境的适应性,促进企业发展壮大。

公司在确定长期战略目标及短期战略目标后,会对这些目标进行分解,同时拟定达成目标的关键成功因素。比如在引进车辆品牌销售时,会做详细评估,然后确定如何投资,在哪些方面、哪些地区进行投资,针对投入进去的资本及引入的品牌又会拟定营销策划方案等;除了这些,还有一点很重要的就是——人才。随着鸿粤集团的不断发展壮大,业务越来越多,对人才的需求也越来越迫切,领导深刻意识到:赢得人才与赢得客户一样重要,因为所有目标的实现都是依靠人来完成。公司在确定这些战略及投资之后,就会分析为了达成这些目标的实现,我们需要哪些战略性的人才,如何吸引与保留优秀人才,使企业现有的人力资源发挥更大的效用,从而支持企业战略目标实现。

二、注重雇主品牌的建设和推广

通过雇主品牌,不断的向潜在雇员市场传递相似的、能使其产生共鸣的信息,这种信息能够像鸿粤的品牌传递给顾客的信息一样,在潜在雇员搜寻工作的时候,立刻想到某个雇主,并会激发出强烈的希望及加入的愿望。同时,雇主品牌的建设向内部现有的员工传递公司的雇主理念,提高员工的忠诚度和满意度,让每一个鸿粤的员工为是鸿粤人而感到骄傲。所以,加强雇主品牌建设是企业吸引、激励和留住人才的关键之举。

一直以来,企业都坚持为员工创造学习的平台和环境,员工的成长和企业的成长相辅相成,企业为员工搭建平台,员工在工作中学习,在学习中进步。不断进步的员工,用自己的行动推动公司的发展创造价值。

1.识别核心人才

发展雇主品牌首先需要理清公司未来的远景,长、短期战略目标及达成目标的关键成功因素。那么,实现关键成功因素就要求公司找准核心人才,通过人才和公司发展战略的匹配，建设一支稳定、有效的人才队伍。

鸿粤是以汽车销售为主的公司，需要输出优秀人才和品牌，实现资源的有效整合来获得持久的价值创造。就目前看来，营销管理人才和专业技术人才是公司的核心人才，直接关系到公司的战略执行和未来价值创造，这些人才的缺乏成为公司雇主品牌建设的诉求点。

识别企业核心人才以后，应考虑的是核心人才工作的驱动因素。一般包括：薪资待遇、福利制度、发展与升迁的机会、工作丰富化、工作环境、激励方法等。不同人才对这些驱动因素的关注度不同，普通员工更加关注薪酬和发展机会；高管人员更加关注工作环境和内容。鸿粤集团在深入挖掘内部优秀人才需求的基础上，制定"求才留才"策略。这一阶段可通过信息收集和员工访谈来识别激励人才的关键因素。

2.雇主品牌定位

雇主品牌定位策略与产品品牌定位策略类似，即功能性诉求策略和形象诉求策略。其功能性的内涵包括：薪酬、福利、工作环境、内容、晋升机会等，遵循成本收益最大化的原则；而形象性的含义即帮助员工塑造理想的自我形象，遵循价值观认同的原则。对于员工而言功能性的诉求要素只是保健因素，只能够实现员工不满意到没有不满意的转变；通过这些要素对人才的吸引是短暂的，不具有持久性；而且功能性诉求因素极易被竞争对手复制和超越。形象性诉求就是公司给员工心理上提供的保障，员工切实感觉到自己作为公司一员的自豪感，这种自豪感的建立是基于员工对鸿粤文化和价值观的认同。这种象征性诉求一旦满足，员工会主动向其周边的群体和家庭辐射，包括家庭、朋友及其他群体，进而提升员工的敬业度，在内外部建立良好的鸿粤品牌雇主形象。

3.雇主品牌推广

雇主品牌的推广需要内外部兼顾，首先是潜在和现有雇员对雇主品牌的认识，遵循意识—理解—偏好—选择—忠诚的流程。一名员工从进入求职到最终离职，公司会时刻保持向他们传递雇主品牌的理念，须知现有的员工是企业推广雇主品牌的直接代言人；所以从招聘实施阶段开始到最终员工离职阶段，鸿粤雇主品牌的建设时刻体现在每一位员工的行为之中。

校园招聘是企业对外宣传的有效窗口，学生群体在接受与传递信息能力方面有着独特的优势，而且学生如同一张白纸，有着很强的可塑性。所以借助校园招聘为载体，在校园内传播鸿粤价值观，让更多的学生了解鸿粤、选择鸿粤；借助在学生群体中的良好口碑，拓宽鸿粤在学生中的影响力。

鸿粤不仅仅是一家盈利性机构，作为社会群体的一部分，在保持盈利同时，鸿粤更是自觉履行企业社会责任。公司自成立以来，多次自发向特困家庭进行捐款活动，针对有特殊情况的家庭，进行上门慰问。同时热衷于公益事业，自2011年起定期捐助贵州荔波水维小学，贵州省黔南州荔波县佳荣镇是地广人稀的贫困山区，受交通、通讯、人力资源、自然环境、经济基础等条件限制，学校设施等硬件资源简陋破旧，大部分孩子要步行5个小时才能到达学校。鸿粤集团在得知此事后，立即资助该校学生伙食费及学习生活用品。不仅如此，对于校舍陈旧、不能再使用的教学楼，鸿粤集团资助建立了新的教学楼。除此之外，还针对高校设立了助学奖教基金，使更多的学生能顺利完成学业。

企业的行为能够在学校和社会中形成良好的雇主品牌形象，吸引更多的应聘人员，最终获得更多的优质人力资源。

三、各部门共同配合，支持雇主品牌建设

成功实施雇主品牌，离不开各种资源的支持，更需要各部门紧密合作，扮演好各自角色，从而共同推动雇主品牌建设。一是决策层，要制定战略、公司价值观和使命，树立榜样并积极扮演雇主品牌形象大使的角色。二是人力资源部，负责识别核心人才的驱动因素，建设可以推动雇主品牌的人力资源流程、制度、架构和激励体系及各个环节的沟通。三是品牌事业部，使雇主品牌和4S店品牌价值协调一致，并向内部和外部沟通品牌价值，配合雇主品牌建设提供必要的资源支持。四是财务部，雇主品牌建设前期需要较大的成本投入，用于各种活动的实施，这部分费用的投入也是必要的。通过雇主在人才招聘和企业外在形象的宣传投入，将会给企业带来持续的收益，这种收益所带来的潜在收益将远远超越前期成本投入。五是其他职能部门，负责

确保业务目标、方向、下属员工行为与公司价值观和雇主品牌一致；中心成员确保在工作中理解、执行并向潜在雇员宣传雇主品牌含义。

四、围绕雇主品牌建设，开展丰富多彩的项目活动

1. 培训成长

培训是一项重要投资，也是现代人力资源管理的一项重要职能。加强人力资源培训开发是建设内部雇主品牌的重要手段。尽管培训效益难以测定，但公司相信员工培训和利润之间存在着相关性——帮助这些员工挖掘潜力，在实现个人成长的同时，促进公司业绩的增长。

良好的培训体系能激起追求进步的员工更大的工作热情，针对各项工种及岗位的不同要求设计符合本岗位及员工发展规划的培训，能增强员工对集团的归属感和自豪感。培训促使员工进步，促使岗位技能提升，同时对新入职员工进行充分的入职培训，确保新入职人员完全了解并理解鸿粤的愿景、使命、核心价值观，为员工在岗位上发挥更大的价值和作用打下基础。

一是建立因材施教的分层级培训体系。根据员工的职级差异，确定不同的方案，例如总经理培训和梯队人员培训。二是提炼贴近员工实际内容的培训。在培训内容方面，技能专业培训与能力开发性培训相结合的培训机制。对层级低的员工采取更多的技能性培训，对中高层级的员工提供更多的能力开发方面的培训。三是为员工提供更加灵活的培训选择，鼓励员工主动学习。

2. 发展通道

每一位优秀的员工都渴望有上升空间获得成长，员工的晋级也是上级对员工工作能力的认可，广阔的发展空间对员工有着强大的激励作用；相反一旦员工发现自己触碰到职业发展的天花板时，就会采取怠工或离职行为，这些行为都将不利于公司的发展。员工广阔的发展空间对培养员工的忠诚度，工作的敬业程度都是十分有效的。所以为优秀的员工提供合理的上升空间，作为关注员工成长、雇主品牌建设的重要内容。不仅如此，鸿粤集团同时在招聘流程、薪酬福利体系、绩效管理体系、企业文化建设、员工关怀等方面

都进行了优化与革新，让员工在鸿粤不仅仅满足了保障，更让员工得到了一份可长期发展的事业，保持了工作生活的平衡，减少了员工的后顾之忧。

3.品牌营销

品牌营销，就是把企业的形象、知名度、良好的信誉等展示给消费者或者顾客，从而在顾客和消费者的心目中形成对企业的产品或者服务品牌形象的认识；通过市场营销使客户形成对企业品牌和产品的认知过程。企业要想不断获得和保持竞争优势，必须构建高品位的营销理念；把企业的产品特定形象通过某种手段深刻地映入消费者的心中，然后用产品的质量、文化以及独特性的宣传来创造一个品牌在用户心中的价值认可，最终形成品牌效益的营销策略和过程。

鸿粤集团采用先进的体验式模式，成立了鸿粤俱乐部，将其打造成为顶级品牌活动中心，为华南车友提供良好的交流平台。俱乐部通过品鉴体验、主题体验、赛事体验、自驾体验、爱心体验营销方式，提升在客户心中的品牌形象。

通过这一系列工作，公司在各方面发展都不断壮大，品牌知名度也在不断上升，对业内的影响也逐步加大。这些发展都离不开公司高瞻远瞩的战略规划，对目标分解的精细化，品牌营销的策略化，对产品品质、企业管理品质、客户服务品质不断的追求与提升，对核心战略人才的引进与保留，对企业文化的塑造及流程的革新，同时让每位员工都深刻理解公司品牌的含义及成功之道，让员工为自己代言，与企业同荣辱、共奋进！

"雄关漫道真如铁，而今迈步从头越"，鸿粤集团在18年的发展历程中，从来没有停下过前进的脚步，秉承着卓越服务创造和谐世界的理念，在以客为先、以诚待人、专业对车、积极创造、回馈社会的核心文化指导下，在集团上下同欲、同甘共苦的奋斗下，争取迎接更大的辉煌！

珍视员工　用文化促发展

粤海房地产开发（中国）有限公司

粤海房地产开发（中国）有限公司，是目前广东省在境外规模最大的综合性企业集团"粤海控股集团"下属公司。主要从事住宅地产、商业地产及大型城市综合体投资、开发和物业管理业务。截至目前，粤海地产管理的各级公司为18家，员工人数1000余人。

粤海地产自1991年成立以来至今已走过20余年，也经历了房地产行业经济的黄金时代、白银时代。粤海地产一直秉承"珍视员工，用文化促发展"的人才培养理念，多年来为自身企业发展沉淀出一批专业过硬，敬业度高的骨干员工，而且还为房地产行业的持续发展贡献优秀人才。

2012年，顺应粤海控股集团战略转型要求，粤海地产从纯住宅开发转型至多项目跨区域城市综合体开发运营。为推动达成战略目标，怎样吸引最优秀的人才加盟到地产公司，持续不断地更新公司的人才队伍结构；怎样把最优秀的人才留下来；怎样最大限度地发挥好人才的作用是关键的成功因素，亦是粤海地产人力资源战略的重要方向。

一、沟通筑就优秀文化

"团结协同，执行高效，廉洁务实"是粤海地产一直倡导的企业文化。在粤海地产，无壁垒的沟通是企业文化构筑的"法宝"，得到广大员工的认同。下至每周一次的部门例会，上至董事长不定期"至全体员工的一封信"，无一不体现了公司对沟通的重视。每月的读书会，季度新员工培训会，公司董事长与管理层均会抽空参与，将公司近期状况或员工最想了解的咨询及时传递给员工；同时，高管们也充当聆听者，了解员工对于公司发展的意见和建议，逐一进行点评反馈。此外，公司还设立了"董事长邮箱"，鼓励员工发现工作中的问题，探索解决方案，对公司采纳的优秀建议给予奖励。

日常工作中，公司充分信任、尊重员工。公司高层管理层采用民主、充分放权的方式进行管理，弱化层级管理的观念，使员工勇于担当责任的同时，自身专业水平得到快速提高。近几年，公司50%的中层管理人员是通过内部竞聘方式完成晋升，20%员工涉足新的业务领域，实现了职业横向发展。

二、文化提升凝聚力

房地产业是高压力，快节奏行业。为了员工工作与生活平衡，粤海地产内部组建了丰富多样的兴趣小组，鼓励员工自发组织工余文体活动，提升公司企业内涵。除了不定期举办丰富的文体活动，每年固定举行的五四青年节户外拓展、书香节观展、三八妇女节感恩、亲子瑜伽等活动则是一条联系员工与企业的纽带，增强员工对公司的认同感。

三、个人成长与职业成长并重

粤海地产尊重每位员工的独立性，珍视每位员工的成长与个人价值的实现。公司"私人定制"各项学习方案，除了根据各岗位、各层级状况统一安排的培训课程外，同样关注员工在实际工作中的总结与需改进的方面。根据员工个人短期和长期成长的自我诉求实施个人学习计划并通过教育资助、项目委派、行动学习等手段给予充分支持。使个人成长和职业成长很好地融合，不断提升员工自我学习意愿。

四、分享责任回馈社会

粤海地产贯彻执行粤海控股集团企业责任理念,致力于将"发展成果共享"的理念融入企业经营的全过程,积极开展一系列企业责任活动。公司党支部组建扶贫小组,每年筹集慰问品向扶贫定点地区捐助,同时关注贫困山区学生读书项目,按需进行资助。粤海地产公司内部还建立了"真困难、真帮助"的帮扶机制,在员工遇到困难时第一时间进行帮扶,帮助困难职工渡过难关。

快乐工作 快乐生活

捷普电子（广州）有限公司

捷普电子（广州）有限公司（以下简称"捷普电子"）成立于2001年，是美国纽约上市公司"捷普集团"（Jabil）下属企业之一，厂区占地面积16万平方米，目前运行的生产线有52条，拥有员工17000余人，主要生产各类高科技电子产品，主要客户有HP、Zebra、Emerson、Apple，GE，Xerox等国际知名企业。

捷普电子公司自投产运行以来一直处在不断扩大发展的良好势态中，多年名列海关总署统计的"中国进出口200强企业"、广州市第2大出口大型企业、广州开发区纳税大户企业等，并荣获了"广东省政府直通车服务企业"、海关总署最高企业管理类别AA类（VIP通关）企业，国家质检总局（广东省局、广州市局）"出口一类企业（最低内险信誉最好通关VIP）"、全国加工贸易转型升级示范企业，2014年荣获前程无忧颁发的"最佳企业社会责任项目"，美商会颁发的"员工关系最佳实践金奖"，前程无忧颁发的"中国最佳人力资源典范企业"，广州日报颁发的华南区"最佳雇主奖"等荣誉。

捷普电子遵守国家法律，依法建立各项管理制度，畅通沟通渠道，保障女职工及未成年工权益，足额为员工缴纳五险一金。整体来看，公司具有一定的行业、区域竞争优势，劳资关系和谐，员工就业形势稳定。

一、优秀的企业文化，打造员工之家

捷普电子倡导"快乐工作，快乐生活"的工作生活理念，为了满足员工文化需求，丰富员工业余生活，公司非常重视企业文化建设，建立完善的文体基础设施的同时，每月开展丰富多彩的文体活动并鼓励员工参与，以增强员工归属感，提升企业凝聚力和向心力。

1.完善的文体基础设施

一是拥有室内大型多功能运动馆。占地面积4000多平方米，内含16个羽毛球场和8个乒乓球场，全天候向员工免费开放。同时它也是每年捷普电子烤猪大会的举办地。这里还吸引了众多的市、区政府、企事业单位前来举办大型文艺晚会以及进行体育赛事的交流。二是修建了健身房。公司引进了一大批先进的健身器材，包括跑步机、健身单车、各肌肉肌群健身器械，并配有专门的管理和器械维护人员，室内环境舒适，设有独立的更衣室、储物柜、冲凉房、卫生间及饮水处。三是设立了舞蹈房。室内环境舒适，配有三面镜子、练功把杆、42寸的液晶电视和具有完美音质的音响设施，另配有独立的更衣室、储物柜、冲凉房、卫生间及饮水处。目前面向员工开设瑜伽培训、舞蹈培训、礼仪培训等课程。四是建有灯光篮球场2个，全天候向员工免费开放。五是建有1个灯光排球场，全天候向员工免费开放。六是企业园内有20余种户外健身器材。其中包括单杠、双杠、腹肌板、秋千、跳远垫、太极推拿器等，成为广大员工休闲健身的乐园。七是建有一座传统和科技阅读并存的新型现代化图书馆，是与开发区政府合作设立数字图书馆示范点的首家企业。捷普图书馆现有藏书7300余册，数字阅读设备25台（每台内存图书逾千册），报刊杂志50余种，电子音像制品100余张，每天面向员工免费开放12个小时。室内悬挂的所有书画类艺术作品都是员工自己创作的。图书馆凭借良好的基础设施和规范的管理，荣获"全国总工会职工书屋示范点"称号。八是设有电子阅览室、棋类娱乐室，与开发区工会合作建立。现有电脑15台，服务机2台以及中国象棋、围棋、跳棋等多种棋类。员工闲暇时可免费在这里上网、下棋。九是设立了KTV室。除了用于日常的培训和会议，同时也成为每月员工生日晚会的举办地，以及员工闲暇的KTV室。十是设有演讲室（多功能培训室）。是捷普电子EAP学历资助项目的培训基地，项目包括大专、本科及研究生班。同时也举行员工的入职培训、各类技能培训、各类会议及知识讲座的、周末影院等。

2.丰富多彩的文艺活动

一是烤猪大会，捷普电子一年一度的传统年会。由自助餐和文艺表演组成，在每年的金秋9月会连续举行6天，每天有近3000余名员工参加，晚会中所有的文艺节目都是员工自编自演的。烤猪大会不仅得到全体员工的喜爱和好评，在萝岗区也享有声誉。二是有丰富的文艺类活动，如家庭同乐日、啦啦宝贝选拔大赛、礼仪小姐选拔大赛、舞蹈大赛、曲艺大赛、卡拉OK大赛、主持人大赛、书画/剪纸/摄影大赛、宿舍装饰设计大赛、办公室装饰设计大赛、"亮丽捷普，我们在行动"环保卫生月活动、芒果节等。三是有多样的体育类活动，如大型田径运动会、趣味运动会、篮球比赛、趣味篮球赛、羽毛球比赛、乒乓球比赛、排球比赛、拔河比赛、棋类比赛、户外运动挑战赛等。四是多彩的春节系列活动，如新年惊喜第一季——相亲活动、新年惊喜第二季——千人招聘之有奖推荐女工、新年惊喜第三季——春节加班员工格外有薪假期、新年惊喜第四季——春节加班奖金、新年惊喜第五季——祝福送到家、新年惊喜第六季——"迎圣诞，贺新年"工会化妆舞会、新年惊喜第七季——"饺"龙腾飞宴、新年惊喜第八季——新年幸运大抽奖、新年惊喜第九季——新年上班派红包、新年惊喜第十季——"其乐融融闹新年"新春家庭游园会、新年惊喜第十一季——优秀员工缤纷台历大派送、新年惊喜第十二季——工会生产部联合举办迎新晚会、新年惊喜第十三季——集体看春晚、新年惊喜第十四季——年贺卡送到家、新年惊喜第十五季——萝岗区委、区政府四套班子来慰问、新年惊喜第十六季——新年工会大礼包、新年惊喜第十七季——工会书法委员会向大家赠送对联等，此外还有大型挑战项目"新年向前冲"、组织春节加班员工集体旅游等。五是员工欢迎的节假日类活动，如员工生日会、圣诞装饰大赛、新年装饰设计创意大赛、节假日晚会、节日礼品、电影节、卡拉OK活动等。六是提升员工综合素质的兴趣班，有瑜珈、舞蹈、礼仪、化妆等内容。此外，还会不定期组织部门旅游和聚餐活动。

3.包罗万象的员工活动委员会

工会有20个员工活动委员会,包括文化、语言、技术、体育、艺术、公益等,开展得如火如荼,各活动委员会由员工自发组建,相同爱好的员工通过这个平台在一起交流、学习、提高,丰富员工业余文化生活的同时,积极推动着捷普企业文化的发展。20大活动委员会包括:羽毛球、篮球、乒乓球、足球、排球、跆拳道、自行车、徒步、音乐、舞蹈、化妆、摄影、书法、绘画、剪纸、国学与养生、英语、电脑、社区及社会公益活动以及捷普妈妈会等。

二、优厚的福利文化,激励员工成长

1.薪资与培训发展方面

捷普电子实行底薪加奖金、津贴的方式,年终双薪,整体来讲高于广州市标准。同时,公司有完善的职业发展系统PWT(完美工作组),服务于生产线员工,通过技能认证和考核的员工将得到升职,每年有超过1万名员工通过该项目得到提升。在公司服务满一年的员工可参加全球利润分享。通过绩效考核对员工的职位及薪资进行年度审核,实施IOP跨职位、跨部门内部招聘,为员工提供多元化的发展通道。同时提供各种技能的国内外培训,包括免费的学历教育,近几年已有400名员工就读深造,2015年又有近80名员工踏上了学历提升之路。捷普人才发展国际学院成立于2011年2月份,是捷普亚太区培训基地,主要培训项目包括:EIT应届大学生培训项目、生产员工转变为管理员工培训项目、技术员转变为工程师培训项目、拓展培训等。捷普非常重视员工的发展与认可,通过"尊重、认可、奖励"全球认可员工评比来激励全球员工。该项目授权员工,强化员工忠诚度,还能帮助员工了解公司所重视的行为。

2.福利方面

捷普电子一直非常关心员工的工作和生活环境,在着力改善员工各项福利待遇的同时,积极完善员工的生活、住宿条件,力求给广大员工创造一个温馨、和谐的家园,使得员工在这里安居乐业、安心工作。一是员工享有国家劳动法规定的工伤假、婚假、丧假、产假、父亲假及带薪年假。二是公司为员工购买医疗、工伤、失业、生育、养老保险，住房公积金。三是有春节交通津贴、结婚贺金、节日礼品等。四是公司为员工提供班车服务，开通了深圳、东莞、番禺、祈福新村、华景新城、天河、江南西、东圃、开发区西区、东区、黄埔大沙地等10几条线路。五是公司建立了社区式花园厂房，除车间、办公楼、娱乐场馆外，还建造了6栋员工宿舍楼，并配备电梯、电视房、洗衣房、24小时热水等，员工可免费入住。宿舍楼建立了完善的社区配套，拥有小卖部、邮局、ATM机、24小时医务室，医务室为员工提供免费的诊疗和药品服务。六是公司共有3家饭堂供应商，总厂2家饭堂就餐人数约15000人/天，分厂1家饭堂，就餐人数约3000人/天。每餐每家饭堂推出的菜品选择近50种，员工根据不同喜好、口味、价格进行自主选择消费。公司根据员工的级别每月给予267—550元就餐津贴。

三、多渠道的沟通文化，造就民主氛围

捷普电子非常重视员工沟通，并形成了开放、民主、自由的文化氛围，公司经常开展多种形式的沟通会，通过多途径、广渠道了解员工心声。2010年5月20日成立"捷普心灵驿站"，建立专门的心理咨询室，并配有两名专职的心理咨询师负责免费向员工开展心理健康讲座、日常心理咨询。2011年3月成立了"捷普心理俱乐部"，由专业的心理咨询师每周三定期开展心理课程和相关活动，以期让员工在娱乐中愉悦身心，以更加健康的姿态迎接工作与生活中的各类挑战。每月召集员工代表举行公司和部门茶话会，员工可以在茶话会上畅所欲言，将他（她）和同事们在工作、生活上遇到的问题提出来，公司和部门领导尽量帮助解决或改善，茶话会问题和解决办法会通过邮件和公告的形式公示。公司还设立专门的沟通热线，员工可随时拨打热线反映遇到的困难和问题。同时，员工可通过邮件形式将个人意见或建议反馈到邮件意见箱，为了保护员工隐私，此邮件仅总经理可打开查阅。或者员工可通过邮件或书信的形式将个人意见或建议反馈到捷普工会蓝色信箱，工会专职人员会定期受理，并将员工反馈的问题提交相关管理部门，问题的解决

方法会通过邮件和公告的形式公示。

　　捷普电子将一如既往注重企业文化建设，根据企业和员工需求不断创新和发展企业文化建设新形式，积极发挥企业文化在企业发展中的特殊作用，努力打造捷普文化品牌，为提升企业竞争力助力。切实打造"魅力捷普员工之家"，为促进行业和地区的发展做出应有的贡献。

依法治企促和谐　创新驱动助发展

新疆天业（集团）有限公司

新疆天业（集团）有限公司组建于1996年7月，是新疆建设兵团大型国有企业集团。集团所属产业涉及矿业、热电、电石、化工、水泥、节水器材及塑料制品、物流、食品、对外贸易、建筑与房地产等多个领域，是中国氯碱行业和农业节水滴灌行业的领军企业。2015年末总资产达到401亿元，现有员工17939人。经过近20年的快速发展，公司拥有年产140万千瓦热电、200万吨电石、120万吨聚氯乙烯树脂、100万吨离子膜烧碱、400万吨电石渣水泥、600万亩农业滴灌节水器材生产能力。

中央新疆工作座谈会以来，天业集团抢抓机遇实现迅猛发展，2010年至2014年，企业生产总值增幅达到47.27%，自成立以来吸纳就业人员13000多人。企业的腾飞为八师石河子乃至兵团经济社会发展做出了突出贡献。

一、建立工作组织机构和目标责任体系

集团公司成立以党政一把手任组长并作为第一责任人负总责，分管工会、人力、安全、法制的领导和有关部室负责人为成员的依法治企领导小组，领导小组下设了办公室，建立了季度例会制度，制定了《集团公司开展创建劳动关系和谐企业活动意见》制度，明确了考核标准，细化了实施措施。

公司各单位积极配合依法治企办公室工作，以创建AAA级劳动关系和谐企业为奋斗目标，切实把依法治企工作作为一项重要工作抓好抓落实；建立

制度，规范操作。建立例会制度，领导小组定期召开例会，研究存在问题，并提出对策，指导依法治企工作顺利进行。领导小组办公室定期对工作实施方案和工作计划开展自查；加强培训、宣传工作力度。依法治企办公室通过专栏、公司会议下发文件、电子报刊、办公自动网公告等多种形式，大力宣传以人为本的管理理念和开展依法治企活动对企业健康发展的重要作用，积极引导和发动广大职工支持参与依法治企活动，营造良好的活动氛围。

依法治企办公室对集团公司下发运行的管理规章制度对照法律法规进行梳理、清理。公司依据国家《工会法》《劳动法》《劳动合同法》，修改了《新疆天业集团公司员工守则》《新疆天业集团劳动合同管理工作细则》《新疆天业集团年度绩效考核末位员工管理办法》《关于明确关键岗位合同期未离职人员赔偿责任的决定》等文件，经职工代表大会审议通过。全面完善了集团公司集体合同，在与职工代表充分协商后，重新签订了集体合同。一系列的管理者主动作为、职工广泛参与，完善了管理机制、规范了劳动用工、畅通了沟通渠道，建立了和谐的劳动关系，为集团公司全面开展依法治企工作奠定了坚实的基础。

二、发挥工会桥梁和纽带作用，将民主管理融入公司管理

公司要实现民主管理，必须坚持通过职工代表大会等形式让职工全员参与，充分尊重和保障职工的合法权益。对关系公司发展的重要决策、特别是涉及职工利益的重大问题，均由职工代表大会讨论决定；公司每年都能召开一至二次以上职代会，在召开职代会之前都对职工代表进行培训，并把各种方案、制度、计划和全年工作目标通过协同办公协同进行公告，广泛征求职工意见，大大提高了职代会的质量；公司大力推行企务公开，做到重大事项向职工通报，重大决策征求职工意见，重要人事安排向职工公示，切实保证职工享有对公司内部事务的知情权、参与权、选择权和监督权。

三、创新人才培养机制，为公司经济持续发展作支撑

一是结合国家政策支持，加大人才引进力度。中央新疆工作会议后，中

央给兵团"双五千"的人才支持政策，鼓励企业加大人才引进。在这一政策的支持下，天业集团2011至2014年共成功引入疆外大中专毕业生2583人，获得职业培训、社会保险缴费及安置住房补助金共计8627.22万元，同时公司投入2亿多元建设员工公寓，总计建2700多套单元住房、可供5000多名员工入住，让广大青年员工直接受益，为更好的引进人才创造了有利条件。

二是加大培训范围，加强学习型组织建设。集团公司提出实现岗位培训全覆盖，引导广大职工树立终身学习的理念，营造尊重知识、尊重劳动、尊重人才、尊重创造的工作环境，自2008年开展学习型组织建设"创争"活动以来，营造出"比学习、比技术、比贡献"的良好氛围，取得了较好的成效。天业集团先后获得全国总工会"创新学习型企业"、中国教育部"中国学习型组织优秀单位"、中国成人教育协会"创建学习型企业示范基地"。同时每年拿出300多万元专项资金用于操作岗员工培训与继续教育。利用自有培训基地，持续不断对集团多个产业的操作技工实施技能培养。在操作技工队伍中营造"精一岗、会二岗、懂三岗、学四岗"的学习氛围，不断提高操作人员的工作技能和综合素质。

三是优化人才发展环境，实现人才价值效应。优化人才发展环境，确保各类人才有用武之地，最大限度实现人才的价值效应，是天业集团人才创新工程的核心。建设高水平创新平台，让科技人员尽展才华。公司拥有国家认定的企业技术中心、国家工程技术研究中心、博士后科研工作站、企业院士工作站等国家级研发平台，拥有两个国家地方联合工程研究中心、两个兵团级工程技术研究中心，这些高水平创新平台凝聚了一大批科技创新人才。近年来承担多项国家863、国家科技支撑、兵团和八师科技攻关项目，不仅取得了科研成果，直接推进了天业集团发展，更重要的是通过项目开发实践，推动了一批年轻专业技术人员脱颖而出，使创新平台成为企业高层次人才培养的摇篮。2013年兵团党委组织部拨付集团研究院氯碱工程研究中心人才培养专项资金50万元，推进了氯碱工程研究中心与北京化工大学、清华大学和中科院大连化物所的人才培养合作，为催化和新材料创新团队的发展奠定了扎实基础。目前这两个创新团队都已发展成为在兵团及行业内具有较强影响力的创新团队，一些研究成果居于国内外领先水平。近年来，兵团及八师党委组织部对天业集团的人才培养工作给予了大力的支持。据统计，累计投入天业博士后科研工作站的资金达到38.5万元，支持引智项目20项，总计支持资金266.5万元。这些支持都极大推进了天业集团的人才培养工作。

四是为操作岗高技能人才建立"大师工作室"。高技能人才是操作岗位的尖子，在制造类企业作用突出。目前已建立了一个以高级技师陈赞命名的"大师工作室"，高技能人才得到尊重，技能特长得以充分发挥。邵旭鹏荣获全国青年岗位能手称号和第十届"振兴杯"全国青年职业技能大赛焊工决赛第18名。

五是鼓励创新，激励冒尖，让人才在宽松的环境工作。允许创新失败但不允许墨守陈规，对在生产经营一线的各类人员，只要有创新、有贡献不拘一格赋予重任，注重在生产建设主战场、经营管理第一线、开拓创新最前沿发现、培养、考察、选用干部，把政治上强、能力上强、作风上强、心力上强的"四强"人才推荐、选拔到各级领导岗位上来；把作风正、素质好、能力强，热爱思想政治工作，具有创新实干精神、有一定组织才能的干部充实到政工工作岗位上来。注重从大学毕业生和生产一线的先进分子中培养专业技术人才和经营管理人才。近年来多名表现突出毕业不足五年的大学生担任了集团所属单位的副总工、高工、高级技师和高级管理人员职务。

六是完善创新激励机制，实现人才保值效应。天业集团制定了《创新奖励暂行办法》，鼓励创新、奖励创新，对技术创新、管理创新的成果，按产生的效益以及对企业发展的推动作用进行奖励，通过奖励极大提高了员工的创新积极性；鼓励在职专业技术人员再提高。对企业委托开办的研究生班的学习，制定了《研究生学习奖励办法》，研究生学习的费用入学时由公司与个人各支付一半，学习完成后取得相应的学位（或学历证书）由企业报销个人支付的学费，同时给予个人支付学费数额相同的奖励，以鼓励专业技术人员的学习积极性；打破官本位机制，建立专业技术人员、高技能人才成长晋升、激励办法。天业集团建立了管理类岗位、技术类岗位、操作（技能）类岗位各自的晋升通道，对专业技术人员不再完全按行政职务确定晋升，而是建立起技术职务晋升的系统。专业首席工程师享受集团副总级待遇，高级技师、技师与高级工程师、工程师同等待遇，不再把行政职务的提升作为晋升的唯一途径；建立留人留心的人才机制。

四、建立劳动关系调解机制，实现职企互利双赢

集团公司严格依照国家法律、法规及企业依法制定的管理制度，规范企业劳动关系管理业务，劳动合同签订率达到100%，签订、变更、续签、解除、终止劳动合同程序合法，依法履行劳动合同，同时集团工会牵头成立了劳动争议调解委员会，建立健全企业劳动争议调解组织，有效预防和调解劳动争议。在劳动争议案件处理中，坚持预防为主、基层为主、调解为主的方针，把劳动争议案件消灭在萌芽之中。更重要的是，通过在劳动争议调解中反映出来的员工诉求、建议、争议焦点现象，调解委员会实时传递到企业管理层，管理层非常重视员工的满意度、及时调整薪资福利制度。全面实行职工每日工作八小时制，每周工作40小时的工作制度；国家法定节假日休息、婚假、丧假、探亲假、产假、计划生育假和带薪年休假等制度执行到位；把工资发放时间约定在劳动合同相关条款里告知职工；劳动保护措施和劳动安全卫生条件完全执行国家规定标准；一线员工和女工二年一次定期健康体检；对接触职业危害职工进行专项的健康检查；按时足额缴纳社会保险，并出台文件为职工办理补充医疗保险，社保不予报销部分，企业根据工作年限最低再报65%，解决了职工的看病住院问题；为提高职工退休后的养老待遇，经职代会通过，从2008年1月1日起实行企业年金制度；住房公积金按12%的上限比例为员工缴纳，为职工购房提供保障，这一系列政策的出台、调整都是根据员工诉求及时开展并收效显著。

五、加强企业文化建设

企业文化建设是企业可持续发展的基础，尤其是在对内建立和谐稳定劳动关系、增强企业凝聚力，对外提升企业形象方面具有重要作用。企业文化建设是一项长期的、需要不断创新的系统工程，而不是一件具体的工作。公司党委高度重视，全面规划，狠抓落实。一是企业文化建设与企业发展战略相适应、与企业经营和做好各项工作紧密结合。二是认真挖掘和提炼了"团结、奉献、拼搏、创新"的企业精神，以培育企业"履行社会责任、追求卓

越绩效、关注员工成长、建设和谐企业"为共同的核心价值观。三是不断提高企业领导者的自身素质,弘扬企业家精神。四是以企业全体员工为中心,努力培育优秀、独特的企业文化、信用文化、品牌文化、行业个性文化,使集团公司成为一个人人都有共同的价值观念和历史使命感、主人翁责任感的有机整体。五是公司成立了天业艺术团,两个月一次大型文艺演出丰富了企业职工文化生活,过年过节到部队、下团场进行慰问演出起到了文化品牌宣传效应。

随着中国经济步入新常态,企业发展和竞争环境发生了深刻变化,对依法治企和建立和谐劳动关系提出了更高的要求。天业集团将一如既往的继续推动创新驱动战略,充分发挥人才创新对企业发展的支撑作用,利用对口援疆省份的横向交流平台和相关的央企及地方大型企业合作,使天业集团更好了解宏观经济运行、国际商务贸易、节水农业发展及先进企业的运作管理经验,推动天业集团充分利用丝绸之路经济带的各项政策,为公司更好地参与国际竞争提供政策支撑,更好为天业集团发展服务,为新疆和兵团经济社会发展、社会稳定和长治久安作出新的更大贡献!

建和谐劳动关系　促企业稳定发展

新疆伊力特实业股份有限公司

新疆伊力特实业股份有限公司于1999年5月正式注册成立，是新疆酿酒行业唯一——家上市公司。2014年，实现销售收入16.28亿元，实现利润3.77亿元，资产总额23亿元，总股本为41000万元。公司是一个以"伊力"牌系列白酒生产为主业，涵盖科研、食品加工、野生果综合加工、生物工程、金融证券、印务、天然气供应、宾馆、现代物流等产品和产业相配套的多元化现代公司制企业。现拥有员工2303人，职工平均年收入达到7万余元。

职工是企业生存发展的灵魂，是企业赖以辉煌的中流砥柱。公司创建和谐劳动关系工作，在兵、师劳动部门及公司党委的关怀和支持下，按照构建社会主义和谐社会的指导思想及总体要求，全心全意依靠职工办企业，围绕"共建和谐企业，共谋和谐发展，共享发展成果"的目标，积极开展创建和谐企业活动，保障企业和谐劳动关系，促进公司各项事业的发展。

一、制度健全，为企业和谐劳动关系保驾护航

按照《劳动法》等法律法规的要求，公司制定完善了劳动合同制度、集体合同制度、工资协商制度和劳动争议调解等制度，并在职代会上完善、通过，使集体合同制度、工资协商制度、劳动合同制度、劳动争议制度更能体现员工利益。

（1）规范完善全员劳动合同制度，维护职工的切身利益。首先与职工依法签订劳动合同，签订率达100%。劳动合同内容全面、合法、程序规

范，劳动合同签订、续订、解除和终止等各个环节管理完善，按照劳动合同的约定行使权利、履行义务，多年来，未有违反劳动合同法的案件发生。

（2）集体合同是由工会在召开工会代表座谈会征集员工意见，意见汇总后，与公司领导协商达成共识的前提下在职工代表大会上签订的，是职工权利的基本保障。在此基础上坚持以按劳分配为主体多种分配方式并存及效率优先、兼顾公平的原则，合理确定员工收入水平，建立有效的分配激励和约束机制的灵活分配制度。每年公司职代会进行一次工资协商，将工资分配分成基本工资、岗位技能工资、绩效工资，建立了职工工资增长机制，使员工工资收入与企业效益同步增长，从未有无故拖欠、克扣的情况发生。公司以"五险一金"的形式按时足额缴纳社会保险费，同时还为员工办理了职工补充医疗保险和女子安康险等险种。

（3）在调解劳动争议方面，形成以公司调解委为龙头，基层调解委为主体的企业劳动争议调解工作新格局，现有公司调解委1个，基层调解委10个，车间调解小组32个，兼职调解员147人。调解委中企业行政代表、职工代表、工会代表各占三分之一。做到了组织到位，人员到位，依法及时调解劳动争议，使劳动矛盾化解在公司内部，形成职工与企业共同发展的良好局面。2005年公司获得"全国先进劳动争议调解组织"，并在2013年人社部的验收工作中，得到专家组的高度评价。多年来公司劳动争议案件很少发生，劳动关系和谐稳定。

（4）切实维护女职工权益，针对公司女工多，比较集中的特点，每年"三八"节举办女工座谈会，对在年度工作中业绩突出的女工进行表彰奖励。在实际工作中，遵守国家关于女职工特殊劳动保护的规定，没有出现侵害女职工特殊权益的现象。

二、以人为本，加强劳动保护，为企业和谐劳动关系构建根基

（1）"没有安全的生产，就没有生产的一切。"为搞好劳动保护，搞好安全生产，公司专门成立了安全生产办公室，并在各个下属单位设置了专职安全员；建立了监督机制，依法督促企业加强劳动安全卫生管理；完善了劳动安全卫生条件，确保了职工劳动和生命安全；定时发放劳保用品，不断

改善工作环境，给员工提供了必要的劳动安全卫生条件。认真执行安全责任制度，做到层层有人负责，事事有人管，各种职能机构各尽其职，及时发现问题、堵漏洞、查隐患，保证安全生产。

（2）建立了职工职业技术培训制度，制定实施了安全生产事故应急救援预案。通过定期开展预案演练，举办职工岗前培训、专业技能培训、特殊岗位培训等，不断提高职工技能素质，并对特殊岗位和重点区域设置了醒目的安全警示标志。通过安全演讲、安全检查等一系列的安全活动，提高了员工的安全意识，减少了安全隐患。

三、民主管理，为企业和谐劳动关系奠定基础

（1）建立职代会制度，进行民主评议，促进企业管理。每年召开一次职工代表大会，确定课题，下发民意调查表，组织座谈、调研，在改善劳动条件、劳动安全保护、保险福利、协调劳动关系、职工业余生活等方面取得了明显效果，使职代会精神落到实处，构建和谐的劳动关系，促进企业管理。

（2）开展企务公开。公司通过企务公开栏、黑板报、内部报纸、宣传橱窗等形式，定期发布企务信息，及时让员工知企情、参企政、议企事。每年的年度生产计划、财务报告、考核指标都通过职代会来讨论、决定，让全体员工成为企业的知情人、参与者，许多决策是通过民主投票产生的结果制订，让职工群众真正提高了在企业的主人翁地位，调动了职工的积极性和主动性。

四、企业文化为企业和谐劳动关系增色添彩

（1）加强队伍建设，推进"素质工程"，进行系统化培训。全面开展员工上岗培训、业务技能磨练和学历教育，主要采取走出去、请进来的方式，累计外送500多人次、内部培训2500多人次。增强员工与外界交流、学习、取经的机会，进一步提高员工素质及班组的管理水平与技能。

（2）办好实事，在党政领导的具体指导和全体员工的支持下，公司机关干部开展"下基层"活动，及时了解和掌握职工的基本情况，深入开展

"送温暖"活动。对特别困难职工进行了生活救济，发放了救济金和生活用品。

（3）积极开展健康、高尚的文化娱乐活动，有利于陶冶职工情操，培养职工积极向上的工作积极性。把丰富职工精神文化生活同精神文明建设结合起来，积极组织开展职工文体活动，我们开展了"法律知识竞赛""职工篮球赛""弟子规读书演讲比赛""酿酒、包装技术大比武""五一趣味活动""书画摄影作品展"等活动。通过这些活动的开展，丰富了员工生活，提高了职工自身素养，增强了员工岗位技能，稳定了员工队伍，促进了公司正常生产，形成了一个团结友爱、互帮互助、朝气蓬勃、奋发向上的企业文化氛围。

五、制度补充，建立"扶贫帮困基金"

为避免"因病致贫 因病返贫"，在平等的基础上，对困难员工及其家庭给予适当的经济扶助，减缓或消除员工因特殊事件而产生的身心压力，营造公司与员工、员工与员工之间的互尊互重、互帮互助的气氛，提倡关爱、共同发展的和谐主题，构建和谐劳动关系。在此基础上，2006年公司建立了扶贫帮困基金，由全体职工自愿捐款，互帮互助，截至2014年，基金累计达300多万元，帮助困难职工共计27人次，累计支出金额60多万元，切实解决了职工的实际困难，增强了企业职工的归属感和责任感，成为构建企业和谐劳动关系的一大助力。

企业紧紧抓住创建和谐劳动关系的关键点和切入点，通过解决职工关心的热点问题，关心职工群众的日常生活，减少和预防劳动纠纷的发生，充分调动了职工的积极性，职工的危机感、紧迫感、使命感普遍增强，构建了和谐稳定的劳动关系，促进了生产经营水平年年攀升。多年来，公司积极探索创建和谐劳动关系工作的新途径、新方法，为确保企业稳定、社会稳定，构筑和谐企业、和谐社会创造了良好条件。

附 录

2014—2015年劳动立法与政策汇编

中共中央 国务院关于构建和谐劳动关系的意见

中发【2015】10号

为全面贯彻党的十八大和十八届二中、三中、四中全会精神，构建和谐劳动关系，推动科学发展，促进社会和谐，现提出如下意见。

一、充分认识构建和谐劳动关系的重大意义

劳动关系是生产关系的重要组成部分，是最基本、最重要的社会关系之一。劳动关系是否和谐，事关广大职工和企业的切身利益，事关经济发展与社会和谐。党和国家历来高度重视构建和谐劳动关系，制定了一系列法律法规和政策措施并作出工作部署。各级党委和政府认真贯彻落实党中央和国务院的决策部署，取得了积极成效，总体保持了全国劳动关系和谐稳定。但是，我国正处于经济社会转型时期，劳动关系的主体及其利益诉求越来越多元化，劳动关系矛盾已进入凸显期和多发期，劳动争议案件居高不下，有的地方拖欠农民工工资等损害职工利益的现象仍较突出，集体停工和群体性事件时有发生，构建和谐劳动关系的任务艰巨繁重。

党的十八大明确提出构建和谐劳动关系。在新的历史条件下，努力构建中国特色和谐劳动关系，是加强和创新社会管理、保障和改善民生的重要内容，是建设社会主义和谐社会的重要基础，是经济持续健康发展的重要保证，是增强党的执政基础、巩固党的执政地位的必然要求。各级党委和政府要从夺取中国特色社会主义新胜利的全局和战略高度，深刻认识构建和谐劳动关系的重大意义，切实增强责任感和使命感，把构建和谐劳动关系作为一

项紧迫任务，摆在更加突出的位置，采取有力措施抓实抓好。

二、构建和谐劳动关系的指导思想、工作原则和目标任务

（一）指导思想。全面贯彻党的十八大和十八届二中、三中、四中全会精神，以邓小平理论、"三个代表"重要思想、科学发展观为指导，深入贯彻习近平总书记系列重要讲话精神，贯彻落实党中央和国务院的决策部署，坚持促进企业发展、维护职工权益，坚持正确处理改革发展稳定关系，推动中国特色和谐劳动关系的建设和发展，最大限度增加劳动关系和谐因素，最大限度减少不和谐因素，促进经济持续健康发展和社会和谐稳定，凝聚广大职工为实现"两个一百年"奋斗目标、实现中华民族伟大复兴的中国梦贡献力量。

（二）工作原则。

——坚持以人为本。把解决广大职工最关心、最直接、最现实的利益问题，切实维护其根本权益，作为构建和谐劳动关系的根本出发点和落脚点。

——坚持依法构建。健全劳动保障法律法规，增强企业依法用工意识，提高职工依法维权能力，加强劳动保障执法监督和劳动纠纷调处，依法处理劳动关系矛盾，把劳动关系的建立、运行、监督、调处的全过程纳入法治化轨道。

——坚持共建共享。统筹处理好促进企业发展和维护职工权益的关系，调动劳动关系主体双方的积极性、主动性，推动企业和职工协商共事、机制共建、效益共创、利益共享。

——坚持改革创新。从我国基本经济制度出发，统筹考虑公有制经济、非公有制经济和混合所有制经济的特点，不断探究和把握社会主义市场经济条件下劳动关系的规律性，积极稳妥推进具有中国特色的劳动关系工作理论、体制、制度、机制和方法创新。

（三）目标任务。加强调整劳动关系的法律、体制、制度、机制和能力建设，加快健全党委领导、政府负责、社会协同、企业和职工参与、法治保障的工作体制，加快形成源头治理、动态管理、应急处置相结合的工作机制，实现劳动用工更加规范，职工工资合理增长，劳动条件不断改善，职工

安全健康得到切实保障，社会保险全面覆盖，人文关怀日益加强，有效预防和化解劳动关系矛盾，建立规范有序、公正合理、互利共赢、和谐稳定的劳动关系。

三、依法保障职工基本权益

（四）切实保障职工取得劳动报酬的权利。完善并落实工资支付规定，健全工资支付监控、工资保证金和欠薪应急周转金制度，探索建立欠薪保障金制度，落实清偿欠薪的施工总承包企业负责制，依法惩处拒不支付劳动报酬等违法犯罪行为，保障职工特别是农民工按时足额领到工资报酬。努力实现农民工与城镇就业人员同工同酬。

（五）切实保障职工休息休假的权利。完善并落实国家关于职工工作时间、全国年节及纪念日假期、带薪年休假等规定，规范企业实行特殊工时制度的审批管理，督促企业依法安排职工休息休假。企业因生产经营需要安排职工延长工作时间的，应与工会和职工协商，并依法足额支付加班加点工资。加强劳动定额定员标准化工作，推动劳动定额定员国家标准、行业标准的制定修订，指导企业制定实施科学合理的劳动定额定员标准，保障职工的休息权利。

（六）切实保障职工获得劳动安全卫生保护的权利。加强劳动安全卫生执法监督，督促企业健全并落实劳动安全卫生责任制，严格执行国家劳动安全卫生保护标准，加大安全生产投入，强化安全生产和职业卫生教育培训，提供符合国家规定的劳动安全卫生条件和劳动保护用品，对从事有职业危害作业的职工按照国家规定进行上岗前、在岗期间和离岗时的职业健康检查，加强女职工和未成年工特殊劳动保护，最大限度地减少生产安全事故和职业病危害。

（七）切实保障职工享受社会保险和接受职业技能培训的权利。认真贯彻实施社会保险法，继续完善社会保险关系转移接续办法，努力实现社会保险全面覆盖，落实广大职工特别是农民工和劳务派遣工的社会保险权益。督促企业依法为职工缴纳各项社会保险费，鼓励有条件的企业按照法律法规和有关规定为职工建立补充保险。引导职工自觉履行法定义务，积极参加社会保险。加强对职工的职业技能培训，鼓励职工参加学历教育和继续教育，提高职工文化知识水平和技能水平。

四、健全劳动关系协调机制

（八）全面实行劳动合同制度。 贯彻落实好劳动合同法等法律法规，加强对企业实行劳动合同制度的监督、指导和服务，在用工季节性强、职工流动性大的行业推广简易劳动合同示范文本，依法规范劳动合同订立、履行、变更、解除、终止等行为，切实提高劳动合同签订率和履行质量。依法加强对劳务派遣的监管，规范非全日制、劳务承揽、劳务外包用工和企业裁员行为。指导企业建立健全劳动规章制度，提升劳动用工管理水平。全面推进劳动用工信息申报备案制度建设，加强对企业劳动用工的动态管理。

（九）推行集体协商和集体合同制度。 以非公有制企业为重点对象，依法推进工资集体协商，不断扩大覆盖面、增强实效性，形成反映人力资源市场供求关系和企业经济效益的工资决定机制和正常增长机制。完善工资指导线制度，加快建立统一规范的企业薪酬调查和信息发布制度，为开展工资集体协商提供参考。推动企业与职工就工作条件、劳动定额、女职工特殊保护等开展集体协商，订立集体合同。加强集体协商代表能力建设，提高协商水平。加强对集体协商过程的指导，督促企业和职工认真履行集体合同。

（十）健全协调劳动关系三方机制。 完善协调劳动关系三方机制组织体系，建立健全由人力资源社会保障部门会同工会和企业联合会、工商业联合会等企业代表组织组成的三方机制，根据实际需要推动工业园区、乡镇（街道）和产业系统建立三方机制。加强和创新三方机制组织建设，建立健全协调劳动关系三方委员会，由同级政府领导担任委员会主任。完善三方机制职能，健全工作制度，充分发挥政府、工会和企业代表组织共同研究解决有关劳动关系重大问题的重要作用。

五、加强企业民主管理制度建设

（十一）健全企业民主管理制度。 完善以职工代表大会为基本形式的企业民主管理制度,丰富职工民主参与形式,畅通职工民主参与渠道,依法保障职工的知情权、参与权、表达权、监督权。推进企业普遍建立职工代表大会,认真落实职工代表大会职权,充分发挥职工代表大会在企业发展重大决策和涉及职工切身利益等重大事项上的重要作用。针对不同所有制企业,探索符合各自特点的职工代表大会形式、权限和职能。在中小企业集中的地方,可以建立区域性、行业性职工代表大会。

(十二)**推进厂务公开制度化、规范化**。进一步提高厂务公开建制率,加强国有企业改制重组过程中的厂务公开,积极稳妥推进非公有制企业厂务公开制度建设。完善公开程序,充实公开内容,创新公开形式,探索和推行经理接待日、劳资恳谈会、总经理信箱等多种形式的公开。

(十三)**推行职工董事、职工监事制度**。按照公司法规定,在公司制企业建立职工董事、职工监事制度。依法规范职工董事、职工监事履职规则。在董事会、监事会研究决定公司重大问题时,职工董事、职工监事应充分发表意见,反映职工合理诉求,维护职工和公司合法权益。

六、健全劳动关系矛盾调处机制

(十四)**健全劳动保障监察制度**。全面推进劳动保障监察网格化、网络化管理,实现监察执法向主动预防和统筹城乡转变。创新监察执法方式,规范执法行为,进一步畅通举报投诉渠道,扩大日常巡视检查和书面审查覆盖范围,强化对突出问题的专项整治。建立健全违法行为预警防控机制,完善多部门综合治理和监察执法与刑事司法联动机制,加大对非法用工尤其是大案要案的查处力度,严厉打击使用童工、强迫劳动、拒不支付劳动报酬等违法犯罪行为。加强劳动保障诚信评价制度建设,建立健全企业诚信档案。

(十五)**健全劳动争议调解仲裁机制**。坚持预防为主、基层为主、调解为主的工作方针,加强企业劳动争议调解委员会建设,推动各类企业普遍建立内部劳动争议协商调解机制。大力推动乡镇(街道)、村(社区)依法建立劳动争议调解组织,支持工会、商(协)会依法建立行业性、区域性劳动争议调解组织。完善劳动争议调解制度,大力加强专业性劳动争议调解工作,健全人民调解、行政调解、仲裁调解、司法调解联动工作体系,充分发挥协商、调解在处理劳动争议中的基础性作用。完善劳动人事争议仲裁办案制度，规范办案程序，加大仲裁办案督查力度，进一步提高仲裁效能和办案质量，促进案件仲裁终结。加强裁审衔接与工作协调，积极探索建立诉讼与仲裁程序有效衔接、裁审标准统一的新规则、新制度。畅通法律援助渠道，依法及时为符合条件的职工提供法律援助，切实维护当事人合法权益。依托协调劳动关系三方机制完善协调处理集体协商争议的办法，有效调处因签订集体合同发生的争议和集体停工事件。

（十六）**完善劳动关系群体性事件预防和应急处置机制**。加强对劳动关系形势的分析研判，建立劳动关系群体性纠纷的经常性排查和动态监测预警制度，及时发现和积极解决劳动关系领域的苗头性、倾向性问题，有效防范群体性事件。完善应急预案，明确分级响应、处置程序和处置措施。健全党委领导下的政府负责，有关部门和工会、企业代表组织共同参与的群体性事件应急联动处置机制，形成快速反应和处置工作合力，督促指导企业落实主体责任，及时妥善处置群体性事件。

七、营造构建和谐劳动关系的良好环境

（十七）**加强对职工的教育引导**。在广大职工中加强思想政治教育，引导职工树立正确的世界观、人生观、价值观，追求高尚的职业理想，培养良好的职业道德，增强对企业的责任感、认同感和归属感，爱岗敬业、遵守纪律、诚实守信，自觉履行劳动义务。加强有关法律法规政策宣传工作，在努力解决职工切身利益问题的同时，引导职工正确对待社会利益关系调整，合理确定提高工资收入等诉求预期，以理性合法形式表达利益诉求、解决利益矛盾、维护自身权益。

（十八）**加强对职工的人文关怀**。培育富有特色的企业精神和健康向上的企业文化，为职工构建共同的精神家园。注重职工的精神需求和心理健康，及时了解掌握职工思想动态，有针对性地做好思想引导和心理疏导工作，建立心理危机干预预警机制。加强企业文体娱乐设施建设，积极组织职工开展喜闻乐见、丰富多彩的文化体育活动，丰富职工文化生活。拓宽职工的发展渠道，拓展职业发展空间。

（十九）**教育引导企业经营者积极履行社会责任**。加强广大企业经营者的思想政治教育，引导其践行社会主义核心价值观，牢固树立爱国、敬业、诚信、守法、奉献精神，切实承担报效国家、服务社会、造福职工的社会责任。教育引导企业经营者自觉关心爱护职工，努力改善职工的工作、学习和生活条件，帮助他们排忧解难，加大对困难职工的帮扶力度。建立符合我国国情的企业社会责任标准体系和评价体系，营造鼓励企业履行社会责任的环境。加强对企业经营者尤其是中小企业经营管理人员的劳动保障法律法规教育培训，提高他们的依法用工意识，引导他们自觉保障职工合法权益。

（二十）**优化企业发展环境**。加强和改进政府的管理服务，减少和规范涉企行政审批事项，提高审批事项的工作效率，激发市场主体创造活力。加大对中小企业政策扶持力度，特别是推进扶持小微企业发展的各项政策落实落地，进一步减轻企业负担。加强技术支持，引导企业主动转型升级，紧紧依靠科技进步、职工素质提升和管理创新，不断提升竞争力。通过促进企业发展，为构建和谐劳动关系创造物质条件。

（二十一）**加强构建和谐劳动关系的法治保障**。进一步完善劳动法、劳动合同法、劳动争议调解仲裁法、社会保险法、职业病防治法等法律的配套法规、规章和政策，加快完善基本劳动标准、集体协商和集体合同、企业工资、劳动保障监察、企业民主管理、协调劳动关系三方机制等方面的制度，逐步健全劳动保障法律法规体系。深入开展法律法规宣传教育，加强行政执法和法律监督，促进各项劳动保障法律法规贯彻实施。

八、加强组织领导和统筹协调

（二十二）**进一步加强领导，形成合力**。各级党委和政府要建立健全构建和谐劳动关系的领导协调机制，形成全社会协同参与的工作合力。各级党委要统揽全局，把握方向，及时研究和解决劳动关系中的重大问题，把党政力量、群团力量、企业力量、社会力量统一起来，发挥人大监督、政协民主监督作用。各级政府要把构建和谐劳动关系纳入当地经济社会发展规划和政府目标责任考核体系，切实担负起定政策、作部署、抓落实的责任。完善并落实最低工资制度，在经济发展基础上合理调整最低工资标准。各级人力资源社会保障等部门要充分履行职责，认真做好调查研究、决策咨询、统筹协调、指导服务、检查督促和监察执法等工作。各级工会要积极反映职工群众呼声，依法维护职工权益，团结和凝聚广大职工建功立业。各级工商业联合会、企业联合会等企业代表组织要积极反映企业利益诉求，依法维护企业权益，教育和引导广大企业经营者主动承担社会责任。

（二十三）**加强劳动关系工作能力建设**。重视加强各级政府劳动关系协调、劳动保障监察机构建设以及劳动人事争议仲裁委员会和仲裁院建设，配备必要的工作力量。统筹推进乡镇（街道）、村（社区）等基层劳动就业社会保障公共服务平台建设，完善基层劳动关系工作职能，充实基层劳动关系协调、劳动争议调解和劳动保障监察人员。加强劳动关系工作人员业务培训，提高队伍素质。各级政府要针对劳动关系工作机构和队伍建设方面存在的问题，从力量配置、经费投入上给予支持，保障构建和谐劳动关系工作顺利开展。

（二十四）**加强企业党组织和基层工会、团组织、企业代表组织建设**。加强各类企业党建工作，重点在非公有制企业扩大党的组织覆盖和工作覆盖。坚持企业党建带群团建设，依法推动各类企业普遍建立工会，进一步加强非公有制企业团建工作。指导和支持企业党群组织探索适合企业特点的工作途径和方法，不断增强企业党群组织活力，充分发挥在推动企业发展、凝聚职工群众、促进和谐稳定中的作用。深入推进区域性、行业性工会联合会和县（市、区）、乡镇（街道）、村（社区）、工业园区工会组织建设，健全产业工会组织体系。完善基层工会主席民主产生机制，探索基层工会干部社会化途径，健全保护基层工会干部合法权益制度。建立健全县级以上政府与同级总工会联席会议制度，支持工会参与协调劳动关系。加强基层企业代表组织建设，支持企业代表组织参与协调劳动关系，充分发挥企业代表组织对企业经营者的团结、服务、引导、教育作用。

（二十五）**深入推进和谐劳动关系创建活动**。把和谐劳动关系创建活动作为构建和谐劳动关系的重要载体，总结创建活动经验，建立健全创建工作目标责任制，扩大创建活动在广大企业特别是非公有制企业和中小企业的覆盖面，推动区域性创建活动由工业园区向企业比较集中的乡镇（街道）、村（社区）拓展，努力形成全方位、多层次的创建局面。丰富创建内容，规范创建标准，改进创建评价，完善激励措施，按照国家有关规定定期表彰创建活动先进单位，把对企业和企业经营者评先评优与和谐劳动关系创建结合起来，不断推进创建活动深入开展。积极开展构建和谐劳动关系综合试验区（市）建设，为构建中国特色和谐劳动关系创造经验。

（二十六）**加大构建和谐劳动关系宣传力度。**充分利用新闻媒体和网站，大力宣传构建和谐劳动关系的重大意义、宣传党和政府的方针政策和劳动保障法律法规、宣传构建和谐劳动关系取得的实际成效和工作经验、宣传企业关爱职工和职工奉献企业的先进典型，形成正确舆论导向和强大舆论声势，营造全社会共同关心、支持和参与构建和谐劳动关系的良好氛围。

国务院关于进一步做好新形势下就业创业工作的意见

国发〔2015〕23号

各省、自治区、直辖市人民政府，国务院各部委、各直属机构：

就业事关经济发展和民生改善大局。党中央、国务院高度重视，坚持把稳定和扩大就业作为宏观调控的重要目标，大力实施就业优先战略，积极深化行政审批制度和商事制度改革，推动大众创业、万众创新，创业带动就业倍增效应进一步释放，就业局势总体稳定。但也要看到，随着我国经济发展进入新常态，就业总量压力依然存在，结构性矛盾更加凸显。大众创业、万众创新是富民之道、强国之举，有利于产业、企业、分配等多方面结构优化。面对就业压力加大形势，必须着力培育大众创业、万众创新的新引擎，实施更加积极的就业政策，把创业和就业结合起来，以创业创新带动就业，催生经济社会发展新动力，为促进民生改善、经济结构调整和社会和谐稳定提供新动能。现就进一步做好就业创业工作提出以下意见：

一、深入实施就业优先战略

（一）**坚持扩大就业发展战略**。把稳定和扩大就业作为经济运行合理区间的下限，将城镇新增就业、调查失业率作为宏观调控重要指标，纳入国民经济和社会发展规划及年度计划。合理确定经济增长速度和发展模式，科学把握宏观调控的方向和力度，以稳增长促就业，以鼓励创业就业带动经济增长。加强财税、金融、产业、贸易等经济政策与就业政策的配套衔接，建立宏观经济政策对就业影响评价机制。建立公共投资和重大项目建设带动就业评估机制，同等条件下对创造就业岗位多、岗位质量好的项目优先安排。

（二）发展吸纳就业能力强的产业。创新服务业发展模式和业态，支持发展商业特许经营、连锁经营，大力发展金融租赁、节能环保、电子商务、现代物流等生产性服务业和旅游休闲、健康养老、家庭服务、社会工作、文化体育等生活性服务业，打造新的经济增长点，提高服务业就业比重。加快创新驱动发展，推进产业转型升级，培育战略性新兴产业和先进制造业，提高劳动密集型产业附加值；结合实施区域发展总体战略，引导具有成本优势的资源加工型、劳动密集型产业和具有市场需求的资本密集型、技术密集型产业向中西部地区转移，挖掘第二产业就业潜力。推进农业现代化，加快转变农业发展方式，培养新型职业农民，鼓励有文化、有技术、有市场经济观念的各类城乡劳动者根据市场需求到农村就业创业。

（三）发挥小微企业就业主渠道作用。引导银行业金融机构针对小微企业经营特点和融资需求特征，创新产品和服务。发展政府支持的融资性担保机构和再担保机构，完善风险分担机制，为小微企业提供融资支持。落实支持小微企业发展的税收政策，加强市场监管执法和知识产权保护，对小微企业亟需获得授权的核心专利申请优先审查。发挥新型载体聚集发展的优势，引入竞争机制，开展小微企业创业创新基地城市示范，中央财政给予综合奖励。创新政府采购支持方式，消除中小企业享受相关优惠政策面临的条件认定、企业资质等不合理限制门槛。指导企业改善用工管理，对小微企业新招用劳动者，符合相关条件的，按规定给予就业创业支持，不断提高小微企业带动就业能力。

（四）积极预防和有效调控失业风险。落实调整失业保险费率政策，减轻企业和个人负担，稳定就业岗位。将失业保险基金支持企业稳岗政策实施范围由兼并重组企业、化解产能过剩企业、淘汰落后产能企业等三类企业扩大到所有符合条件的企业。生产经营困难企业可通过与职工进行集体协商，采取在岗培训、轮班工作、弹性工时、协商薪酬等办法不裁员或少裁员。对确实要裁员的，应制定人员安置方案，实施专项就业帮扶行动，妥善处理劳动关系和社会保险接续，促进失业人员尽快再就业。淘汰落后产能奖励资金、依据兼并重组政策规定支付给企业的土地补偿费要优先用于职工安置。完善失业监测预警机制，建立应对失业风险的就业应急预案。

二、积极推进创业带动就业

（五）**营造宽松便捷的准入环境**。深化商事制度改革，进一步落实注册资本登记制度改革，坚决推行工商营业执照、组织机构代码证、税务登记证"三证合一"，年内出台推进"三证合一"登记制度改革意见和统一社会信用代码方案，实现"一照一码"。继续优化登记方式，放松经营范围登记管制，支持各地结合实际放宽新注册企业场所登记条件限制，推动"一址多照"、集群注册等住所登记改革，分行业、分业态释放住所资源。运用大数据加强对市场主体的服务和监管。依托企业信用信息公示系统，实现政策集中公示、扶持申请导航、享受扶持信息公示。建立小微企业目录，对小微企业发展状况开展抽样统计。推动修订与商事制度改革不衔接、不配套的法律、法规和政策性文件。全面完成清理非行政许可审批事项，再取消下放一批制约经济发展、束缚企业活力等含金量高的行政许可事项，全面清理中央设定、地方实施的行政审批事项，大幅减少投资项目前置审批。对保留的审批事项，规范审批行为，明确标准，缩短流程，限时办结，推广"一个窗口"受理、网上并联审批等方式。

（六）**培育创业创新公共平台**。抓住新技术革命和产业变革的重要机遇，适应创业创新主体大众化趋势，大力发展技术转移转化、科技金融、认证认可、检验检测等科技服务业，总结推广创客空间、创业咖啡、创新工场等新型孵化模式，加快发展市场化、专业化、集成化、网络化的众创空间，实现创新与创业、线上与线下、孵化与投资相结合，为创业者提供低成本、便利化、全要素、开放式的综合服务平台和发展空间。落实科技企业孵化器、大学科技园的税收优惠政策，对符合条件的众创空间等新型孵化机构适用科技企业孵化器税收优惠政策。有条件的地方可对众创空间的房租、宽带网络、公共软件等给予适当补贴，或通过盘活商业用房、闲置厂房等资源提供成本较低的场所。可在符合土地利用总体规划和城乡规划前提下，或利用原有经批准的各类园区，建设创业基地，为创业者提供服务，打造一批创业示范基地。鼓励企业由传统的管控型组织转型为新型创业平台，让员工成为平台上的创业者，形成市场主导、风投参与、企业孵化的创业生态系统。

（七）拓宽创业投融资渠道。运用财税政策，支持风险投资、创业投资、天使投资等发展。运用市场机制，引导社会资金和金融资本支持创业活动，壮大创业投资规模。按照政府引导、市场化运作、专业化管理的原则，加快设立国家中小企业发展基金和国家新兴产业创业投资引导基金，带动社会资本共同加大对中小企业创业创新的投入，促进初创期科技型中小企业成长，支持新兴产业领域早中期、初创期企业发展。鼓励地方设立创业投资引导等基金。发挥多层次资本市场作用，加快创业板等资本市场改革，强化全国中小企业股份转让系统融资、交易等功能，规范发展服务小微企业的区域性股权市场。开展股权众筹融资试点，推动多渠道股权融资，积极探索和规范发展互联网金融，发展新型金融机构和融资服务机构，促进大众创业。

（八）支持创业担保贷款发展。将小额担保贷款调整为创业担保贷款，针对有创业要求、具备一定创业条件但缺乏创业资金的就业重点群体和困难人员，提高其金融服务可获得性，明确支持对象、标准和条件，贷款最高额度由针对不同群体的5万元、8万元、10万元不等统一调整为10万元。鼓励金融机构参照贷款基础利率，结合风险分担情况，合理确定贷款利率水平，对个人发放的创业担保贷款，在贷款基础利率基础上上浮3个百分点以内的，由财政给予贴息。简化程序，细化措施，健全贷款发放考核办法和财政贴息资金规范管理约束机制，提高代偿效率，完善担保基金呆坏账核销办法。

（九）加大减税降费力度。实施更加积极的促进就业创业税收优惠政策，将企业吸纳就业税收优惠的人员范围由失业一年以上人员调整为失业半年以上人员。高校毕业生、登记失业人员等重点群体创办个体工商户、个人独资企业的，可依法享受税收减免政策。抓紧推广中关村国家自主创新示范区税收试点政策，将职工教育经费税前扣除试点政策、企业转增股本分期缴纳个人所得税试点政策、股权奖励分期缴纳个人所得税试点政策推广至全国范围。全面清理涉企行政事业性收费、政府性基金、具有强制垄断性的经营服务性收费、行业协会商会涉企收费，落实涉企收费清单管理制度和创业负担举报反馈机制。

（十）调动科研人员创业积极性。探索高校、科研院所等事业单位专业技术人员在职创业、离岗创业有关政策。对于离岗创业的，经原单位同意，可在3年内保留人事关系，与原单位其他在岗人员同等享有参加职称评聘、岗位等级晋升和社会保险等方面的权利。原单位应当根据专业技术人员创业的实际情况，与其签订或变更聘用合同，明确权利义务。加快推进中央级事业单位科技成果使用、处置和收益管理改革试点政策推广。鼓励利用财政性资金设立的科研机构、普通高校、职业院校，通过合作实施、转让、许可和投资等方式，向高校毕业生创设的小微企业优先转移科技成果。完善科技人员创业股权激励政策，放宽股权奖励、股权出售的企业设立年限和盈利水平限制。

（十一）**鼓励农村劳动力创业**。支持农民工返乡创业，发展农民合作社、家庭农场等新型农业经营主体，落实定向减税和普遍性降费政策。依托现有各类园区等存量资源，整合创建一批农民工返乡创业园，强化财政扶持和金融服务。将农民创业与发展县域经济结合起来，大力发展农产品加工、休闲农业、乡村旅游、农村服务业等劳动密集型产业项目，促进农村一二三产业融合。依托基层就业和社会保障服务设施等公共平台，提供创业指导和服务。鼓励各类企业和社会机构利用现有资源，搭建一批农业创业创新示范基地和见习基地，培训一批农民创业创新辅导员。支持农民网上创业，大力发展"互联网+"和电子商务，积极组织创新创业农民与企业、小康村、市场和园区对接，推进农村青年创业富民行动。

（十二）**营造大众创业良好氛围**。支持举办创业训练营、创业创新大赛、创新成果和创业项目展示推介等活动，搭建创业者交流平台，培育创业文化，营造鼓励创业、宽容失败的良好社会氛围，让大众创业、万众创新蔚然成风。对劳动者创办社会组织、从事网络创业符合条件的，给予相应创业扶持政策。推进创业型城市创建，对政策落实好、创业环境优、工作成效显著的，按规定予以表彰。

三、统筹推进高校毕业生等重点群体就业

（十三）**鼓励高校毕业生多渠道就业**。把高校毕业生就业摆在就业工作首位。完善工资待遇进一步向基层倾斜的办法，健全高校毕业生到基层工作的服务保障机制，鼓励毕业生到乡镇特别是困难乡镇机关事业单位工作。对高校毕业生到中西部地区、艰苦边远地区和老工业基地县以下基层单位就

业、履行一定服务期限的，按规定给予学费补偿和国家助学贷款代偿。结合政府购买服务工作的推进，在基层特别是街道（乡镇）、社区（村）购买一批公共管理和社会服务岗位，优先用于吸纳高校毕业生就业。对小微企业新招用毕业年度高校毕业生，签订1年以上劳动合同并缴纳社会保险费的，给予1年社会保险补贴。落实完善见习补贴政策，对见习期满留用率达到50%以上的见习单位，适当提高见习补贴标准。将求职补贴调整为求职创业补贴，对象范围扩展到已获得国家助学贷款的毕业年度高校毕业生。深入实施大学生创业引领计划、离校未就业高校毕业生就业促进计划，整合发展高校毕业生就业创业基金，完善管理体制和市场化运行机制，实现基金滚动使用，为高校毕业生就业创业提供支持。积极支持和鼓励高校毕业生投身现代农业建设。对高校毕业生申报从事灵活就业的，按规定纳入各项社会保险，各级公共就业人才服务机构要提供人事、劳动保障代理服务。技师学院高级工班、预备技师班和特殊教育院校职业教育类毕业生可参照高校毕业生享受相关就业补贴政策。

（十四）加强对困难人员的就业援助。合理确定就业困难人员范围，规范认定程序，加强实名制动态管理和分类帮扶。坚持市场导向，鼓励其到企业就业、自主创业或灵活就业。对用人单位招用就业困难人员，签订劳动合同并缴纳社会保险费的，在一定期限内给予社会保险补贴。对就业困难人员灵活就业并缴纳社会保险费的，给予一定比例的社会保险补贴。对通过市场渠道确实难以实现就业的，可通过公益性岗位予以托底安置，并给予社会保险补贴及适当岗位补贴。社会保险补贴和岗位补贴期限最长不超过3年，对初次核定享受补贴政策时距退休年龄不足5年的人员，可延长至退休。规范公益性岗位开发和管理，科学设定公益性岗位总量，适度控制岗位规模，制定岗位申报评估办法，严格按照法律规定安排就业困难人员，不得用于安排非就业困难人员。加强对就业困难人员在岗情况的管理和工作考核，建立定期核查机制，完善就业困难人员享受扶持政策期满退出办法，做好退出后的政策衔接和就业服务。依法大力推进残疾人按比例就业，加大对用人单位安置残疾人的补贴和奖励力度，建立用人单位按比例安排残疾人就业公示制度。加快完善残疾人集中就业单位扶持政策，推进残疾人辅助性就业和灵活就业。加大对困难人员就业援助力度，确保零就业家庭、最低生活保障家庭等困难家庭至少有一人就业。对就业困难人员较集中的地区，上级政府要强化帮扶责任，加大产业、项目、资金、人才等支持力度。

（十五）**推进农村劳动力转移就业**。结合新型城镇化建设和户籍制度改革，建立健全城乡劳动者平等就业制度，进一步清理针对农民工就业的歧视性规定。完善职业培训、就业服务、劳动维权"三位一体"的工作机制，加强农民工输出输入地劳务对接，特别是对劳动力资源较为丰富的老少边穷地区，充分发挥各类公共就业服务机构和人力资源服务机构作用，积极开展有组织的劳务输出，加强对转移就业农民工的跟踪服务，有针对性地帮助其解决实际困难，推进农村富余劳动力有序外出就业和就地就近转移就业。做好被征地农民就业工作，在制定征地补偿安置方案时，要明确促进被征地农民就业的具体措施。

（十六）**促进退役军人就业**。扶持自主择业军转干部、自主就业退役士兵就业创业，落实各项优惠政策，组织实施教育培训，加强就业指导和服务，搭建就业创业服务平台。对符合政府安排工作条件的退役士官、义务兵，要确保岗位落实，细化完善公务员招录和事业单位招聘时同等条件优先录用（聘用），以及国有、国有控股和国有资本占主导地位企业按比例预留岗位择优招录的措施。退役士兵报考公务员、应聘事业单位职位的，在军队服现役经历视为基层工作经历，服现役年限计算为工作年限。调整完善促进军转干部及随军家属就业税收政策。

四、加强就业创业服务和职业培训

（十七）**强化公共就业创业服务**。健全覆盖城乡的公共就业创业服务体系，提高服务均等化、标准化和专业化水平。完善公共就业服务体系的创业服务功能，充分发挥公共就业服务、中小企业服务、高校毕业生就业指导等机构的作用，为创业者提供项目开发、开业指导、融资服务、跟踪扶持等服务，创新服务内容和方式。健全公共就业创业服务经费保障机制，切实将县级以上公共就业创业服务机构和县级以下（不含县级）基层公共就业创业服务平台经费纳入同级财政预算。将职业介绍补贴和扶持公共就业服务补助合并调整为就业创业服务补贴，支持各地按照精准发力、绩效管理的原则，加强公共就业创业服务能力建设，向社会力量购买基本就业创业服务成果。创新就业创业服务供给模式，形成多元参与、公平竞争格局，提高服务质量和效率。

（十八）加快公共就业服务信息化。按照统一建设、省级集中、业务协同、资源共享的原则，逐步建成以省级为基础、全国一体化的就业信息化格局。建立省级集中的就业信息资源库，加强信息系统应用，实现就业管理和就业服务工作全程信息化。推进公共就业信息服务平台建设，实现各类就业信息统一发布，健全全国就业信息监测平台。推进就业信息共享开放，支持社会服务机构利用政府数据开展专业化就业服务，推动政府、社会协同提升公共就业服务水平。

（十九）加强人力资源市场建设。加快建立统一规范灵活的人力资源市场，消除城乡、行业、身份、性别、残疾等影响平等就业的制度障碍和就业歧视，形成有利于公平就业的制度环境。健全统一的市场监管体系，推进人力资源市场诚信体系建设和标准化建设。加强对企业招聘行为、职业中介活动的规范，及时纠正招聘过程中的歧视、限制及欺诈等行为。建立国有企事业单位公开招聘制度，推动实现招聘信息公开、过程公开和结果公开。加快发展人力资源服务业，规范发展人事代理、人才推荐、人员培训、劳务派遣等人力资源服务，提升服务供给能力和水平。完善党政机关、企事业单位、社会各方面人才顺畅流动的制度体系。

（二十）加强职业培训和创业培训。顺应产业结构迈向中高端水平、缓解就业结构性矛盾的需求，优化高校学科专业结构，加快发展现代职业教育，大规模开展职业培训，加大创业培训力度。利用各类创业培训资源，开发针对不同创业群体、创业活动不同阶段特点的创业培训项目，把创新创业课程纳入国民教育体系。重点实施农民工职业技能提升和失业人员转业转岗培训，增强其就业创业和职业转换能力。尊重劳动者培训意愿，引导劳动者自主选择培训项目、培训方式和培训机构。发挥企业主体作用，支持企业以新招用青年劳动者和新转岗人员为重点开展新型学徒制培训。强化基础能力建设，创新培训模式，建立高水平、专兼职的创业培训师资队伍，提升培训质量，落实职业培训补贴政策，合理确定补贴标准。推进职业资格管理改革，完善有利于劳动者成长成才的培养、评价和激励机制，畅通技能人才职业上升通道，推动形成劳动、技能等要素按贡献参与分配的机制，使技能劳动者获得与其能力业绩相适应的工资待遇。

（二十一）建立健全失业保险、社会救助与就业的联动机制。进一步完善失业保险制度，充分发挥失业保险保生活、防失业、促就业的作用，鼓励领取失业保险金人员尽快实现就业或自主创业。对实现就业或自主创业的最低生活保障对象，在核算家庭收入时，可以扣减必要的就业成本。

（二十二）完善失业登记办法。在法定劳动年龄内、有劳动能力和就业要求、处于无业状态的城镇常住人员，可以到常住地的公共就业服务机构进行失业登记。各地公共就业服务机构要为登记失业的各类人员提供均等化的政策咨询、职业指导、职业介绍等公共就业服务和普惠性就业政策，并逐步使外来劳动者与当地户籍人口享有同等的就业扶持政策。将《就业失业登记证》调整为《就业创业证》，免费发放，作为劳动者享受公共就业服务及就业扶持政策的凭证。有条件的地方可积极推动社会保障卡在就业领域的应用。

五、强化组织领导

（二十三）健全协调机制。县级以上人民政府要加强对就业创业工作的领导，把促进就业创业摆上重要议程，健全政府负责人牵头的就业创业工作协调机制，加强就业形势分析研判，落实完善就业创业政策，协调解决重点难点问题，确保各项就业目标完成和就业局势稳定。有关部门要增强全局意识，密切配合，尽职履责。进一步发挥各人民团体以及其他社会组织的作用，充分调动社会各方促进就业创业积极性。

（二十四）落实目标责任制。将就业创业工作纳入政绩考核，细化目标任务、政策落实、就业创业服务、资金投入、群众满意度等指标，提高权重，并层层分解，督促落实。对在就业创业工作中取得显著成绩的单位和个人，按国家有关规定予以表彰奖励。有关地区不履行促进就业职责，造成恶劣社会影响的，对当地人民政府有关负责人及具体责任人实行问责。

（二十五）保障资金投入。各级人民政府要根据就业状况和就业工作目标，在财政预算中合理安排就业相关资金。按照系统规范、精简效能的原则，明确政府间促进就业政策的功能定位，严格支出责任划分。进一步规范就业专项资金管理，强化资金预算执行和监督，开展资金使用绩效评价，着力提高就业专项资金使用效益。

（二十六）建立健全就业创业统计监测体系。健全就业统计指标，完善统计口径和统计调查方法，逐步将性别等指标纳入统计监测范围，探索建立创业工作统计指标。进一步加强和完善全国劳动力调查制度建设，扩大调查范围，增加调查内容。强化统计调查的质量控制。加大就业统计调查人员、经费和软硬件等保障力度，推进就业统计调查信息化建设。依托行业组织，建立健全行业人力资源需求预测和就业状况定期发布制度。

（二十七）注重舆论引导。坚持正确导向，加强政策解读，及时回应社会关切，大力宣传促进就业创业工作的经验做法，宣传劳动者自主就业、自主创业和用人单位促进就业的典型事迹，引导全社会共同关心和支持就业创业工作，引导高校毕业生等各类劳动者转变观念，树立正确的就业观，大力营造劳动光荣、技能宝贵、创造伟大的时代风尚。

各地区、各部门要认真落实本意见提出的各项任务，结合本地区、本部门实际，创造性地开展工作，制定具体方案和配套政策，同时要切实转变职能，简化办事流程，提高服务效率，确保各项就业创业政策措施落实到位，以稳就业惠民生促进经济社会平稳健康发展。

国务院

2015年4月27日

国务院关于进一步做好为农民工服务工作的意见

国发〔2014〕40号

各省、自治区、直辖市人民政府，国务院各部委、各直属机构：

农民工已成为我国产业工人的主体，是推动国家现代化建设的重要力量，为经济社会发展作出了巨大贡献。党中央、国务院高度重视农民工工作，《国务院关于解决农民工问题的若干意见》（国发〔2006〕5号）印发以来，出台了一系列政策措施，推动农民工转移就业规模持续扩大，职业技能不断提高，工资收入大幅增加，参加社会保险人数较快增长，劳动保障权益维护明显加强，享受基本公共服务范围逐步扩大，关心关爱农民工的社会氛围正在形成。但目前农民工就业稳定性不强，劳动保障权益受侵害的现象还时有发生，享受基本公共服务的范围仍然较小，大量长期在城镇就业的农民工还未落户。为深入贯彻落实党的十八大、十八届三中全会、中央城镇化工作会议精神和国务院的决策部署，进一步做好新形势下为农民工服务工作，切实解决农民工面临的突出问题，有序推进农民工市民化，现提出如下意见：

一、进一步做好为农民工服务工作的总体要求

（一）指导思想。以邓小平理论、"三个代表"重要思想、科学发展观为指导，全面贯彻落实党的十八大、十八届三中全会、中央城镇化工作会议精神和国务院的决策部署，按照工业化、信息化、新型城镇化、农业现代化同步发展的要求，积极探索中国特色农业劳动力转移道路，着力稳定和扩大

农民工就业创业，着力维护农民工的劳动保障权益，着力推动农民工逐步实现平等享受城镇基本公共服务和在城镇落户，着力促进农民工社会融合，有序推进、逐步实现有条件有意愿的农民工市民化。

（二）**基本原则**。

——坚持以人为本、公平对待。推进以人为核心的城镇化，公平保障农民工作为用人单位职工、作为城镇常住人口的权益，帮助农民工解决最关心最直接最现实的利益问题，实现改革发展成果共享。

——坚持统筹兼顾、优化布局。按照区域发展总体战略和国家新型城镇化规划，逐步完善生产力布局和城镇化布局，引导农民工在东中西不同区域、大中小不同城市和小城镇以及城乡之间合理分布。

——坚持城乡一体、改革创新。适应推动城乡发展一体化的需要，着力改革城乡二元体制机制，逐步建立完善有利于农民工市民化的基本公共服务、户籍、住房、土地管理、成本分担等制度。

——坚持分类推进、逐步实施。按照自愿、分类、有序的要求，因地制宜、存量优先、尽力而为、量力而行，重点促进长期在城镇居住、有相对稳定工作的农民工有序融入城镇，循序渐进地推进农民工市民化。

（三）**总体目标**。到2020年，转移农业劳动力总量继续增加，每年开展农民工职业技能培训2000万人次，农民工综合素质显著提高、劳动条件明显改善、工资基本无拖欠并稳定增长、参加社会保险全覆盖，引导约1亿人在中西部地区就近城镇化，努力实现1亿左右农业转移人口和其他常住人口在城镇落户，未落户的也能享受城镇基本公共服务，农民工群体逐步融入城镇，为实现农民工市民化目标打下坚实基础。

二、着力稳定和扩大农民工就业创业

（四）**实施农民工职业技能提升计划**。加大农民工职业培训工作力度，对农村转移就业劳动者开展就业技能培训，对农村未升学初高中毕业生开展劳动预备制培训，对在岗农民工开展岗位技能提升培训，对具备中级以上职业技能的农民工开展高技能人才培训，将农民工纳入终身职业培训体系。加强农民工职业培训工作的统筹管理，制定农民工培训综合计划，相关部门按分工组织实施。加大培训资金投入，合理确定培训补贴标准，落实职业技能鉴定补贴政策。改进培训补贴方式，重点开展订单式培训、定向培训、企业定岗培训，面向市场确定培训职业（工种），形成培训机构平等竞争、农民工自主参加培训、政府购买服务的机制。鼓励企业组织农民工进行培训，符合相关规定的，对企业给予培训补贴。鼓励大中型企业联合技工院校、职业院校，建设一批农民工实训基地。将国家通用语言纳入对少数民族农民工培训的内容（人力资源社会保障部、国务院农民工工作领导小组办公室〔以下简称农民工办〕会同发展改革委、教育部、科技部、财政部、住房城乡建设部、农业部、安全监管总局、统计局、扶贫办、全国总工会、共青团中央、全国妇联负责）。

（五）加快发展农村新成长劳动力职业教育。努力实现未升入普通高中、普通高等院校的农村应届初高中毕业生都能接受职业教育。全面落实中等职业教育农村学生免学费政策和家庭经济困难学生资助政策。鼓励各地根据需要改扩建符合标准的主要面向农村招生的职业院校、技工院校，支持没有职业院校或技工院校的边远地区各市（地、州、盟）因地制宜建立主要面向农村招生的职业院校或技工院校。加强职业教育教师队伍建设，创新办学模式，提高教育质量。积极推进学历证书、职业资格证书双证书制度。（教育部、人力资源社会保障部会同发展改革委、财政部、扶贫办负责）

（六）完善和落实促进农民工就业创业的政策。引导农民工有序外出就业、鼓励农民工就地就近转移就业、扶持农民工返乡创业。进一步清理针对农民工就业的户籍限制等歧视性规定，保障城乡劳动者平等就业权利。实现就业信息全国联网，为农民工提供免费的就业信息服务。完善城乡均等的公共就业服务体系，有针对性地为农民工提供政策咨询、职业指导、职业介绍等公共就业服务。加强农民工输出输入地劳务对接，输出地可在本地农民工相对集中的输入地设立服务工作站点，输入地应给予支持。组织开展农民工就业服务"春风行动"，加强农村劳动力转移就业工作示范县建设。大力发展服务业特别是家庭服务业和中小微企业，开发适合农民工的就业岗位，建设减免收费的农贸市场和餐饮摊位，满足市民生活需求和促进农民工就业。积极支持农产品产地初加工、休闲农业发展，引导有市场、有效益的劳动密集型产业优先向中西部转移，吸纳从东部返乡和就近转移的农民工就业。将农民工纳入创业政策扶持范围，运用财政支持、创业投资引导和创业培训、政策性金融服务、小额担保贷款和贴息、生产经营场地和创业孵化基地等扶持政策，促进农民工创业。做好老少边穷地区、牧区、库区、渔区农牧渔民转移就业工作和农民工境外就业服务工作（人力资源社会保障部会同发展改革委、教育部、民政部、财政部、住房城乡建设部、农业部、商务部、人民银行、税务总局、工商总局、扶贫办、全国总工会、共青团中央、全国妇联负责）。

三、着力维护农民工的劳动保障权益

（七）规范使用农民工的劳动用工管理。指导和督促用人单位与农民工依法普遍签订并履行劳动合同，在务工流动性大、季节性强、时间短的农民工中推广简易劳动合同示范文本。对小微企业经营者开展劳动合同法培训。依法规范劳务派遣用工行为，清理建设领域违法发包分包行为。完善适应家政服务特点的劳动用工政策和劳动标准。整合劳动用工备案及就业失业登记、社会保险登记，实现对企业使用农民工的动态管理服务（人力资源社会保障部会同住房城乡建设部、工商总局、全国总工会负责）。

（八）保障农民工工资报酬权益。在建设领域和其他容易发生欠薪的行业推行工资保证金制度，在有条件的市县探索建立健全欠薪应急周转金制度，完善并落实工程总承包企业对所承包工程的农民工工资支付全面负责制度、劳动保障监察执法与刑事司法联动治理恶意欠薪制度、解决欠薪问题地方政府负总责制度，推广实名制工资支付银行卡。落实农民工与城镇职工同工同酬原则。在经济发展基础上合理调整最低工资标准，推动农民工参与工资集体协商，促进农民工工资水平合理增长（人力资源社会保障部会同公安部、住房城乡建设部、人民银行、高法院、全国总工会负责）。

（九）扩大农民工参加城镇社会保险覆盖面。依法将与用人单位建立稳定劳动关系的农民工纳入城镇职工基本养老保险和基本医疗保险，研究完善灵活就业农民工参加基本养老保险政策，灵活就业农民工可以参加当地城镇居民基本医疗保险。完善社会保险关系转移接续政策。努力实现用人单位的农民工全部参加工伤保险，着力解决未参保用人单位的农民工工伤保险待遇

保障问题。推动农民工与城镇职工平等参加失业保险、生育保险并平等享受待遇。对劳务派遣单位或用工单位侵害被派遣农民工社会保险权益的,依法追究连带责任。实施"全民参保登记计划",推进农民工等群体依法全面持续参加社会保险。整合各项社会保险经办管理资源,优化经办业务流程,增强对农民工的社会保险服务能力(人力资源社会保障部会同发展改革委、财政部、卫生计生委、工商总局、法制办、全国总工会负责)。

(十)**加强农民工安全生产和职业健康保护**。强化高危行业和中小企业一线操作农民工安全生产和职业健康教育培训,将安全生产和职业健康相关知识纳入职业技能教育培训内容。严格执行特殊工种持证上岗制度、安全生产培训与企业安全生产许可证审核相结合制度。督促企业对接触职业病危害的农民工开展职业健康检查、建立监护档案。建立重点职业病监测哨点,完善职业病诊断、鉴定、治疗的法规、标准和机构。重点整治矿山、工程建设等领域农民工工伤多发问题。实施农民工职业病防治和帮扶行动,深入开展粉尘与高毒物品危害治理,保障符合条件的无法追溯用人单位及用人单位无法承担相应责任的农民工职业病患者享受相应的生活和医疗待遇(安全监管总局、卫生计生委分别会同发展改革委、教育部、公安部、民政部、财政部、人力资源社会保障部、住房城乡建设部、交通运输部、国资委、法制办、全国总工会负责)。

(十一)**畅通农民工维权渠道**。全面推进劳动保障监察网格化、网络化管理,加强用人单位用工守法诚信管理,完善劳动保障违法行为排查预警、快速处置机制,健全举报投诉制度,依法查处用人单位侵害农民工权益的违法行为。按照"鼓励和解、强化调解、依法仲裁、衔接诉讼"的要求,及时公正处理涉及农民工的劳动争议。畅通农民工劳动争议仲裁"绿色通道",简化受理立案程序,提高仲裁效率。建立健全涉及农民工的集体劳动争议调处机制。大力加强劳动保障监察机构、劳动人事争议仲裁院和基层劳动争议调解组织建设,完善服务设施,增强维护农民工权益的能力(人力资源社会保障部会同发展改革委、公安部、司法部、国资委、高法院、全国总工会负责)。

(十二)**加强对农民工的法律援助和法律服务工作**。健全基层法律援助和法律服务工作网络,加大法律援助工作力度,使符合条件的农民工及时便捷地获得法律援助。简化法律援助申请受理审查程序，完善异地协作机制，方便农民工异地申请获得法律援助。畅通法律服务热线，加大普法力度，不断提高农民工及用人单位的法治意识和法律素质，引导农民工合法理性维权。（司法部会同财政部、高法院、全国总工会负责）。

四、着力推动农民工逐步实现平等享受城镇基本公共服务和在城镇落户

（十三）**逐步推动农民工平等享受城镇基本公共服务**。深化基本公共服务供给制度改革，积极推进城镇基本公共服务由主要对本地户籍人口提供向对常住人口提供转变，努力实现城镇基本公共服务覆盖在城镇常住的农民工及其随迁家属，使其逐步平等享受市民权利。各地区、各有关部门要逐步按照常住人口配置基本公共服务资源，明确农民工及其随迁家属可以享受的基本公共服务项目，并不断提高综合承载能力、扩大项目范围。农民工及其随迁家属在输入地城镇未落户的，依法申领居住证，持居住证享受规定的基本公共服务。在农民工输入相对集中的城市，主要依托社区综合服务设施、劳动就业社会保障服务平台等现有资源，建立农民工综合服务平台，整合各部门公共服务资源，为农民工提供便捷、高效、优质的"一站式"综合服务（农民工办会同发展改革委、教育部、公安部、民政部、财政部、人力资源社会保障部、住房城乡建设部、文化部、卫生计生委、法制办负责）。

（十四）**保障农民工随迁子女平等接受教育的权利**。输入地政府要将符合规定条件的农民工随迁子女教育纳入教育发展规划，合理规划学校布局，科学核定公办学校教师编制，加大公办学校教育经费投入，保障农民工随迁子女平等接受义务教育权利。公办义务教育学校要普遍对农民工随迁子女开放，与城镇户籍学生混合编班，统一管理。积极创造条件着力满足农民工随迁子女接受普惠性学前教育的需求。对在公益性民办学校、普惠性民办幼儿园接受义务教育、学前教育的，采取政府购买服务等方式落实支持经费，指导和帮助学校、幼儿园提高教育质量。各地要进一步完善和落实好符合条件的农民工随迁子女接受义务教育后在输入地参加中考、高考的政策。开展关爱流动儿童活动（教育部会同发展改革委、公安部、财政部、人力资源社会

保障部、住房城乡建设部、共青团中央、全国妇联负责）。

（十五）加强农民工医疗卫生和计划生育服务工作。继续实施国家免疫规划，保障农民工适龄随迁子女平等享受预防接种服务。加强农民工聚居地的疾病监测、疫情处置和突发公共卫生事件应对，强化农民工健康教育、妇幼健康和精神卫生工作。加强农民工艾滋病、结核病、血吸虫病等重大疾病防治工作，落实"四免一关怀"等相关政策。完善社区卫生计生服务网络，将农民工纳入服务范围。鼓励有条件的地方将符合条件的农民工及其随迁家属纳入当地医疗救助范围。巩固完善流动人口计划生育服务管理全国"一盘棋"工作机制，加强考核评估，落实输入地和输出地责任。开展流动人口卫生计生动态监测和"关怀关爱"活动（卫生计生委会同发展改革委、民政部、财政部负责）。

（十六）逐步改善农民工居住条件。统筹规划城镇常住人口规模和建设用地面积，将解决农民工住房问题纳入住房发展规划。支持增加中小户型普通商品住房供给，规范房屋租赁市场，积极支持符合条件的农民工购买或租赁商品住房，并按规定享受购房契税和印花税等优惠政策。完善住房保障制度，将符合条件的农民工纳入住房保障实施范围。加强城中村、棚户区环境整治和综合管理服务，使居住其中的农民工住宿条件得到改善。农民工集中的开发区、产业园区可以按照集约用地的原则，集中建设宿舍型或单元型小户型公共租赁住房，面向用人单位或农民工出租。允许农民工数量较多的企业在符合规划和规定标准的用地规模范围内，利用企业办公及生活服务设施用地建设农民工集体宿舍，督促和指导建设施工企业改善农民工住宿条件。逐步将在城镇稳定就业的农民工纳入住房公积金制度实施范围（住房城乡建设部会同发展改革委、财政部、国土资源部、税务总局负责）。

（十七）有序推进农民工在城镇落户。进一步推进户籍制度改革，实施差别化落户政策，促进有条件有意愿、在城镇有稳定就业和住所（含租赁）的农民工及其随迁家属在城镇有序落户并依法平等享受城镇公共服务。各类城镇要根据国家户籍制度改革的部署，统筹考虑本地区综合承载能力和发展潜力，以就业年限、居住年限、城镇社会保险参保年限等为基准条件，制定具体落户标准，向社会公布（公安部、发展改革委、人力资源社会保障部会同教育部、民政部、财政部、国土资源部、住房城乡建设部、农业部、卫生计生委、统计局、法制办、中央农办负责)。

(十八)**保障农民工土地承包经营权、宅基地使用权和集体经济收益分配权**。做好农村土地承包经营权和宅基地使用权确权登记颁证工作，切实保护农民工土地权益。建立健全土地承包经营权流转市场，加强流转管理和服务。完善土地承包经营纠纷的调解仲裁体系和调处机制。深化农村集体产权制度改革，探索农村集体经济多种有效实现形式，保障农民工的集体经济组织成员权利。完善相关法律和政策，妥善处理好农民工及其随迁家属进城落户后的土地承包经营权、宅基地使用权、集体经济收益分配权问题。现阶段，不得以退出土地承包经营权、宅基地使用权、集体经济收益分配权作为农民进城落户的条件(农业部、国土资源部分别会同法制办、中央农办、高法院负责)。

五、着力促进农民工社会融合

(十九)**保障农民工依法享有民主政治权利**。重视从农民工中发展党员，加强农民工中的党组织建设，健全城乡一体、输入地党组织为主、输出地党组织配合的农民工党员教育管理服务工作制度。积极推荐优秀农民工作为各级党代会、人大、政协的代表、委员，在评选劳动模范、先进工作者和报考公务员等方面与城镇职工同等对待。创造新办法、开辟新渠道，支持农民工在职工代表大会和社区居民委员会、村民委员会等组织中依法行使民主选举、民主决策、民主管理、民主监督的权利(农民工办会同民政部、人力资源社会保障部、国资委、全国总工会负责)。

(二十)**丰富农民工精神文化生活**。把农民工纳入城市公共文化服务体系，继续推动图书馆、文化馆、博物馆等公共文化服务设施向农民工同等免费开放。推进"两看一上"(看报纸、看电视、有条件的能上网)活动，引导农民工积极参与全民阅读活动。在农民工集中居住地规划建设简易实用的文化体育设施。利用社区文化活动室、公园、城市广场等场地，经常性地开展群众文体活动，促进农民工与市民之间交往、交流。举办示范性农民工文化活动。鼓励企业开展面向农民工的公益性文化活动，鼓励文化单位、文艺工作者和其他社会力量为农民工提供免费或优惠的文化产品和服务(文化部、农民工办会同发展改革委、民政部、财政部、中央宣传部、全国总工会、共青团中央、全国妇联负责)。

(二十一)加强对农民工的人文关怀。关心农民工工作、生活和思想状况,加强思想政治工作和科普宣传教育,引导农民工树立社会主义核心价值观。开展"人文关怀进企业、进一线"活动。通过依托各类学校开设农民工夜校等方式,开展新市民培训,培养诚实劳动、爱岗敬业的作风和文明、健康的生活方式。对有需要的农民工开展心理疏导。努力推进农民工本人融入企业、子女融入学校、家庭融入社区、群体融入城镇(农民工办会同教育部、卫生计生委、全国总工会、共青团中央、全国妇联负责)。

(二十二)建立健全农村留守儿童、留守妇女和留守老人关爱服务体系。实施"共享蓝天"关爱农村留守儿童行动,完善工作机制、整合资源、增加投入,依托中小学、村民委员会普遍建立关爱服务阵地,做到有场所、有图书、有文体器材、有志愿者服务。继续实施学前教育行动计划,加快发展农村学前教育,着力解决留守儿童入园需求。全面改善贫困地区薄弱学校基本办学条件,加快农村寄宿制学校建设,优先满足留守儿童寄宿需求,落实农村义务教育阶段家庭经济困难寄宿生生活补助政策。实施农村义务教育学生营养改善计划,开展心理关怀等活动,促进学校、家庭、社区有效衔接。加强农村"妇女之家"建设,培育和扶持妇女互助合作组织,帮助留守妇女解决生产、生活困难。全面实施城乡居民基本养老保险制度,建立健全农村老年社会福利和社会救助制度,发展适合农村特点的养老服务体系,努力保障留守老人生活。加强社会治安管理,保障留守儿童、留守妇女和留守老人的安全,发挥农村社区综合服务设施关爱留守人员功能(民政部、全国妇联会同发展改革委、教育部、公安部、财政部、人力资源社会保障部、共青团中央负责)。

六、进一步加强对农民工工作的领导

(二十三)完善农民工工作协调机制。各级人民政府要把农民工工作列入经济社会发展总体规划和政府目标考核内容,建立健全考核评估机制,落实相关责任。国务院已成立农民工工作领导小组,办公室设在人力资源社会保障部。县级以上地方人民政府也要成立农民工工作领导小组,加强统筹协调和工作指导(农民工办会同国务院农民工工作领导小组各成员单位负责)。

(二十四)加大农民工公共服务等经费投入。深化公共财政制度改革,建立政府、企业、个人共同参与的农民工市民化成本分担机制和财政转移支付同农民工市民化挂钩机制。中央和地方财政部门要按照推进基本公共服务均等化的要求,统筹考虑农民工培训就业、社会保障、公共卫生、随迁子女教育、住房保障、公共文化等基本公共服务的资金需求,加大投入力度,为农民工平等享受基本公共服务提供经费保障。各级财政部门要将农民工工作经费纳入公共财政预算支出范围(财政部、农民工办会同发展改革委、教育部、民政部、人力资源社会保障部、住房城乡建设部、文化部、卫生计生委负责)。

(二十五)创新和加强工青妇组织对农民工的服务。积极创新工会组织形式和农民工入会方式,将农民工组织到工会中来。以输入地团组织为主、输出地团组织配合,逐步建立农民工团员服务和管理工作制度,积极从新生代农民工中发展团员。各级工会、共青团、妇联组织要切实履行维护农民工权益的职责,通过开展志愿者活动等方式关心关爱农民工及其子女,努力为农民工提供服务(全国总工会、共青团中央、全国妇联分别负责)。

(二十六)发挥社会组织服务农民工的积极作用。按照培育发展和管理监督并重的原则,对为农民工服务的社会组织正确引导、给予支持,充分发挥他们为农民工提供服务、反映诉求、协同社会管理、促进社会融合的积极作用。改进对服务农民工的社会组织的管理,完善扶持政策,通过开展业务培训、组织经验交流、政府购买服务等方式,引导和支持其依法开展服务活动(民政部会同发展改革委、教育部、公安部、司法部、财政部、人力资源社会保障部、文化部、卫生计生委、工商总局、全国总工会负责)。

(二十七)夯实做好农民工工作的基础性工作。加大投入,建立输入地与输出地相结合、综合统计与部门统计相结合、标准统一、信息共享的农民工统计调查监测体系,做好农民工市民化进程动态监测工作。深入开展农民工工作的理论和政策研究,为党和政府相关决策提供依据(统计局、农民工办会同国务院农民工工作领导小组其他成员单位负责)。

（二十八）进一步营造关心关爱农民工的社会氛围。坚持正确导向，组织引导新闻媒体运用多种方式，加强政策阐释解读，积极宣传农民工工作的好经验、好做法和农民工中的先进典型，对相关热点问题开展及时有效的舆论引导。对优秀农民工和农民工工作先进集体及个人按规定进行表彰奖励，努力使尊重农民工、公平对待农民工、让农民工共享经济社会发展成果成为全社会的自觉行动（中央宣传部、农民工办会同国务院农民工工作领导小组其他成员单位负责）。

各地区、各有关部门要按照本意见要求，结合实际抓紧制定和完善配套政策措施，积极研究解决工作中遇到的新问题。国务院农民工工作领导小组每年要针对重点工作和突出问题进行督察，及时向国务院报告农民工工作情况。

国务院

2014年9月12日

关于全面推进人力资源社会保障部门法治建设的指导意见

人社部发〔2015〕62号

各省、自治区、直辖市及新疆生产建设兵团人力资源社会保障厅（局），部属各单位，外专局、公务员局：

为贯彻落实《中共中央关于全面推进依法治国若干重大问题的决定》精神，进一步加强人力资源社会保障部门法治（以下简称"人社法治"）建设工作，现提出以下指导意见。

一、总体要求和基本原则

（一）**总体要求**。深入贯彻落实党的十八大和十八届三中、四中全会精神和习近平总书记系列重要讲话精神，紧紧围绕全面建成小康社会、全面深化改革、全面依法治国、全面从严治党战略布局，为实现全面推进依法治国的总目标，在人力资源社会保障领域，加快形成完备的法律规范体系、高效的法治实施体系、严密的法治监督体系、有力的法治保障体系，为全面推进人力资源社会保障事业科学发展提供坚实的法治保障。

（二）**基本原则**。一是坚持改革创新与法治规范相衔接。运用法治思维和法治方式推进各项工作的改革创新，把改革决策纳入法治体系，做到重大改革于法有据、立法主动适应改革和事业发展需要。在改革过程中，高度重视发挥法治的引领和推动作用，确保各项改革在法治轨道上推进。二是坚持提高依法行政能力与推进人力资源社会保障事业科学发展相适应。全面推进权力依法设置和公开透明运行机制建设,坚持法定职责必须为、法无授权不可为,做到既不失职,又不越权,依法推进人力资源社会保障事业实现科学发展。三是坚持管理与服务相结合。以"民生为本、人才优先"为工作主线,进一步增强履职意识,推进各级人力资源社会保障部门工作法治化、规范化、制度化,提高科学管理水平,提升为民服务质量,切实做到权为民所用、情为民所系、利为民所谋。

二、推进人力资源社会保障法律规范体系建设

(三)加强立法工作。各级人力资源社会保障部门要按照部里提出的人力资源社会保障立法体系构想,上下联动推进就业创业、社会保险、人才开发、人事管理、收入分配、劳动关系等方面的立法和配套法规体系建设。对近期已列入国家立法规划和年度计划的国家勋章和国家荣誉称号法、外国人在中国工作管理条例、国务院表彰奖励工作条例、人力资源市场条例、失业保险条例(修订)等法律法规,要配合立法机关按时完成;积极开展对人才培养和使用、职业技能开发、劳动标准、社会保险基金管理等领域的立法调研论证。有立法权的地方的人力资源社会保障部门要结合实际,主动推进地方立法,积极为国家立法创造条件。

(四)完善科学民主立法程序。部里和有立法权的地方的人力资源社会保障部门要健全立法草案立项、起草、协调、论证机制,完善工作程序。健全立法工作和社会公众沟通机制,开展立法协商,建立对立法中涉及重大民生问题的论证咨询机制,探索引入第三方评估制度。除依法需要保密的外,起草的所有法规规章草案都要公开征求意见。要建立人社法治建设联系点制度,注重听取基层意见建议,广泛凝聚社会共识。

(五)坚持立法与改革协调推进。各级人力资源社会保障部门要充分利用现行法律法规提供的制度空间和条件,大胆探索、勇于创新,重点推进健全促进就业创业体制机制、社会保险配套制度、人才人事管理体制、工资收入分配制度、劳动关系调整机制等方面的改革。对实践证明已经比较成熟的改革经验和行之有效的改革举措,要尽快提出立法建议,积极配合立法机关将其上升为法律法规;对立法条件尚不成熟、而改革实践又迫切需要先行先

试的事项,要按照法定程序先取得授权,再先行先试。

三、健全人社法治实施体系

(六)**依法全面履行部门职能**。各级人力资源社会保障部门要围绕"民生为本、人才优先"的工作主线,全面推进依法履职,坚决纠正不作为、乱作为,坚决克服懒政、怠政。各地人力资源社会保障部门依法履职要坚持管理与服务并重,以促进就业创业、社会保险经办、人才人事管理服务、劳动关系协调、劳动保障监察、劳动人事争议处理为重点,推行综合管理和综合服务,依法规范基层公共服务平台和"窗口"服务行为,切实做到法定职责必须为。

(七)**建立权力清单和责任清单制度**。各地人力资源社会保障部门要按照中办发[2015]21号文件精神,在当地党委和政府领导下,认真核实本级部门权力的名称、类型、依据、行使主体、流程图和监督方式等,逐一厘清与行政权力相对应的责任事项、责任主体,并向社会公布权力清单和责任清单,保证行政权力在阳光下运行。按照规范运行和高效透明的要求,减少权力行使环节,优化权力运行流程,明确和强化工作责任。继续深化行政审批制度改革,对保留的行政审批事项,实行"一个窗口"办理,制定审批事项服务指南、审查工作细则,推行网上办理,加强对管理事项的事中事后监管。创新管理服务方式,对适合由社会组织提供的公共服务事项,依法交由社会组织承担。

(八)**健全重大行政决策机制**。各级人力资源社会保障部门要坚持把公众参与、专家论证、风险评估、合法性审查、集体讨论决定作为重大行政决策必经程序。对关系全局、涉及面广、与民生相关的重大行政决策事项,未经合法性审查或者经审查不合法的,不得提交决策讨论。对公民、法人或者其他组织的权利义务产生直接影响的规范性文件,未经公开征求意见、合法性审查、集体讨论的,不得发布施行。没有法律法规的依据,规范性文件不得作出减损公民、法人和其他组织权利或者增加其义务的规定,不得设定行政许可、行政处罚、行政强制等事项。在各级人力资源社会保障部门积极推行建立法律顾问制度。

（九）**完善行政执法体制机制**。各地人力资源社会保障部门要积极推进行政执法体制改革，根据不同层级的事权和职能，按照减少层次、提高执法效能的原则，推进综合执法，进一步整合劳动保障监察职责，着力解决多头执法、重复执法，减少职责交叉，加强工作衔接。严格实行行政执法人员持证上岗和资格管理制度。完善人力资源社会保障部门与其他部门联合执法和沟通协作机制，健全行政执法和刑事司法衔接机制，规范案件移送标准和程序，实现行政处罚和刑事处罚无缝对接。

（十）**坚持严格规范公正文明执法**。各地人力资源社会保障部门要制定和完善行政执法程序规定，建立执法全过程记录制度，明确具体操作流程，重点规范行政许可事项、职业资格认定和职工工伤认定、社会保险待遇确认、劳动保障监察执法检查与处罚、社会保险费征收与欠费强制划拨等执法行为。建立健全行政裁量权基准制度，细化、量化行政裁量标准，规范裁量范围、种类和幅度。严格执行重大执法决定法制审核制度，未经法制审核或者审核未通过的，不得作出决定。全面落实行政执法责任制，健全行政执法评议考核和执法过错追究制度，定期组织对行政执法行为的案卷评查，并将评查情况进行通报。

（十一）**创新行政执法和服务方式**。各地人力资源社会保障部门要建立行政执法公示制度，推进就业失业登记、劳动用工备案、行政执法处理、社会保险登记缴费及待遇支付、人事考试等信息实现互联互通。加强网上执法办案系统建设，逐步实现执法信息网上录入、执法程序网上流转、执法活动网上监督。建立健全行政管理相对人信用记录制度，在确保信息安全的前提下，积极推进跨地区、跨部门的行政执法信息共享。健全执法办案信息查询系统，推行生效法律文书统一上网和公开查询制度。

四、完善人社法治监督体系

（十二）**自觉接受对行政权力的制约和监督**。各级人力资源社会保障部门党组要切实履行主体责任，对本部门党风廉政建设负总责。认真执行向本级人大及其常委会报告工作制度、接受询问和质询制度。要向政协按要求通报有关情况。要支持人民法院受理行政案件，尊重并严格执行人民法院生效的裁判。积极配合检察机关对在履行职责中发现的行政违法行为进行监督。要自觉接受审计监督，加强内部审计工作。要完善各级部门内部层级监督和专门监督，重点对权力集中的单位和岗位强化内部流程控制，防止权力滥用。要积极推行人力资源社会保障法规规章实施后的调研评估，每年确定一至两个重点领域，对有关法规规章实施情况进行专项检查调研，并对实施情况进行评估和通报。

（十三）健全行政复议工作制度。各级人力资源社会保障部门要严格执行行政复议法和行政诉讼法，适应法院由立案审查制变为立案登记制的改革，建立和完善行政复议答复、行政应诉答辩工作制度，提高行政复议办案质量，健全行政复议和行政应诉工作机制。建立行政复议和行政应诉典型案例通报制度，以案析法、以案学法，充分发挥审理行政复议和行政诉讼案件对规范行政行为、推动依法行政的重要作用。建立健全责任追究制度，对案件背后暴露出的工作人员失职、渎职行为，依法追究相关人员责任。

（十四）全面推进政务公开。各级人力资源社会保障部门要认真贯彻实施《中华人民共和国政府信息公开条例》，重点加强人力资源社会保障事业预决算和"三公"经费的信息公开，加大对行政许可、社会保险费征收、劳动保障违法案件查处等的公示力度，推进就业创业扶持、社会保险基金管理、公务员和事业单位工作人员招考、职业资格认定等社会高度关注事项的公开。依法做好政府信息依申请公开工作。将部门门户网站作为信息公开的第一平台，加强互联网政务信息数据服务平台和便民服务平台建设，自觉接受社会监督和舆论监督。

五、强化人社法治保障体系

（十五）提高全系统干部职工的法治思维能力。各级人力资源社会保障部门要建立健全法治教育培训制度，提高干部职工运用法治思维和法治方式解决问题的能力。通过加强立法调研和执法调研、执法监督检查、案例讨论、工作研讨、召开现场会和经验交流会等形式，把学习法律与运用法律解决实际问题紧密结合起来，促进全系统干部职工自觉养成平时学法、遇事找法、办事依法、解决问题靠法的行为习惯。积极开展人社法治理论研究，充分发挥科研单位及专家学者的作用，借鉴国际理论研究成果，为指导人社法治实践提供决策参考。

（十六）健全社会矛盾纠纷预防化解机制。各级人力资源社会保障部门要健全人力资源社会保障领域的群体性社会矛盾预警机制、利益表达机制、协商沟通机制、救济救助机制，引导和支持当事人理性表达诉求、依法维护权益。要把信访纳入法治化轨道，通过法律渠道优先、按照法定途径分类处理信访投诉请求，保障当事人的合法诉求依照法律规定和法定程序得到合法合理的解决。建立调解、劳动人事仲裁、行政裁决、行政复议、诉讼等有机衔接、相互协调的多元化纠纷解决机制，努力做到处理每一个案件都体现公平正义。

（十七）营造人社法治的良好氛围。各级人力资源社会保障部门要把加强普法宣传作为一项长期的基础性工作，实施好"七五"普法规划。要通过部门门户网站和各级各类新闻媒体，及时发布人力资源社会保障法律法规和重要政策，围绕公众关切解疑释惑。要深入开展多层次、多渠道、多形式的人社法治示范创建活动，及时推广人社法治建设中的好经验和好做法，引导用人单位和劳动者在维护权益过程中，自觉守法、依法解决问题。要支持行业协会等各类社会组织发挥行业自律和专业服务功能，发挥社会组织依法对其成员遵守人力资源社会保障法律法规的行为引导。要完善守法诚信褒奖机制和违法失信惩戒机制，使尊法守法成为用人单位和劳动者的共同追求和自觉行动。

（十八）加大法治经费保障力度。各级人力资源社会保障部门要积极争取同级财政等部门支持，将人社法治建设工作经费列入年度预算，为开展人社法治工作的各项组织推动、宣传培训、示范创建、信息化建设、考核评议、表彰奖励等提供必要的经费保障。要建立重心下移、力量下沉的法治工作机制，加大对基层人社法治工作的经费支持，改善基层法治建设的基础设施和装备条件，为有效实现法治为民提供必要的保障。

（十九）加强法制机构和队伍建设。各级人力资源社会保障部门要切实加强法制机构建设，使机构设置、人员配备与人社法治建设任务相适应。充分发挥法制机构在加快推进人社法治建设工作中的统筹规划、综合协调、督促指导、考核评价作用，高度重视法制机构在重大文件起草及重大行政决策中实行合法性审查的主导作用。法制机构要加强自身队伍建设，不断提高工作人员的思想政治素质和法律专业能力，努力当好本部门领导在依法行政方面的参谋、助手和法律顾问。

六、切实抓好组织落实

（二十）**加强人社法治建设的组织领导**。加强人社法治建设是各级人力资源社会保障部门中所有单位共同的工作任务。各级人力资源社会保障部门要建立健全法治工作的组织领导机制，部门主要负责人要切实履行推进人社法治建设第一责任人的责任，带头遵守法律，带头依法行政，将人社法治建设纳入工作全局，与推进事业发展、深化改革一起部署、一起落实。把法治建设的各项工作成效作为衡量各级人力资源社会保障部门领导班子和领导干部以及各单位工作实绩的重要内容，纳入政绩考核指标体系，充分发挥考核评价对法治政府部门建设的重要推动作用。

（二十一）**落实人社法治各项工作制度**。各级人力资源社会保障部门要结合实际制定加快推进人社法治建设的具体办法和配套措施，确定不同阶段的重点，有计划、分步骤、扎扎实实全面推进人社法治工作。要健全推进人社法治建设的各项工作制度，完善责任落实机制，将任务和责任分解落实到具体单位和人员。要加强督促检查，不断增强人社法治制度建设的针对性和实效性，确保人社法治建设各项工作任务落到实处。

加快推进人社法治建设，责任重大，任务艰巨。各级人力资源社会保障部门要把建设法治政府，依法行政、行政为民作为推进各项业务工作的基本准则，增强使命感、责任感，锐意进取，开拓创新，扎实工作，为全面推进人社法治建设作出积极贡献。

中华人民共和国人力资源和社会保障部令

第25号

《专业技术人员继续教育规定》已经2015年8月3日人力资源社会保障部第70次部务会讨论通过，现予公布，自2015年10月1日起施行。

部长 尹蔚民
2015年8月13日

专业技术人员继续教育规定

第一章 总 则

第一条 为了规范继续教育活动，保障专业技术人员权益，不断提高专业技术人员素质，根据有关法律法规和国务院规定，制定本规定。

第二条 国家机关、企业、事业单位以及社会团体等组织（以下称用人单位）的专业技术人员继续教育（以下称继续教育），适用本规定。

第三条 继续教育应当以经济社会发展和科技进步为导向，以能力建设为核心，突出针对性、实用性和前瞻性，坚持理论联系实际、按需施教、讲求实效、培养与使用相结合的原则。

第四条 用人单位应当保障专业技术人员参加继续教育的权利。

专业技术人员应当适应岗位需要和职业发展的要求，积极参加继续教育，完善知识结构、增强创新能力、提高专业水平。

第五条 继续教育实行政府、社会、用人单位和个人共同投入机制。

国家机关的专业技术人员参加继续教育所需经费应当按照国家有关规定予以保障。企业、事业单位等应当依照法律、行政法规和国家有关规定提取和使用职工教育经费，不断加大对专业技术人员继续教育经费的投入。

第六条 继续教育工作实行统筹规划、分级负责、分类指导的管理体制。

人力资源社会保障部负责对全国专业技术人员继续教育工作进行综合管理和统筹协调，制定继续教育政策，编制继续教育规划并组织实施。

县级以上地方人力资源社会保障行政部门负责对本地区专业技术人员继续教育工作进行综合管理和组织实施。

行业主管部门在各自职责范围内依法做好本行业继续教育的规划、管理和实施工作。

第二章　内容和方式

第七条 继续教育内容包括公需科目和专业科目。

公需科目包括专业技术人员应当普遍掌握的法律法规、理论政策、职业道德、技术信息等基本知识。专业科目包括专业技术人员从事专业工作应当掌握的新理论、新知识、新技术、新方法等专业知识。

第八条 专业技术人员参加继续教育的时间，每年累计应不少于90学时，其中，专业科目一般不少于总学时的三分之二。

专业技术人员通过下列方式参加继续教育的，计入本人当年继续教育学时：

（一）参加培训班、研修班或者进修班学习；

（二）参加相关的继续教育实践活动；

（三）参加远程教育；

（四）参加学术会议、学术讲座、学术访问等活动；

（五）符合规定的其他方式。

继续教育方式和学时的具体认定办法，由省、自治区、直辖市人力资源社会保障行政部门制定。

第九条 用人单位可以根据本规定，结合本单位发展战略和岗位要求，组织开展继续教育活动或者参加本行业组织的继续教育活动，为本单位专业技术人员参加继续教育提供便利。

第十条 专业技术人员根据岗位要求和职业发展需要，参加本单位组织的继续教育活动，也可以利用业余时间或者经用人单位同意利用工作时间，参加本单位组织之外的继续教育活动。

第十一条 专业技术人员按照有关法律法规规定从事有职业资格要求工作的，用人单位应当为其参加继续教育活动提供保障。

第十二条 专业技术人员经用人单位同意，脱产或者半脱产参加继续教育活动的，用人单位应当按照国家有关规定或者与劳动者的约定，支付工资、福利等待遇。

用人单位安排专业技术人员在工作时间之外参加继续教育活动的，双方应当约定费用分担方式和相关待遇。

第十三条 用人单位可以与生产、教学、科研等单位联合开展继续教育活动，建立生产、教学、科研以及项目、资金、人才相结合的继续教育模式。

第十四条 国家通过实施重大人才工程和继续教育项目、区域人才特殊培养项目、对口支援等方式，对重点领域、特殊区域和关键岗位的专业技术人员继续教育工作给予扶持。

第三章 组织管理和公共服务

第十五条 专业技术人员应当遵守有关学习纪律和管理制度，完成规定的继续教育学时。

专业技术人员承担全部或者大部分继续教育费用的，用人单位不得指定继续教育机构。

第十六条 用人单位应当建立本单位专业技术人员继续教育与使用、晋升相衔接的激励机制，把专业技术人员参加继续教育情况作为专业技术人员考核评价、岗位聘用的重要依据。

专业技术人员参加继续教育情况应当作为聘任专业技术职务或者申报评定上一级资格的重要条件。有关法律法规规定专业技术人员参加继续教育作为职业资格登记或者注册的必要条件的，从其规定。

第十七条 用人单位应当建立继续教育登记管理制度，对专业技术人员参加继续教育的种类、内容、时间和考试考核结果等情况进行记录。

第十八条 依法成立的高等院校、科研院所、大型企业的培训机构等各类教育培训机构（以下称继续教育机构）可以面向专业技术人员提供继续教育服务。

继续教育机构应当具备与继续教育目的任务相适应的场所、设施、教材和人员，建立健全相应的组织机构和管理制度。

第十九条 继续教育机构应当认真实施继续教育教学计划，向社会公开继续教育的范围、内容、收费项目及标准等情况，建立教学档案，根据考试考核结果如实出具专业技术人员参加继续教育的证明。

继续教育机构可以充分利用现代信息技术开展远程教育，形成开放式的继续教育网络，为基层、一线专业技术人员更新知识结构、提高能力素质提供便捷高效的服务。

第二十条 继续教育机构应当按照专兼职结合的原则，聘请具有丰富实践经验、理论水平高的业务骨干和专家学者，建设继续教育师资队伍。

第二十一条 人力资源社会保障部按照国家有关规定遴选培训质量高、社会效益好、在继续教育方面起引领和示范作用的继续教育机构，建设国家级专业技术人员继续教育基地。

县级以上地方人力资源社会保障行政部门和有关行业主管部门可以结合实际，建设区域性、行业性专业技术人员继续教育基地。

第二十二条 人力资源社会保障行政部门会同有关行业主管部门和行业组织，建立健全继续教育公共服务体系，搭建继续教育公共信息综合服务平台，发布继续教育公需科目指南和专业科目指南。

人力资源社会保障行政部门会同有关行业主管部门和行业组织，根据专业技术人员不同岗位、类别和层次，加强课程和教材体系建设，推荐优秀课程和优秀教材，促进优质资源共享。

第二十三条 人力资源社会保障行政部门和有关行业主管部门直接举办继续教育活动的，应当突出公益性，不得收取费用。

人力资源社会保障行政部门和有关行业主管部门委托继续教育机构举办继续教育活动的，应当依法通过招标等方式选择，并与继续教育机构签订政府采购合同，明确双方权利和义务。

鼓励和支持企业、事业单位、行业组织等举办公益性继续教育活动。

第二十四条 人力资源社会保障行政部门应当建立继续教育统计制度，对继续教育人数、时间、经费等基本情况进行常规统计和随机统计，建立专业技术人员继续教育情况数据库。

第二十五条 人力资源社会保障行政部门或者其委托的第三方评估机构可以对继续教育效果实施评估，评估结果作为政府有关项目支持的重要参考。

第二十六条 人力资源社会保障行政部门应当依法对用人单位、继续教育机构执行本规定的情况进行监督检查。

第四章 法律责任

第二十七条 用人单位违反本规定第五条、第十一条、第十二条、第十五条第二款、第十六条、第十七条规定的，由人力资源社会保障行政部门或者有关行业主管部门责令改正；给专业技术人员造成损害的，依法承担赔偿责任。

第二十八条 专业技术人员违反本规定第八条第一款、第十五条第一款规定，无正当理由不参加继续教育或者在学习期间违反学习纪律和管理制度的，用人单位可视情节给予批评教育、不予报销或者要求退还学习费用。

第二十九条 继续教育机构违反本规定第十九条第一款规定的，由人力资源社会保障行政部门或者有关行业主管部门责令改正，给予警告。

第三十条 人力资源社会保障行政部门、有关行业主管部门及其工作人员，在继续教育管理工作中不认真履行职责或者徇私舞弊、滥用职权、玩忽职守的，由其上级主管部门或者监察机关责令改正，并按照管理权限对直接负责的主管人员和其他直接责任人员依法予以处理。

第五章 附 则

第三十一条 本规定自2015年10月1日起施行。1995年11月1日原人事部发布的《全国专业技术人员继续教育暂行规定》（人核培发〔1995〕131号）同时废止。

关于做好工伤保险费率调整工作 进一步加强基金管理的指导意见

人社部发〔2015〕72号

各省、自治区、直辖市人力资源社会保障厅（局）、财政厅（局），新疆生产建设兵团人力资源社会保障局、财务局：

近日，人力资源社会保障部、财政部经国务院批准印发了调整工伤保险费率政策的通知（人社部发〔2015〕71号，以下简称《通知》），此次调整完善工伤保险费率政策总的原则是：总体降低，细化分类，健全机制。为贯彻落实国务院关于适时适当降低工伤保险费率的要求，进一步加强工伤保险基金管理，提高基金使用效率，现就有关问题提出如下意见：

一、充分认识调整完善工伤保险费率政策的重要性

调整完善工伤保险费率政策，总体上降低工伤保险费率水平，是适应我国经济发展新常态，减轻用人单位负担的重要举措，有利于建立健全与行业工伤风险基本对应、风险档次适度的工伤保险费率标准，有利于落实工伤保险基金"以支定收、收支平衡"筹资原则，优化工伤保险基金管理，确保工伤保险基金可持续运行，更好地保障工伤职工的合法权益。各地应充分认识调整完善工伤保险费率政策的重要性，加强对调整完善工伤保险费率政策的组织领导，采取切实有效措施，强化工伤保险基金管理，在基金收支平衡的基础上，实现总体上降低工伤保险费率水平的目标。

二、准确确定用人单位适用的行业分类

各统筹地区社会保险经办机构要严格按照《通知》规定的行业类别划分，根据用人单位的工商登记注册和主要经营生产业务等情况，分别确定其所对应的行业工伤风险类别。对劳务派遣企业，可根据被派遣劳动者实际用工单位所在行业，或根据多数被派遣劳动者实际用工单位所在行业，确定其工伤风险类别。

三、科学确定工伤保险行业基准费率标准

各统筹地区人力资源社会保障部门要会同财政部门依据调整后的全国工伤保险行业基准费率，根据本地区各行业工伤保险费使用、工伤发生率、职业病危害程度等情况，拟订本地区工伤保险行业基准费率的具体标准，报统筹地区人民政府批准后实施。要加强工伤保险基金的精算平衡，全面分析影响基金收入和支出的当期因素和中长期变化趋势，包括参保扩面潜力、职工工资基数增长速度、本地区参保单位工伤发生率、工伤医疗费用增长速度、保障范围和支付标准的变化等，确保基金中长期可持续运行。各地基准费率的具体标准可根据统筹地区经济产业结构变动、工伤保险费使用等情况适时调整。

四、合理调控工伤保险基金的结存规模

各地要严格按照"以支定收、收支平衡"的筹资原则，将工伤保险基金结存保持在合理适度的规模。实行地市级统筹的地区，基金累计结存（含储备金，下同）的正常规模原则上控制在12个月左右平均支付水平；实行省级统筹的地区，基金累计结存的正常规模原则上控制在9个月左右平均支付水平。基金累计结存超过正常规模的统筹地区，其行业基准费率的具体标准不得高于《通知》中规定的全国工伤保险行业基准费率。实行地市级统筹、省级统筹的地区，基金累计结存规模分别超过18个月、12个月左右平均支付水平的，应通过适时调整行业基准费率具体标准或下调费率等措施压减过多结

存，促进基金结存回归正常水平。实行地市级统筹、省级统筹的地区，基金累计结存规模分别低于9个月、6个月左右平均支付水平的，可通过加大扩面和基金征缴力度、适时调整行业基准费率具体标准或上浮费率等措施，确保基金安全可持续运行和各项工伤保险待遇支付。

五、定期进行单位费率浮动

各统筹地区要充分发挥工伤保险浮动费率机制的作用，周密制定单位费率浮动的具体办法。各统筹地区社会保险经办机构应每一至三年对各参保单位的工伤风险状况进行一次全面评估，并依据其工伤保险费使用、工伤发生率、职业病危害程度等因素，确定其费率是否浮动及浮动的档次。对风险程度骤升的单位，可一次上浮两个档次，并通过适当形式通报，以示警戒。

六、全面建立并规范工伤保险基金储备金制度

各地要充分利用信息化手段，构建工伤保险基金运行分析和风险预警系统，加强对政策实施和基金运行情况的监测，定期分析工伤保险费率对工伤保险基金运行的影响。在此基础上，建立和完善工伤保险储备金制度，应对突发性、大规模、集中的工伤保险基金支付风险。储备金的规模按当地基金支出规模的一定比例确定，具体比例由省、自治区、直辖市人民政府确定。未设立储备金的统筹地区应于2016年底前设立储备金，已实行省级统筹的地区要建立省级储备金制度。储备金计算在工伤保险基金结存之内。

七、规范和提高工伤保险基金统筹层次

提高工伤保险统筹层次是提高工伤保险基金抵御风险能力的重要措施，也是适当降低费率政策的有力保障。尚未实行地市级统筹的地区，要在2015年底实现地市级基金统筹；已初步实行地市级统筹的地区，要加快实现基金的统收统支管理；有条件的地区，要积极推进省级统筹。

八、建立费率确定调整和实施情况定期报备制度

各地要加强对费率政策执行情况的监控,建立费率调整和实施情况定期报备制度。各统筹地区应在每年末将本地区基准费率调整变化情况和浮动费率实施情况及实施效果报省级人力资源社会保障部门和财政部门。各省级人力资源社会保障部门、财政部门要在次年2月底之前将本地区的汇总分析情况报送人力资源社会保障部、财政部。

九、加强部门间协同配合

各地要加强人力资源社会保障部门、财政部门之间的协同配合,周密制定有关工伤保险费率政策调整和完善基金管理的措施。在相关政策制定和实施中,还要加强同安全生产监管、卫生计生等部门、相关产业部门及工会组织的协同合作,共同促进工伤保险相关政策的落实。各地在贯彻实施工伤保险费率政策调整和完善基金管理工作中如遇重大问题,应及时报人力资源社会保障部、财政部。

人力资源社会保障部
财政部
2015年7月22日

关于加强专业性劳动争议调解工作的意见

人社部发〔2015〕53号

各省、自治区、直辖市及新疆生产建设兵团人力资源社会保障厅（局）、综治办：

为贯彻落实中共中央、国务院《关于构建和谐劳动关系的意见》（中发〔2015〕10号）及中央综治委、人力资源社会保障部等16部委《关于深入推进矛盾纠纷大调解工作的指导意见》（综治委〔2011〕10号），进一步加强专业性劳动争议调解工作，现提出以下意见：

一、总体要求

深入贯彻党的十八大和十八届三中、四中全会关于健全社会矛盾纠纷预防化解机制、创新劳动关系协调机制、加强劳动争议调解的精神，按照《关于构建和谐劳动关系的意见》的要求，坚持"预防为主、基层为主、调解为主"的方针，建立党委、政府领导、综治协调、人力资源社会保障行政部门主导、有关部门和单位共同参与的专业性劳动争议调解工作机制，健全调解组织，完善工作制度，强化基础保障，提升专业性劳动争议调解工作能力，发挥专业性调解在争议处理中的基础性作用，促进劳动关系和谐与社会大局稳定。

二、加强专业性劳动争议调解组织建设

建立健全专业性劳动争议调解组织。积极推动企业劳动争议调解组织建设，建立有效的劳动争议协商解决机制，提高企业自主解决争议的能力。指导和推动行业商会（协会）建立劳动争议调解组织，重点推进争议多发的制造、餐饮、建筑、商贸服务和民营高科技等行业商会（协会）建立劳动争议调解组织。进一步加强乡镇（街道）劳动就业社会保障服务所（中心）调解组织建设。加强统筹协调，在乡镇（街道）矛盾纠纷调解工作平台设置"劳动争议调解窗口"，由当地乡镇（街道）劳动就业社会保障服务所（中心）调解组织负责调解窗口的日常工作。各类专业性劳动争议调解组织的设立和人员组成情况要及时向当地人力资源社会保障行政部门备案。各地人力资源社会保障行政部门要加强工作情况通报，建立调解组织、调解员名册制度，定期向社会公开调解组织、调解员名单。

推进专业性劳动争议调解组织规范化建设。各类专业性劳动争议调解组织和"劳动争议调解窗口"要按照人力资源社会保障部关于基层调解工作规范化建设的要求，统一规范标识、名称、工作职责、工作程序和调解员行为。各地人力资源社会保障行政部门要将推进调解工作规范化建设作为加强专业性劳动争议调解工作的重要措施，加强指导推动和督促检查。有条件的地区可通过发放劳动争议调解服务手册、联系卡，或在相关网站平台发布信息等方式，为企业、职工提供方便，提高调解组织的管理服务水平。

三、推动专业性劳动争议调解制度建设

完善劳动争议调解工作制度。对于小额、简单劳动争议案件，各类专业性劳动争议调解组织要探索符合其特点的调解制度和方法技巧，就近就地予以化解。对于重大集体劳动争议案件，各地仲裁机构要会同工会、企业代表组织及时介入，积极引导当事人双方通过调解化解争议，调解成功的要现场制作调解书，调解不成的要及时引导进入仲裁程序。各地人力资源社会保障行政部门要指导各类专业性劳动争议调解组织完善调解案件登记、调解工作

记录、督促履行调解协议、档案管理、统计报告等工作制度。

完善调解与仲裁衔接机制。各地人力资源社会保障行政部门要指导仲裁机构做好调解与仲裁工作的衔接,加强对辖区内专业性劳动争议调解组织的支持。仲裁机构要落实调解建议书、委托调解、调解协议仲裁审查确认等三项工作制度,制定具体实施细则,提升调解协议的执行力。对未经调解组织调解,当事人直接申请仲裁的劳动争议案件,劳动人事争议仲裁委员会可向当事人发出调解建议书,引导其在企业、乡镇(街道)、行业调解组织进行调解。仲裁委员会对于已经立案的劳动争议案件,认为可以委托调解的,经当事人双方同意,可以委托调解组织进行调解。对当事人双方提出的审查调解协议申请,仲裁委员会受理后,应当对调解协议进行审查,对程序和内容合法有效的调解协议出具调解书。

四、加强专业性劳动争议调解的基础保障

加强调解员队伍建设。各类专业性劳动争议调解组织要合理配备专职或者兼职调解员。乡镇(街道)劳动就业社会保障服务所(中心)调解组织可通过调剂事业编制、政府购买服务、开发公益性岗位等多种途径,充实调解员队伍,争议案件易发、多发的乡镇(街道)要配备专职调解员。各地人力资源社会保障行政部门要指导各类专业性劳动争议调解组织建立和完善调解员的选聘、业务培训、工作考评等管理制度,逐步实现调解员持证上岗。加大调解员培训力度,建立调解员分级培训机制,提升调解员的法律素养和工作能力。加强调解队伍作风建设,增强服务意识,改进服务措施,提高服务能力,打造专业性劳动争议调解优质服务品牌。

改善调解工作条件。要积极协调有关方面,支持各类专业性调解组织改善工作条件。乡镇(街道)劳动就业社会保障服务所(中心)调解组织要有独立的调解室,配备必要的办案和办公设备。各地要积极协调将乡镇(街道)调解工作经费纳入当地财政预算,保证工作正常开展。根据调解案件数量和难易程度,通过政府购买服务方式,按照以案定补方式给予必要的经费支持。

五、加强对专业性劳动争议调解工作的组织领导

各地人力资源社会保障行政部门、综治组织要高度重视专业性劳动争议调解工作，将其作为构建和谐劳动关系、健全社会矛盾纠纷预防化解机制的重要任务，切实加强组织领导，密切配合，形成工作合力。

人力资源社会保障行政部门主要承担专业性劳动争议调解工作的牵头职责，负责制定劳动争议调解规章政策，会同有关部门推动各类专业性调解组织和队伍建设，建立健全集体劳动争议调解机制。

综治组织在党委、政府领导下，加强调查研究、组织协调、督导检查、考评、推动，推进矛盾纠纷排查预警、调解处置工作，研究完善群众利益协调机制，落实矛盾纠纷排查调处工作协调会议纪要月报制度。会同人力资源社会保障行政部门，将专业性劳动争议调解工作纳入综治工作（平安建设）考评。

各地人力资源社会保障行政部门、综治组织要对加强专业性劳动争议调解工作情况联合开展督促检查，推动各项任务落到实处。要建立联席会议、信息通报等制度，及时发现、定期分析工作中存在的问题和困难，共同研究对策措施。

人力资源社会保障部
中央综治办
2015年6月3日

中外合作职业技能培训办学管理办法

（2006年7月26日劳动保障部令第27号公布 根据2015年4月30日《人力资源社会保障部关于修改部分规章的决定》修订）

第一章 总 则

第一条 为实施《中华人民共和国中外合作办学条例》（以下简称《中外合作办学条例》），规范中外合作职业技能培训办学活动，制定本办法。

第二条 中国教育机构同外国教育机构（以下简称中外合作办学者，教育机构含职业技能培训机构）合作举办职业技能培训机构和办学项目的设立、活动及管理，适用本办法。

本办法所称中外合作职业技能培训机构，是指中外合作办学者依照《中外合作办学条例》和本办法的规定，在中国境内合作举办的以中国公民为主要招生对象，实施职业技能培训的公益性办学机构。

本办法所称中外合作职业技能培训办学项目，是指中外合作办学者依照《中外合作办学条例》和本办法的规定，不设立新的职业技能培训机构，而是通过与现有中国教育机构合作设置以中国公民为主要招生对象的专业（职业、工种）、课程的方式开展的职业技能培训项目。

第三条 国家鼓励根据经济发展和劳动力市场对技能劳动者的需求及特点，引进体现国外先进技术、先进培训方法的优质职业技能培训资源。

国家鼓励在国内新兴和急需的技能含量高的职业领域开展中外合作办学。

第四条 中外合作职业技能培训机构根据法律法规的规定，享受国家给予民办学校的扶持与奖励政策。

劳动保障行政部门对发展中外合作职业技能培训办学做出突出贡献的社会组织和个人给予奖励和表彰。

第五条 国务院劳动保障行政部门负责全国中外合作职业技能培训办学工作的统筹规划、综合协调和宏观管理。省、自治区、直辖市人民政府劳动保障行政部门负责本行政区域内中外合作职业技能培训办学管理工作。

第二章 中外合作职业技能培训机构的设立

第六条 中外合作办学者应当符合《中外合作办学条例》规定的条件，具备相应的办学资格和较高的办学质量。

第七条 中外合作办学者应当在平等协商的基础上签订合作协议。合作协议应当载明下列内容：

（一）合作各方的名称、住所和法定代表人的姓名、职务、国籍；

（二）拟设立的中外合作职业技能培训机构的名称、住所、培养目标、办学宗旨、合作内容和期限；

（三）合作各方投入资产数额、方式及资金缴纳期限；

（四）解决合作各方争议的方式和程序；

（五）违反合作协议的责任；

（六）合作各方约定的其他事项。

合作协议应当为中文文本。有外文文本的，应当与中文文本的内容一致。

第八条 中外合作办学者投入的办学资金，应当与拟设立的中外合作职业技能培训机构的层次和规模相适应。

中外合作办学者应当按照合作协议按时、足额投入办学资金。中外合作职业技能培训机构存续期间，中外合作办学者不得抽逃办学资金，不得挪用办学经费。

第九条 中外合作办学者为办学投入的实物、土地使用权、知识产权以及其他财产，其作价由中外合作办学者双方按照公平合理的原则协商确定，或者聘请双方同意的社会中介组织依法进行评估，并依法办理财产权转移有关手续。

中国教育机构以国有资产作为办学投入的，应当根据国家有关国有资产监督管理规定，聘请具有评估资格的社会中介组织依法进行评估，根据评估结果合理确定国有资产的数额，并报对该国有资产负有监管职责的机构备案，依法履行国有资产管理义务。

第十条 根据与外国政府部门签订的协议或者应中国教育机构的请求，国务院劳动保障行政部门或者省、自治区、直辖市人民政府可以邀请外国教育机构与中国教育机构合作办学。

被邀请的外国教育机构应当是国际上或者所在国具有一定影响力的教育机构。

第十一条 设立中外合作职业技能培训机构由拟设立机构所在地的省、自治区、直辖市人民政府劳动保障行政部门审批。

第十二条 设立中外合作职业技能培训机构，分为筹备设立和正式设立两个步骤。具备办学条件，达到设置标准的，可以直接申请正式设立。

第十三条 申请筹备设立中外合作职业技能培训机构，应当由中国教育机构提出申请，提交《中外合作办学条例》规定的文件。其中申办报告应当按照国务院劳动保障行政部门根据《中外合作办学条例》第十四条第（一）项制定的《中外合作职业技能培训机构申请表》所规定的内容和格式填写。

申请筹备设立中外合作职业技能培训机构，还应根据《中外合作办学条例》有关条款的规定，提交中外合作办学者的注册登记证明、法定代表人的有效证明文件，其中外国合作办学者的有关证明文件应当经所在国公证机关证明。

第十四条 有下列情形之一的，审批机关不予批准筹备设立中外合作职业技能培训机构，并书面说明理由：

（一）违背社会公共利益、历史文化传统和职业培训的公益性质，不符合国家或者地方职业培训事业发展需要的；

（二）中外合作办学者有一方不符合条件的；

（三）申请文件不符合《中外合作办学条例》和本办法要求，经告知仍不改正的；

（四）申请文件有虚假内容的；

（五）法律、行政法规规定的其他不予批准情形。

第十五条 申请正式设立中外合作职业技能培训机构，应当由中国教育机构申请，提交《中外合作办学条例》规定的文件。其中直接申请正式设立的，正式设立申请书应当按照国务院劳动保障行政部门制定的《中外合作职业技能培训机构申请表》所规定的内容和格式填写，并提交本办法第十三条第二款规定的资格证明。

第十六条 正式设立中外合作职业技能培训机构，应当具备《中外合作办学条例》第十一条规定的条件。

设立中外合作职业技能培训机构，应达到以下设置标准：

（一）具有同时培训不少于200人的办学规模；

（二）办学场所应符合环境保护、劳动保护、安全、消防、卫生等有关规定及相关职业（工种）安全规程。建筑面积应与其办学规模相适应，一般不少于3000平方米，其中实习、实验场所一般不少于1000平方米。租用的场所其租赁期限不少于3年；

（三）实习、实验设施和设备应满足教学和技能训练需要，有充足的实习工位，主要设备应达到国际先进水平。具有不少于5000册的图书资料和必要的阅览场所，并配备电子阅览设备；

（四）投入的办学资金，应当与办学层次和规模相适应，并具有稳定的经费来源；

（五）校长或主要行政负责人应具有中华人民共和国国籍，在中国境内定居，热爱祖国、品行良好，具备大学本科及以上学历或者高级专业技术职务任职资格、高级以上国家职业资格；

（六）专兼职教师队伍与专业设置、办学规模相适应，专职教师人数一般不少于教师人数的1/3。每个教学班按专业应当分别配备专业理论课教师和生产实习指导教师，其中理论教师应具有与其教学岗位相适应的教师上岗资格条件，实习指导教师应具备高级及以上职业资格或中级及以上相关专业技术职务任职资格，并具有相应的教师上岗资格。但是，聘任的专兼职外籍教师和外籍管理人员，应当具备《中外合作办学条例》第二十七条规定的条件。

设立中外合作技工学校，参照技工学校设置标准执行。

第十七条 设立中外合作职业技能培训机构应当按照《中外合作办学条例》的规定制定机构章程，载明下列事项：

（一）中外合作职业技能培训机构的名称、住所；

（二）办学宗旨、规模、层次、类别等；

（三）资产数额、来源、性质以及财务制度；

（四）中外合作办学者是否要求取得合理回报；

（五）理事会或者董事会的产生方法、人员构成、权限、任期、议事规则等；

（六）法定代表人的产生和罢免程序；

（七）民主管理和监督的形式；

（八）机构终止事由、程序和清算办法；

（九）章程修改程序；

（十）其他需要由章程规定的事项。

第十八条 中外合作职业技能培训机构只能使用一个名称，其外文译名应当与中文名称相符。中外合作职业技能培训机构名称应当按所在行政区划、字号、职业技能培训学校依次确切表示。

名称中不得冠以"中国"、"全国"、"中华"等字样，不得违反国家规定，不得损害社会公共利益。

第十九条 中外合作职业技能培训机构不得设立分支机构，不得举办其他中外合作办学机构。

第二十条 审批机关受理正式设立中外合作技工学校的，应当组织专家委员会评议，由专家委员会提出咨询意见。

专家委员会对申请人申请材料按照分期分类的原则进行评审，所需时间由审批机关书面告知申请人，不计算在审批期限内。

审批机关认为必要时应当指派2名以上工作人员，对申请人提交的申请材料主要内容进行核查。

第二十一条 有下列情形之一的，审批机关不予批准正式设立中外合作职业技能培训机构，并书面说明理由：

（一）不具备办学条件、未达到设置标准的；

（二）理事会、董事会的组成人员及其构成不符合法定要求，校长或者主要行政负责人、教师、财会人员不具备法定资格，经告知仍不改正的；

（三）章程不符合《中外合作办学条例》和本办法要求，经告知仍不修改的；

（四）在筹备设立期内有违反法律、法规行为的。

直接申请正式设立中外合作职业技能培训机构的，除前款规定的第（一）、（二）、（三）项外，有本办法第十四条规定情形之一的，审批机关不予批准。

第二十二条　批准正式设立中外合作职业技能培训机构的，由该审批机关颁发国务院劳动保障行政部门统一印制、国务院教育行政部门统一编号的中外合作办学许可证。

第二十三条　中外合作职业技能培训机构遗失中外合作办学许可证的，应立即登报声明，并持声明向审批机关提交补办申请，由审批机关核准后补发。

第三章　中外合作职业技能培训办学项目的举办

第二十四条　举办中外合作职业技能培训办学项目，应当具备下列条件：

（一）中外合作办学者应当具有法人资格；

（二）项目的办学层次和类别与中外合作办学者的办学层次和类别相适应；

（三）中国教育机构应当具备举办所开设专业（职业、工种）培训的师资、设备、设施等条件。

第二十五条　举办中外合作职业技能培训办学项目，中外合作办学者应当签订合作协议，载明下列内容：

（一）合作各方的名称、住所和法定代表人的姓名、职务、国籍；

（二）合作项目名称、合作内容和期限；

（三）合作各方投入资产数额、方式及资金缴纳期限（有资产、资金投入的）；

（四）解决合作各方争议的方式和程序；

（五）违反合作协议的责任；

（六）合作各方约定的其他事项。

合作协议应当为中文文本。有外文文本的，应当与中文文本的内容一致。

第二十六条 申请举办中外合作职业技能培训办学项目，由拟举办项目所在地的省、自治区、直辖市人民政府劳动保障行政部门审批，并报国务院劳动保障行政部门备案。

第二十七条 举办中外合作职业技能培训办学项目，应当由中国教育机构提出申请，提交下列文件：

（一）《中外合作职业技能培训办学项目申请表》；

（二）合作协议；

（三）经公证的中外合作办学者法人资格证明；

（四）捐赠资产协议及相关证明（有捐赠的）。

第二十八条 审批机关受理申请后应当在30个工作日内作出是否批准举办中外合作职业技能培训办学项目的决定。有下列情形之一的，审批机关不予批准举办中外合作职业技能培训办学项目，并书面说明理由：

（一）违背社会公共利益、历史文化传统和职业培训的公益性质，不符合国家或者地方职业培训事业发展需要的；

（二）中外合作办学者有一方不符合条件的；

（三）申请文件不符合本办法要求，经告知仍不改正的；

（四）申请文件有虚假内容的；

（五）法律、行政法规规定的其他不予批准情形。

第二十九条 批准中外合作职业技能培训办学项目的，由审批机关颁发统一格式、统一编号的中外合作办学项目批准书。

中外合作办学项目批准书由国务院劳动保障行政部门制定式样并统一编号。

第四章 中外合作职业技能培训办学的组织与活动

第三十条 中外合作职业技能培训机构应当建立学籍和教学管理、教师管理、学生管理、卫生安全管理、设备管理、财务资产管理等项制度。

第三十一条 中外合作职业技能培训机构应当依照《中外合作办学条

例》的规定设立理事会、董事会。国家机关工作人员不得担任中外合作职业技能培训机构的理事会或者董事会成员。

第三十二条 中外合作职业技能培训机构应当聘任专职校长或者主要行政负责人。校长或者主要行政负责人依法独立行使教育教学和行政管理职权。

中外合作职业技能培训机构应当配备具有大学本科及以上学历及一定的外语交流能力，并具有中级及以上相关专业技术职务任职资格的专职教学管理人员。

第三十三条 中外合作职业技能培训办学项目是举办该项目的中国教育机构教育教学活动的组成部分，应当接受举办该项目的中国教育机构的管理。

第三十四条 中外合作职业技能培训机构和办学项目按照办学宗旨、培养目标和批准的专业（职业、工种）设置范围，自行设置专业（职业、工种），开展教育培训活动，但不得开展《中外合作办学条例》禁止的办学活动。

中外合作职业技能培训机构和办学项目可以在中国境内实施职业技能培训活动，也可以在中国境外实施部分职业技能培训活动。

第三十五条 中外合作职业技能培训机构和办学项目依法自主确定招生范围、标准和方式。但实施技工学校教育的，应当按照国家有关规定执行。

第三十六条 中外合作职业技能培训机构和办学项目应当按照招生简章或者与受培训者签订的培训协议，开设相应课程，开展职业技能培训，保证培训质量。

中外合作职业技能培训机构和办学项目应当提供与所设专业（职业、工种）相匹配的教育教学设施、设备和其他必要的办学条件。

第三十七条 中外合作职业技能培训机构和办学项目按照国家有关规定颁发培训证书或者结业证书。接受职业技能培训的学生，经政府批准的职业技能鉴定机构鉴定合格，可以按照国家有关规定获得相应的国家职业资格证书。

第三十八条 中外合作职业技能培训机构依法自主管理和使用本机构的资产，但不得改变按照公益事业获得的土地、校舍等资产的用途。

第三十九条 举办中外合作职业技能培训办学项目的中国教育机构应当依法对中外合作职业技能培训办学项目的财务进行管理，并在学校财务账户内设立中外合作职业技能培训办学项目专项，统一办理收支业务。

第四十条 中外合作职业技能培训机构和办学项目不得从事营利性经营活动。

第四十一条 中外合作办学者要求取得合理回报的，应当按照《中华人民共和国民办教育促进法实施条例》的规定执行。

中外合作职业技能培训机构有《中华人民共和国民办教育促进法实施条例》第四十七条列举情形之一的，中外合作办学者不得取得回报。

中外合作职业技能培训机构应当按照《中华人民共和国民办教育促进法实施条例》第三十七条的规定提取、使用发展基金。

第四十二条 中外合作职业技能培训办学项目的收费项目和标准，按照国家有关政府定价的规定确定并公布。

中外合作职业技能培训办学项目的办学结余，应当继续用于项目的教育教学活动和改善办学条件。

第四十三条 有下列情形之一的，中外合作职业技能培训办学项目终止：

（一）根据合作协议要求终止，并经审批机关批准的；

（二）中外合作办学者有一方被依法吊销办学资格的；

（三）被吊销中外合作办学项目批准书的。

中外合作职业技能培训办学项目终止，应当妥善安置在校学生；举办该项目的中国教育机构提出项目终止申请时，应当同时提交妥善安置在校学生的方案。

中外合作职业技能培训办学项目终止的，举办该项目的中国教育机构应当将中外合作办学项目批准书交回审批机关，由审批机关依法注销并向社会公布。

第五章 管理与监督

第四十四条 劳动保障行政部门应当加强对中外合作职业技能培训机构和办学项目的监督，组织或委托社会中介组织对中外合作职业技能培训机构和办学项目的办学水平和教育培训质量，进行定期综合性评估和专项评估，并将评估结果向社会公布。

第四十五条　中外合作职业技能培训机构和举办中外合作职业技能培训办学项目的中国教育机构应当于每年3月31日前向审批机关提交年度办学报告，内容应当包括中外合作职业技能培训机构和办学项目招收学生、培训专业（职业、工种）、培训期限、师资配备、教学质量、证书发放、财务状况等基本情况。

第四十六条　中外合作职业技能培训机构应当依照《中华人民共和国会计法》和国家统一的会计制度进行会计核算，编制财务会计报告，于会计年度结束之日起1个月内向社会公布社会审计机构对其年度财务会计报告的审计结果，并报审批机关备案。

第四十七条　中外合作职业技能培训机构和办学项目应当具有与专业（职业、工种）设置相对应的教学计划、大纲和教材。自编和从境外引进教学计划、大纲和教材应当符合法律法规规定，并报审批机关备案。

第四十八条　中外合作职业技能培训机构和办学项目的招生简章和广告样本应当自发布之日起5日内报审批机关备案。招生简章和广告应当依法如实发布机构和项目的名称、培训目标、培训层次、主要课程、培训条件、培训期限、收费项目、收费标准、证书发放和就业去向等。

第六章　法律责任

第四十九条　中外合作职业技能培训办学项目审批机关及其工作人员，利用职务上的便利收取他人财物或者获取其他利益，滥用职权、玩忽职守，对不符合本办法规定条件者颁发中外合作办学项目批准书的，对直接负责的主管人员和其他直接责任人员依法给予行政处分；构成犯罪的，依法追究刑事责任。

第五十条　违反本办法的规定，超越职权审批中外合作职业技能培训办学项目的，其批准文件无效，对直接负责的主管人员和其他直接责任人员，依法给予行政处分；致使公共财产、国家和人民利益遭受重大损失，构成犯罪的，依法追究刑事责任。

第五十一条　中外合作职业技能培训机构违反本办法有关组织与活动的规定，导致管理混乱、教育教学质量低下，造成恶劣影响的，按照《中外合作办学条例》第五十六条规定追究法律责任。

第五十二条 违反本办法的规定，未经批准擅自举办中外合作职业技能培训办学项目，或者以不正当手段骗取中外合作办学项目批准书的，由劳动保障行政部门责令举办该项目的中国教育机构限期改正、退还向学生收取的费用，并处以1万元以下罚款。

第五十三条 中外合作职业技能培训办学项目未经批准增加收费项目或者提高收费标准的，由劳动保障行政部门责令举办该项目的中国教育机构退还多收的费用，并提请价格主管部门依照有关法律、行政法规的规定予以处罚。

第五十四条 中外合作职业技能培训办学项目发布虚假招生简章或者招生广告，骗取钱财的，由劳动保障行政部门责令举办该项目的中国教育机构退还收取的费用后，没收剩余违法所得，并处以违法所得3倍以下且总额3万元以下的罚款。

第五十五条 中外合作职业技能培训办学项目有下列情形之一的，由劳动保障行政部门责令举办该项目的中国教育机构限期改正：

（一）超出审批范围、层次办学的；

（二）管理混乱，教育教学质量低下的；

（三）未按照国家有关规定进行财务管理的；

（四）违反规定对办学结余进行分配的。

第七章　附则

第五十六条 香港特别行政区、澳门特别行政区和台湾地区的教育机构与内地教育机构合作举办职业技能培训机构或者办学项目的，参照本办法执行，国家另有规定的除外。

第五十七条 在工商行政管理部门登记注册的经营性的中外合作职业技能培训机构的管理办法，按照国务院规定执行。

第五十八条 外国教育机构、其他组织或者个人不得在中国境内单独设立以中国公民为主要招生对象的职业技能培训机构。

第五十九条 本办法实施前已经批准举办的中外合作职业技能培训办学

项目，应当补办本办法规定的中外合作办学项目批准书。其中，不完全具备本办法规定的中外合作职业技能培训办学项目举办条件的，应当在本办法施行之日起1年内达到本办法规定的条件。逾期未达到本办法规定条件的，审批机关不予补办中外合作办学项目批准书。

第六十条 本办法自2006年10月1日起施行。

企业年金基金管理办法

(2011年2月12日人力资源社会保障部、银监会、证监会、保监会令第11号公布 根据2015年4月30日《人力资源社会保障部关于修改部分规章的决定》修订)

第一章 总 则

第一条 为维护企业年金各方当事人的合法权益，规范企业年金基金管理，根据劳动法、信托法、合同法、证券投资基金法等法律和国务院有关规定，制定本办法。

第二条 企业年金基金的受托管理、账户管理、托管、投资管理以及监督管理适用本办法。

本办法所称企业年金基金，是指根据依法制定的企业年金计划筹集的资金及其投资运营收益形成的企业补充养老保险基金。

第三条 建立企业年金计划的企业及其职工作为委托人，与企业年金理事会或者法人受托机构（以下简称受托人）签订受托管理合同。

受托人与企业年金基金账户管理机构（以下简称账户管理人）、企业年金基金托管机构（以下简称托管人）和企业年金基金投资管理机构（以下简称投资管理人）分别签订委托管理合同。

第四条 受托人应当将受托管理合同和委托管理合同报人力资源社会保障行政部门备案。

第五条 一个企业年金计划应当仅有一个受托人、一个账户管理人和一个托管人，可以根据资产规模大小选择适量的投资管理人。

第六条 同一企业年金计划中，受托人与托管人、托管人与投资管理人不得为同一人；建立企业年金计划的企业成立企业年金理事会作为受托人的，该企业与托管人不得为同一人；受托人与托管人、托管人与投资管理人、投资管理人与其他投资管理人的总经理和企业年金从业人员，不得相互兼任。

同一企业年金计划中，法人受托机构具备账户管理或者投资管理业务资格的，可以兼任账户管理人或者投资管理人。

第七条 法人受托机构兼任投资管理人时，应当建立风险控制制度，确保各项业务管理之间的独立性；设立独立的受托业务和投资业务部门，办公区域、运营管理流程和业务制度应当严格分离；直接负责的高级管理人员、受托业务和投资业务部门的工作人员不得相互兼任。

同一企业年金计划中，法人受托机构对待各投资管理人应当执行统一的标准和流程，体现公开、公平、公正原则。

第八条 企业年金基金缴费必须归集到受托财产托管账户，并在45日内划入投资资产托管账户。企业年金基金财产独立于委托人、受托人、账户管理人、托管人、投资管理人和其他为企业年金基金管理提供服务的自然人、法人或者其他组织的固有财产及其管理的其他财产。

企业年金基金财产的管理、运用或者其他情形取得的财产和收益，应当归入基金财产。

第九条 委托人、受托人、账户管理人、托管人、投资管理人和其他为企业年金基金管理提供服务的自然人、法人或者其他组织，因依法解散、被依法撤销或者被依法宣告破产等原因进行终止清算的，企业年金基金财产不属于其清算财产。

第十条 企业年金基金财产的债权，不得与委托人、受托人、账户管理人、托管人、投资管理人和其他为企业年金基金管理提供服务的自然人、法人或者其他组织固有财产的债务相互抵销。不同企业年金计划的企业年金基金的债权债务，不得相互抵销。

第十一条 非因企业年金基金财产本身承担的债务，不得对基金财产强制执行。

第十二条 受托人、账户管理人、托管人、投资管理人和其他为企业年金基金管理提供服务的自然人、法人或者其他组织必须恪尽职守，履行诚实、信用、谨慎、勤勉的义务。

第十三条 人力资源社会保障部负责制定企业年金基金管理的有关政策。人力资源社会保障行政部门对企业年金基金管理进行监管。

第二章 受托人

第十四条 本办法所称受托人，是指受托管理企业年金基金的符合国家规定的养老金管理公司等法人受托机构（以下简称法人受托机构）或者企业年金理事会。

第十五条 建立企业年金计划的企业，应当通过职工大会或者职工代表大会讨论确定，选择法人受托机构作为受托人，或者成立企业年金理事会作为受托人。

第十六条 企业年金理事会由企业代表和职工代表等人员组成，也可以聘请企业以外的专业人员参加，其中职工代表不少于三分之一。理事会应当配备一定数量的专职工作人员。

第十七条 企业年金理事会中的职工代表和企业以外的专业人员由职工大会、职工代表大会或者其他形式民主选举产生。企业代表由企业方聘任。

理事任期由企业年金理事会章程规定，但每届任期不得超过三年。理事任期届满，连选可以连任。

第十八条 企业年金理事会理事应当具备下列条件：

（一）具有完全民事行为能力；

（二）诚实守信，无犯罪记录；

（三）具有从事法律、金融、会计、社会保障或者其他履行企业年金理事会理事职责所必需的专业知识；

（四）具有决策能力；

（五）无个人所负数额较大的债务到期未清偿情形。

第十九条 企业年金理事会依法独立管理本企业的企业年金基金事务，不受企业方的干预，不得从事任何形式的营业性活动，不得从企业年金基金财产中提取管理费用。

第二十条　企业年金理事会会议，应当由理事本人出席；理事因故不能出席，可以书面委托其他理事代为出席，委托书中应当载明授权范围。

理事会作出决议，应当经全体理事三分之二以上通过。理事会应当对会议所议事项的决定形成会议记录，出席会议的理事应当在会议记录上签名。

第二十一条　理事应当对企业年金理事会的决议承担责任。理事会的决议违反法律、行政法规、本办法规定或者理事会章程，致使企业年金基金财产遭受损失的，理事应当承担赔偿责任。但经证明在表决时曾表明异议并记载于会议记录的，该理事可以免除责任。

企业年金理事会对外签订合同，应当由全体理事签字。

第二十二条　法人受托机构应当具备下列条件：

（一）经国家金融监管部门批准，在中国境内注册的独立法人；

（二）具有完善的法人治理结构；

（三）取得企业年金基金从业资格的专职人员达到规定人数；

（四）具有符合要求的营业场所、安全防范设施和与企业年金基金受托管理业务有关的其他设施；

（五）具有完善的内部稽核监控制度和风险控制制度；

（六）近3年没有重大违法违规行为；

（七）国家规定的其他条件。

第二十三条　受托人应当履行下列职责：

（一）选择、监督、更换账户管理人、托管人、投资管理人；

（二）制定企业年金基金战略资产配置策略；

（三）根据合同对企业年金基金管理进行监督；

（四）根据合同收取企业和职工缴费，向受益人支付企业年金待遇，并在合同中约定具体的履行方式；

（五）接受委托人查询，定期向委托人提交企业年金基金管理和财务会计报告。发生重大事件时，及时向委托人和有关监管部门报告；定期向有关监管部门提交开展企业年金基金受托管理业务情况的报告；

（六）按照国家规定保存与企业年金基金管理有关的记录自合同终止之日起至少15年；

（七）国家规定和合同约定的其他职责。

第二十四条 本办法所称受益人，是指参加企业年金计划并享有受益权的企业职工。

第二十五条 有下列情形之一的，法人受托机构职责终止：

（一）违反与委托人合同约定的；

（二）利用企业年金基金财产为其谋取利益，或者为他人谋取不正当利益的；

（三）依法解散、被依法撤销、被依法宣告破产或者被依法接管的；

（四）被依法取消企业年金基金受托管理业务资格的；

（五）委托人有证据认为更换受托人符合受益人利益的；

（六）有关监管部门有充分理由和依据认为更换受托人符合受益人利益的；

（七）国家规定和合同约定的其他情形。

企业年金理事会有前款第（二）项规定情形的，企业年金理事会职责终止，由委托人选择法人受托机构担任受托人。企业年金理事会有第（一）、（三）至（七）项规定情形之一的，应当按照国家规定重新组成，或者由委托人选择法人受托机构担任受托人。

第二十六条 受托人职责终止的，委托人应当在45日内委任新的受托人。

受托人职责终止的，应当妥善保管企业年金基金受托管理资料，在45日内办理完毕受托管理业务移交手续，新受托人应当接收并行使相应职责。

第三章 账户管理人

第二十七条 本办法所称账户管理人，是指接受受托人委托管理企业年金基金账户的专业机构。

第二十八条 账户管理人应当具备下列条件：

（一）经国家有关部门批准，在中国境内注册的独立法人；

（二）具有完善的法人治理结构；

（三）取得企业年金基金从业资格的专职人员达到规定人数；

（四）具有相应的企业年金基金账户信息管理系统；

（五）具有符合要求的营业场所、安全防范设施和与企业年金基金账户管理业务有关的其他设施；

（六）具有完善的内部稽核监控制度和风险控制制度；

（七）近3年没有重大违法违规行为；

（八）国家规定的其他条件。

第二十九条 账户管理人应当履行下列职责：

（一）建立企业年金基金企业账户和个人账户；

（二）记录企业、职工缴费以及企业年金基金投资收益；

（三）定期与托管人核对缴费数据以及企业年金基金账户财产变化状况，及时将核对结果提交受托人；

（四）计算企业年金待遇；

（五）向企业和受益人提供企业年金基金企业账户和个人账户信息查询服务；向受益人提供年度权益报告；

（六）定期向受托人提交账户管理数据等信息以及企业年金基金账户管理报告；定期向有关监管部门提交开展企业年金基金账户管理业务情况的报告；

（七）按照国家规定保存企业年金基金账户管理档案自合同终止之日起至少15年；

（八）国家规定和合同约定的其他职责。

第三十条 有下列情形之一的，账户管理人职责终止：

（一）违反与受托人合同约定的；

（二）利用企业年金基金财产为其谋取利益，或者为他人谋取不正当利益的；

（三）依法解散、被依法撤销、被依法宣告破产或者被依法接管的；

（四）被依法取消企业年金基金账户管理业务资格的；

（五）受托人有证据认为更换账户管理人符合受益人利益的；

（六）有关监管部门有充分理由和依据认为更换账户管理人符合受益人利益的；

（七）国家规定和合同约定的其他情形。

第三十一条 账户管理人职责终止的，受托人应当在45日内确定新的账户管理人。

账户管理人职责终止的，应当妥善保管企业年金基金账户管理资料，在45日内办理完毕账户管理业务移交手续，新账户管理人应当接收并行使相应职责。

第四章 托管人

第三十二条 本办法所称托管人，是指接受受托人委托保管企业年金基金财产的商业银行。

第三十三条 托管人应当具备下列条件：

（一）经国家金融监管部门批准，在中国境内注册的独立法人；

（二）具有完善的法人治理结构；

（三）设有专门的资产托管部门；

（四）取得企业年金基金从业资格的专职人员达到规定人数；

（五）具有保管企业年金基金财产的条件；

（六）具有安全高效的清算、交割系统；

（七）具有符合要求的营业场所、安全防范设施和与企业年金基金托管业务有关的其他设施；

（八）具有完善的内部稽核监控制度和风险控制制度；

（九）近3年没有重大违法违规行为；

（十）国家规定的其他条件。

第三十四条 托管人应当履行下列职责：

（一）安全保管企业年金基金财产；

（二）以企业年金基金名义开设基金财产的资金账户和证券账户等；

（三）对所托管的不同企业年金基金财产分别设置账户，确保基金财产的完整和独立；

（四）根据受托人指令，向投资管理人分配企业年金基金财产；

（五）及时办理清算、交割事宜；

（六）负责企业年金基金会计核算和估值，复核、审查和确认投资管理人计算的基金财产净值；

（七）根据受托人指令，向受益人发放企业年金待遇；

（八）定期与账户管理人、投资管理人核对有关数据；

（九）按照规定监督投资管理人的投资运作，并定期向受托人报告投资监督情况；

（十）定期向受托人提交企业年金基金托管和财务会计报告；定期向有关监管部门提交开展企业年金基金托管业务情况的报告；

（十一）按照国家规定保存企业年金基金托管业务活动记录、账册、报表和其他相关资料自合同终止之日起至少15年；

（十二）国家规定和合同约定的其他职责。

第三十五条 托管人发现投资管理人依据交易程序尚未成立的投资指令违反法律、行政法规、其他有关规定或者合同约定的，应当拒绝执行，立即通知投资管理人，并及时向受托人和有关监管部门报告。

托管人发现投资管理人依据交易程序已经成立的投资指令违反法律、行政法规、其他有关规定或者合同约定的，应当立即通知投资管理人，并及时向受托人和有关监管部门报告。

第三十六条 有下列情形之一的，托管人职责终止：

（一）违反与受托人合同约定的；

（二）利用企业年金基金财产为其谋取利益，或者为他人谋取不正当利益的；

（三）依法解散、被依法撤销、被依法宣告破产或者被依法接管的；

（四）被依法取消企业年金基金托管业务资格的；

（五）受托人有证据认为更换托管人符合受益人利益的；

（六）有关监管部门有充分理由和依据认为更换托管人符合受益人利益的；

（七）国家规定和合同约定的其他情形。

第三十七条 托管人职责终止的，受托人应当在45日内确定新的托管人。

托管人职责终止的，应当妥善保管企业年金基金托管资料，在45日内办理完毕托管业务移交手续，新托管人应当接收并行使相应职责。

第三十八条 禁止托管人有下列行为：

（一）托管的企业年金基金财产与其固有财产混合管理；

（二）托管的企业年金基金财产与托管的其他财产混合管理；

（三）托管的不同企业年金计划、不同企业年金投资组合的企业年金基金财产混合管理；

（四）侵占、挪用托管的企业年金基金财产；

（五）国家规定和合同约定禁止的其他行为。

第五章 投资管理人

第三十九条 本办法所称投资管理人，是指接受受托人委托投资管理企业年金基金财产的专业机构。

第四十条 投资管理人应当具备下列条件：

（一）经国家金融监管部门批准，在中国境内注册，具有受托投资管理、基金管理或者资产管理资格的独立法人；

（二）具有完善的法人治理结构；

（三）取得企业年金基金从业资格的专职人员达到规定人数；

（四）具有符合要求的营业场所、安全防范设施和与企业年金基金投资管理业务有关的其他设施；

（五）具有完善的内部稽核监控制度和风险控制制度；

（六）近3年没有重大违法违规行为；

（七）国家规定的其他条件。

第四十一条 投资管理人应当履行下列职责：

（一）对企业年金基金财产进行投资；

（二）及时与托管人核对企业年金基金会计核算和估值结果；

（三）建立企业年金基金投资管理风险准备金；

（四）定期向受托人提交企业年金基金投资管理报告；定期向有关监管部门提交开展企业年金基金投资管理业务情况的报告；

（五）根据国家规定保存企业年金基金财产会计凭证、会计账簿、年度财务会计报告和投资记录自合同终止之日起至少15年；

（六）国家规定和合同约定的其他职责。

第四十二条 有下列情形之一的，投资管理人应当及时向受托人报告：

（一）企业年金基金单位净值大幅度波动的；

（二）可能使企业年金基金财产受到重大影响的有关事项；

（三）国家规定和合同约定的其他情形。

第四十三条 有下列情形之一的，投资管理人职责终止：

（一）违反与受托人合同约定的；

（二）利用企业年金基金财产为其谋取利益，或者为他人谋取不正当利益的；

（三）依法解散、被依法撤销、被依法宣告破产或者被依法接管的；

（四）被依法取消企业年金基金投资管理业务资格的；

（五）受托人有证据认为更换投资管理人符合受益人利益的；

（六）有关监管部门有充分理由和依据认为更换投资管理人符合受益人利益的；

（七）国家规定和合同约定的其他情形。

第四十四条 投资管理人职责终止的，受托人应当在45日内确定新的投资管理人。

投资管理人职责终止的，应当妥善保管企业年金基金投资管理资料，在45日内办理完毕投资管理业务移交手续，新投资管理人应当接收并行使相应职责。

第四十五条 禁止投资管理人有下列行为：

（一）将其固有财产或者他人财产混同于企业年金基金财产；

（二）不公平对待企业年金基金财产与其管理的其他财产；

（三）不公平对待其管理的不同企业年金基金财产；

（四）侵占、挪用企业年金基金财产；

（五）承诺、变相承诺保本或者保证收益；

（六）利用所管理的其他资产为企业年金计划委托人、受益人或者相关管理人谋取不正当利益；

（七）国家规定和合同约定禁止的其他行为。

第六章　基金投资

第四十六条　企业年金基金投资管理应当遵循谨慎、分散风险的原则，充分考虑企业年金基金财产的安全性、收益性和流动性，实行专业化管理。

第四十七条　企业年金基金财产限于境内投资，投资范围包括银行存款、国债、中央银行票据、债券回购、万能保险产品、投资连结保险产品、证券投资基金、股票，以及信用等级在投资级以上的金融债、企业（公司）债、可转换债（含分离交易可转换债）、短期融资券和中期票据等金融产品。

第四十八条　每个投资组合的企业年金基金财产应当由一个投资管理人管理，企业年金基金财产以投资组合为单位按照公允价值计算应当符合下列规定：

（一）投资银行活期存款、中央银行票据、债券回购等流动性产品以及货币市场基金的比例，不得低于投资组合企业年金基金财产净值的5%；清算备付金、证券清算款以及一级市场证券申购资金视为流动性资产；投资债券正回购的比例不得高于投资组合企业年金基金财产净值的40%。

（二）投资银行定期存款、协议存款、国债、金融债、企业（公司）债、短期融资券、中期票据、万能保险产品等固定收益类产品以及可转换债（含分离交易可转换债）、债券基金、投资连结保险产品（股票投资比例不高于30%）的比例，不得高于投资组合企业年金基金财产净值的95%。

（三）投资股票等权益类产品以及股票基金、混合基金、投资连结保险产品（股票投资比例高于或者等于30%）的比例，不得高于投资组合企业年金基金财产净值的30%。其中，企业年金基金不得直接投资于权证，但因投资股票、分离交易可转换债等投资品种而衍生获得的权证，应当在权证上市交易之日起10个交易日内卖出。

第四十九条　根据金融市场变化和投资运作情况，人力资源社会保障部会同中国银监会、中国证监会和中国保监会，适时对投资范围和比例进行调整。

第五十条　单个投资组合的企业年金基金财产，投资于一家企业所发行的股票，单期发行的同一品种短期融资券、中期票据、金融债、企业（公司）债、可转换债（含分离交易可转换债），单只证券投资基金，单个万能保险产品或者投资连结保险产品，分别不得超过该企业上述证券发行量、该基金份额或者该保险产品资产管理规模的5%；按照公允价值计算，也不得超过该投资组合企业年金基金财产净值的10%。

单个投资组合的企业年金基金财产，投资于经备案的符合第四十八条投资比例规定的单只养老金产品，不得超过该投资组合企业年金基金财产净值的30%，不受上述10%规定的限制。

第五十一条 投资管理人管理的企业年金基金财产投资于自己管理的金融产品须经受托人同意。

第五十二条 因证券市场波动、上市公司合并、基金规模变动等投资管理人之外的因素致使企业年金基金投资不符合本办法第四十八条、第五十条规定的比例或者合同约定的投资比例的，投资管理人应当在可上市交易之日起10个交易日内调整完毕。

第五十三条 企业年金基金证券交易以现货和国务院规定的其他方式进行，不得用于向他人贷款和提供担保。

投资管理人不得从事使企业年金基金财产承担无限责任的投资。

第七章 收益分配及费用

第五十四条 账户管理人应当采用份额计量方式进行账户管理，根据企业年金基金单位净值，按周或者按日足额记入企业年金基金企业账户和个人账户。

第五十五条 受托人年度提取的管理费不高于受托管理企业年金基金财产净值的0.2%。

第五十六条 账户管理人的管理费按照每户每月不超过5元人民币的限额，由建立企业年金计划的企业另行缴纳。

保留账户和退休人员账户的账户管理费可以按照合同约定由受益人自行承担，从受益人个人账户中扣除。

第五十七条 托管人年度提取的管理费不高于托管企业年金基金财产净

值的0.2%。

第五十八条 投资管理人年度提取的管理费不高于投资管理企业年金基金财产净值的1.2%。

第五十九条 根据企业年金基金管理情况，人力资源社会保障部会同中国银监会、中国证监会和中国保监会，适时对有关管理费进行调整。

第六十条 投资管理人从当期收取的管理费中，提取20%作为企业年金基金投资管理风险准备金，专项用于弥补合同终止时所管理投资组合的企业年金基金当期委托投资资产的投资亏损。

第六十一条 当合同终止时，如所管理投资组合的企业年金基金财产净值低于当期委托投资资产的，投资管理人应当用风险准备金弥补该时点的当期委托投资资产亏损，直至该投资组合风险准备金弥补完毕；如所管理投资组合的企业年金基金当期委托投资资产没有发生投资亏损或者风险准备金弥补后有剩余的，风险准备金划归投资管理人所有。

第六十二条 企业年金基金投资管理风险准备金应当存放于投资管理人在托管人处开立的专用存款账户，余额达到投资管理人所管理投资组合基金财产净值的10%时可以不再提取。托管人不得对投资管理风险准备金账户收取费用。

第六十三条 风险准备金由投资管理人进行管理，可以投资于银行存款、国债等高流动性、低风险金融产品。风险准备金产生的投资收益，应当纳入风险准备金管理。

第八章 计划管理和信息披露

第六十四条 企业年金单一计划指受托人将单个委托人交付的企业年金基金，单独进行受托管理的企业年金计划。

企业年金集合计划指同一受托人将多个委托人交付的企业年金基金，集中进行受托管理的企业年金计划。

第六十五条 法人受托机构设立集合计划，应当制定集合计划受托管理合同，为每个集合计划确定账户管理人、托管人各一名，投资管理人至少三名；并分别与其签订委托管理合同。

集合计划受托人应当将制定的集合计划受托管理合同、签订的委托管理合同以及该集合计划的投资组合说明书报人力资源社会保障部备案。

第六十六条 一个企业年金方案的委托人只能建立一个企业年金单一计划或者参加一个企业年金集合计划。委托人加入集合计划满3年后，方可根据受托管理合同规定选择退出集合计划。

第六十七条 发生下列情形之一的，企业年金单一计划变更：

（一）企业年金计划受托人、账户管理人、托管人或者投资管理人变更；

（二）企业年金基金管理合同主要内容变更；

（三）企业年金计划名称变更；

（四）国家规定的其他情形。

发生前款规定情形时，受托人应当将相关企业年金基金管理合同重新报人力资源社会保障行政部门备案。

第六十八条 企业年金单一计划终止时，受托人应当组织清算组对企业年金基金财产进行清算。清算费用从企业年金基金财产中扣除。

清算组由企业代表、职工代表、受托人、账户管理人、托管人、投资管理人以及由受托人聘请的会计师事务所、律师事务所等组成。

清算组应当自清算工作完成后3个月内，向人力资源社会保障行政部门和受益人提交经会计师事务所审计以及律师事务所出具法律意见书的清算报告。

人力资源社会保障行政部门应当注销该企业年金计划。

第六十九条 受益人工作单位发生变化，新工作单位已经建立企业年金计划的，其企业年金个人账户权益应当转入新工作单位的企业年金计划管理。新工作单位没有建立企业年金计划的，其企业年金个人账户权益可以在原法人受托机构发起的集合计划设置的保留账户统一管理；原受托人是企业年金理事会的，由企业与职工协商选择法人受托机构管理。

第七十条 企业年金单一计划终止时，受益人企业年金个人账户权益应当转入原法人受托机构发起的集合计划设置的保留账户统一管理；原受托人是企业年金理事会的，由企业与职工协商选择法人受托机构管理。

第七十一条 发生以下情形之一的，受托人应当聘请会计师事务所对企业年金计划进行审计。审计费用从企业年金基金财产中扣除。

（一）企业年金计划连续运作满三个会计年度时；

（二）企业年金计划管理人职责终止时；

（三）国家规定的其他情形。

账户管理人、托管人、投资管理人应当自上述情况发生之日起配合会计师事务所对企业年金计划进行审计。受托人应当自上述情况发生之日起的50日内向委托人以及人力资源社会保障行政部门提交审计报告。

第七十二条　受托人应当在每季度结束后30日内向委托人提交企业年金基金管理季度报告；并应当在年度结束后60日内向委托人提交企业年金基金管理和财务会计年度报告。

第七十三条　账户管理人应当在每季度结束后15日内向受托人提交企业年金基金账户管理季度报告；并应当在年度结束后45日内向受托人提交企业年金基金账户管理年度报告。

第七十四条　托管人应当在每季度结束后15日内向受托人提交企业年金基金托管和财务会计季度报告；并应当在年度结束后45日内向受托人提交企业年金基金托管和财务会计年度报告。

第七十五条　投资管理人应当在每季度结束后15日内向受托人提交经托管人确认财务管理数据的企业年金基金投资组合季度报告；并应当在年度结束后45日内向受托人提交经托管人确认财务管理数据的企业年金基金投资管理年度报告。

第七十六条　法人受托机构、账户管理人、托管人和投资管理人发生下列情形之一的，应当及时向人力资源社会保障部报告；账户管理人、托管人和投资管理人应当同时抄报受托人。

（一）减资、合并、分立、依法解散、被依法撤销、决定申请破产或者被申请破产的；

（二）涉及重大诉讼或者仲裁的；

（三）董事长、总经理、直接负责企业年金业务的高级管理人员发生变动的；

（四）国家规定的其他情形。

第七十七条　受托人、账户管理人、托管人和投资管理人应当按照规定报告企业年金基金管理情况，并对所报告内容的真实性、完整性负责。

第九章 监督检查

第七十八条 法人受托机构、账户管理人、托管人、投资管理人开展企业年金基金管理相关业务，应当向人力资源社会保障部提出申请。法人受托机构、账户管理人、投资管理人向人力资源社会保障部提出申请前应当先经其业务监管部门同意，托管人向人力资源社会保障部提出申请前应当先向其业务监管部门备案。

第七十九条 人力资源社会保障部收到法人受托机构、账户管理人、托管人、投资管理人的申请后，应当组织专家评审委员会，按照规定进行审慎评审。经评审符合条件的，由人力资源社会保障部会同有关部门确认公告；经评审不符合条件的，应当书面通知申请人。

专家评审委员会由有关部门代表和社会专业人士组成。每次参加评审的专家应当从专家评审委员会中随机抽取产生。

第八十条 受托人、账户管理人、托管人、投资管理人开展企业年金基金管理相关业务，应当接受人力资源社会保障行政部门的监管。

法人受托机构、账户管理人、托管人和投资管理人的业务监管部门按照各自职责对其经营活动进行监督。

第八十一条 人力资源社会保障部依法履行监督管理职责，可以采取以下措施：

（一）查询、记录、复制与被调查事项有关的企业年金基金管理合同、财务会计报告等资料；

（二）询问与调查事项有关的单位和个人，要求其对有关问题做出说明、提供有关证明材料；

（三）国家规定的其他措施。

委托人、受托人、账户管理人、托管人、投资管理人和其他为企业年金基金管理提供服务的自然人、法人或者其他组织，应当积极配合检查，如实提供有关资料，不得拒绝、阻挠或者逃避检查，不得谎报、隐匿或者销毁相关证据材料。

第八十二条 人力资源社会保障部依法进行调查或者检查时，应当至少由两人共同进行，并出示证件，承担下列义务：

（一）依法履行职责，秉公执法，不得利用职务之便谋取私利；

（二）保守在调查或者检查时知悉的商业秘密；

（三）为举报人员保密。

第八十三条 法人受托机构、中央企业集团公司成立的企业年金理事会、账户管理人、托管人、投资管理人违反本办法规定或者企业年金基金管理费、信息披露相关规定的，由人力资源社会保障部责令改正。其他企业（包括中央企业子公司）成立的企业年金理事会，违反本办法规定或者企业年金基金管理费、信息披露相关规定的，由管理合同备案所在地的省、自治区、直辖市或者计划单列市人力资源社会保障行政部门责令改正。

第八十四条 受托人、账户管理人、托管人、投资管理人发生违法违规行为可能影响企业年金基金财产安全的，或者经责令改正而不改正的，由人力资源社会保障部暂停其接收新的企业年金基金管理业务。给企业年金基金财产或者受益人利益造成损害的，依法承担赔偿责任；构成犯罪的，依法追究刑事责任。

第八十五条 人力资源社会保障部将法人受托机构、账户管理人、托管人、投资管理人违法行为、处理结果以及改正情况予以记录，同时抄送业务监管部门。在企业年金基金管理资格有效期内，有三次以上违法记录或者一次以上经责令改正而不改正的，在其资格到期之后5年内，不再受理其开展企业年金基金管理业务的申请。

第八十六条 会计师事务所和律师事务所提供企业年金中介服务应当严格遵守相关职业准则和行业规范。

第十章　附　则

第八十七条 企业年金基金管理，国务院另有规定的，从其规定。

第八十八条 本办法自2011年5月1日起施行。劳动和社会保障部、中国银行业监督管理委员会、中国证券监督管理委员会、中国保险监督管理委员会于2004年2月23日发布的《企业年金基金管理试行办法》（劳动保障部令第23号）同时废止。

就业服务与就业管理规定

（2007年11月5日劳动保障部令第28号公布 根据2014年12月23日《人力资源社会保障部关于修改〈就业服务与就业管理规定〉的决定》第一次修订 根据2015年4月30日《人力资源社会保障部关于修改部分规章的决定》第二次修订）

第一章 总 则

第一条 为了加强就业服务和就业管理，培育和完善统一开放、竞争有序的人力资源市场，为劳动者就业和用人单位招用人员提供服务，根据就业促进法等法律、行政法规，制定本规定。

第二条 劳动者求职与就业，用人单位招用人员，劳动保障行政部门举办的公共就业服务机构和经劳动保障行政部门审批的职业中介机构从事就业服务活动，适用本规定。

本规定所称用人单位，是指在中华人民共和国境内的企业、个体经济组织、民办非企业单位等组织，以及招用与之建立劳动关系的劳动者的国家机关、事业单位、社会团体。

第三条 县级以上劳动保障行政部门依法开展本行政区域内的就业服务和就业管理工作。

第二章 求职与就业

第四条 劳动者依法享有平等就业的权利。劳动者就业，不因民族、种族、性别、宗教信仰等不同而受歧视。

第五条　农村劳动者进城就业享有与城镇劳动者平等的就业权利，不得对农村劳动者进城就业设置歧视性限制。

第六条　劳动者依法享有自主择业的权利。劳动者年满16周岁，有劳动能力且有就业愿望的，可凭本人身份证件，通过公共就业服务机构、职业中介机构介绍或直接联系用人单位等渠道求职。

第七条　劳动者求职时，应当如实向公共就业服务机构或职业中介机构、用人单位提供个人基本情况以及与应聘岗位直接相关的知识技能、工作经历、就业现状等情况，并出示相关证明。

第八条　劳动者应当树立正确的择业观念，提高就业能力和创业能力。

国家鼓励劳动者在就业前接受必要的职业教育或职业培训，鼓励城镇初高中毕业生在就业前参加劳动预备制培训。

国家鼓励劳动者自主创业、自谋职业。各级劳动保障行政部门应当会同有关部门，简化程序，提高效率，为劳动者自主创业、自谋职业提供便利和相应服务。

第三章　招用人员

第九条　用人单位依法享有自主用人的权利。用人单位招用人员，应当向劳动者提供平等的就业机会和公平的就业条件。

第十条　用人单位可以通过下列途径自主招用人员：

（一）委托公共就业服务机构或职业中介机构；

（二）参加职业招聘洽谈会；

（三）委托报纸、广播、电视、互联网站等大众传播媒介发布招聘信息；

（四）利用本企业场所、企业网站等自有途径发布招聘信息；

（五）其他合法途径。

第十一条　用人单位委托公共就业服务机构或职业中介机构招用人员，或者参加招聘洽谈会时，应当提供招用人员简章，并出示营业执照（副本）或者有关部门批准其设立的文件、经办人的身份证件和受用人单位委托的证明。

招用人员简章应当包括用人单位基本情况、招用人数、工作内容、招录条件、劳动报酬、福利待遇、社会保险等内容，以及法律、法规规定的其他内容。

第十二条 用人单位招用人员时，应当依法如实告知劳动者有关工作内容、工作条件、工作地点、职业危害、安全生产状况、劳动报酬以及劳动者要求了解的其他情况。

用人单位应当根据劳动者的要求，及时向其反馈是否录用的情况。

第十三条 用人单位应当对劳动者的个人资料予以保密。公开劳动者的个人资料信息和使用劳动者的技术、智力成果，须经劳动者本人书面同意。

第十四条 用人单位招用人员不得有下列行为：

（一）提供虚假招聘信息，发布虚假招聘广告；

（二）扣押被录用人员的居民身份证和其他证件；

（三）以担保或者其他名义向劳动者收取财物；

（四）招用未满16周岁的未成年人以及国家法律、行政法规规定不得招用的其他人员；

（五）招用无合法身份证件的人员；

（六）以招用人员为名牟取不正当利益或进行其他违法活动。

第十五条 用人单位不得以诋毁其他用人单位信誉、商业贿赂等不正当手段招聘人员。

第十六条 用人单位在招用人员时，除国家规定的不适合妇女从事的工种或者岗位外，不得以性别为由拒绝录用妇女或者提高对妇女的录用标准。

用人单位录用女职工，不得在劳动合同中规定限制女职工结婚、生育的内容。

第十七条 用人单位招用人员，应当依法对少数民族劳动者给予适当照顾。

第十八条 用人单位招用人员，不得歧视残疾人。

第十九条 用人单位招用人员，不得以是传染病病原携带者为由拒绝录用。但是，经医学鉴定传染病病原携带者在治愈前或者排除传染嫌疑前，不得从事法律、行政法规和国务院卫生行政部门规定禁止从事的易使传染病扩散的工作。

用人单位招用人员，除国家法律、行政法规和国务院卫生行政部门规定禁止乙肝病原携带者从事的工作外，不得强行将乙肝病毒血清学指标作为体检标准。

第二十条　用人单位发布的招用人员简章或招聘广告，不得包含歧视性内容。

第二十一条　用人单位招用从事涉及公共安全、人身健康、生命财产安全等特殊工种的劳动者，应当依法招用持相应工种职业资格证书的人员；招用未持相应工种职业资格证书人员的，须组织其在上岗前参加专门培训，使其取得职业资格证书后方可上岗。

第二十二条　用人单位招用台港澳人员后，应当按有关规定到当地劳动保障行政部门备案，并为其办理《台港澳人员就业证》。

第二十三条　用人单位招用外国人，应当在外国人入境前，按有关规定到当地劳动保障行政部门为其申请就业许可，经批准并获得《中华人民共和国外国人就业许可证书》后方可招用。

用人单位招用外国人的岗位必须是有特殊技能要求、国内暂无适当人选的岗位，并且不违反国家有关规定。

第四章　公共就业服务

第二十四条　县级以上劳动保障行政部门统筹管理本行政区域内的公共就业服务工作，根据政府制定的发展计划，建立健全覆盖城乡的公共就业服务体系。

公共就业服务机构根据政府确定的就业工作目标任务，制定就业服务计划，推动落实就业扶持政策，组织实施就业服务项目，为劳动者和用人单位提供就业服务，开展人力资源市场调查分析，并受劳动保障行政部门委托经办促进就业的相关事务。

第二十五条　公共就业服务机构应当免费为劳动者提供以下服务：

（一）就业政策法规咨询；

（二）职业供求信息、市场工资指导价位信息和职业培训信息发布；

（三）职业指导和职业介绍；

（四）对就业困难人员实施就业援助；

（五）办理就业登记、失业登记等事务；

（六）其他公共就业服务。

第二十六条 公共就业服务机构应当积极拓展服务功能，根据用人单位需求提供以下服务：

（一）招聘用人指导服务；

（二）代理招聘服务；

（三）跨地区人员招聘服务；

（四）企业人力资源管理咨询等专业性服务；

（五）劳动保障事务代理服务；

（六）为满足用人单位需求开发的其他就业服务项目。

第二十七条 公共就业服务机构应当加强职业指导工作，配备专（兼）职职业指导工作人员，向劳动者和用人单位提供职业指导服务。

公共就业服务机构应当为职业指导工作提供相应的设施和条件，推动职业指导工作的开展，加强对职业指导工作的宣传。

第二十八条 职业指导工作包括以下内容：

（一）向劳动者和用人单位提供国家有关劳动保障的法律法规和政策、人力资源市场状况咨询；

（二）帮助劳动者了解职业状况，掌握求职方法，确定择业方向，增强择业能力；

（三）向劳动者提出培训建议，为其提供职业培训相关信息；

（四）开展对劳动者个人职业素质和特点的测试，并对其职业能力进行评价；

（五）对妇女、残疾人、少数民族人员及退出现役的军人等就业群体提供专门的职业指导服务；

（六）对大中专学校、职业院校、技工学校学生的职业指导工作提供咨询和服务；

（七）对准备从事个体劳动或开办私营企业的劳动者提供创业咨询服务；

（八）为用人单位提供选择招聘方法、确定用人条件和标准等方面的招聘用人指导；

（九）为职业培训机构确立培训方向和专业设置等提供咨询参考。

第二十九条　公共就业服务机构在劳动保障行政部门的指导下，组织实施劳动力资源调查和就业、失业状况统计工作。

第三十条　公共就业服务机构应当针对特定就业群体的不同需求，制定并组织实施专项计划。

公共就业服务机构应当根据服务对象的特点，在一定时期内为不同类型的劳动者、就业困难对象或用人单位集中组织活动，开展专项服务。

公共就业服务机构受劳动保障行政部门委托，可以组织开展促进就业的专项工作。

第三十一条　县级以上公共就业服务机构建立综合性服务场所，集中为劳动者和用人单位提供一站式就业服务，并承担劳动保障行政部门安排的其他工作。

街道、乡镇、社区公共就业服务机构建立基层服务窗口，开展以就业援助为重点的公共就业服务，实施劳动力资源调查统计，并承担上级劳动保障行政部门安排的其他就业服务工作。

公共就业服务机构使用全国统一标识。

第三十二条　公共就业服务机构应当不断提高服务的质量和效率。

公共就业服务机构应当加强内部管理，完善服务功能，统一服务流程，按照国家制定的服务规范和标准，为劳动者和用人单位提供优质高效的就业服务。

公共就业服务机构应当加强工作人员的政策、业务和服务技能培训，组织职业指导人员、职业信息分析人员、劳动保障协理员等专业人员参加相应职业资格培训。

公共就业服务机构应当公开服务制度，主动接受社会监督。

第三十三条　县级以上劳动保障行政部门和公共就业服务机构应当按照劳动保障信息化建设的统一规划、标准和规范，建立完善人力资源市场信息网络及相关设施。

公共就业服务机构应当逐步实行信息化管理与服务，在城市内实现就业服务、失业保险、就业培训信息共享和公共就业服务全程信息化管理，并逐步实现与劳动工资信息、社会保险信息的互联互通和信息共享。

第三十四条　公共就业服务机构应当建立健全人力资源市场信息服务体系，完善职业供求信息、市场工资指导价位信息、职业培训信息、人力资源市场分析信息的发布制度，为劳动者求职择业、用人单位招用人员以及培训机构开展培训提供支持。

第三十五条　县级以上劳动保障行政部门应当按照信息化建设统一要求，逐步实现全国人力资源市场信息联网。其中，城市应当按照劳动保障数据中心建设的要求，实现网络和数据资源的集中和共享；省、自治区应当建立人力资源市场信息网省级监测中心，对辖区内人力资源市场信息进行监测；劳动保障部设立人力资源市场信息网全国监测中心，对全国人力资源市场信息进行监测和分析。

第三十六条　县级以上劳动保障行政部门应当对公共就业服务机构加强管理，定期对其完成各项任务情况进行绩效考核。

第三十七条　公共就业服务经费纳入同级财政预算。各级劳动保障行政部门和公共就业服务机构应当根据财政预算编制的规定，依法编制公共就业服务年度预算，报经同级财政部门审批后执行。

公共就业服务机构可以按照就业专项资金管理相关规定，依法申请公共就业服务专项扶持经费。

公共就业服务机构接受社会各界提供的捐赠和资助，按照国家有关法律法规管理和使用。

公共就业服务机构为用人单位提供的服务，应当规范管理，严格控制服务收费。确需收费的，具体项目由省级劳动保障行政部门会同相关部门规定。

第三十八条　公共就业服务机构不得从事经营性活动。

公共就业服务机构举办的招聘会，不得向劳动者收取费用。

第三十九条　各级残疾人联合会所属的残疾人就业服务机构是公共就业服务机构的组成部分，负责为残疾劳动者提供相关就业服务，并经劳动保障行政部门委托，承担残疾劳动者的就业登记、失业登记工作。

第五章　就业援助

第四十条　公共就业服务机构应当制定专门的就业援助计划，对就业援助对象实施优先扶持和重点帮助。

本规定所称就业援助对象包括就业困难人员和零就业家庭。就业困难对象是指因身体状况、技能水平、家庭因素、失去土地等原因难以实现就业，以及连续失业一定时间仍未能实现就业的人员。零就业家庭是指法定劳动年龄内的家庭人员均处于失业状况的城市居民家庭。

对援助对象的认定办法，由省级劳动保障行政部门依据当地人民政府规定的就业援助对象范围制定。

第四十一条 就业困难人员和零就业家庭可以向所在地街道、社区公共就业服务机构申请就业援助。经街道、社区公共就业服务机构确认属实的，纳入就业援助范围。

第四十二条 公共就业服务机构应当建立就业困难人员帮扶制度，通过落实各项就业扶持政策、提供就业岗位信息、组织技能培训等有针对性的就业服务和公益性岗位援助，对就业困难人员实施优先扶持和重点帮助。

在公益性岗位上安置的就业困难人员，按照国家规定给予岗位补贴。

第四十三条 公共就业服务机构应当建立零就业家庭即时岗位援助制度，通过拓宽公益性岗位范围，开发各类就业岗位等措施，及时向零就业家庭中的失业人员提供适当的就业岗位，确保零就业家庭至少有一人实现就业。

第四十四条 街道、社区公共就业服务机构应当对辖区内就业援助对象进行登记，建立专门台账，实行就业援助对象动态管理和援助责任制度，提供及时、有效的就业援助。

第六章 职业中介服务

第四十五条 县级以上劳动保障行政部门应当加强对职业中介机构的管理，鼓励其提高服务质量，发挥其在促进就业中的作用。

本规定所称职业中介机构，是指由法人、其他组织和公民个人举办，为用人单位招用人员和劳动者求职提供中介服务以及其他相关服务的经营性组织。

政府部门不得举办或者与他人联合举办经营性的职业中介机构。

第四十六条 从事职业中介活动,应当遵循合法、诚实信用、公平、公开的原则。

禁止任何组织或者个人利用职业中介活动侵害劳动者和用人单位的合法权益。

第四十七条 职业中介实行行政许可制度。设立职业中介机构或其他机构开展职业中介活动,须经劳动保障行政部门批准,并获得职业中介许可证。

未经依法许可和登记的机构,不得从事职业中介活动。

职业中介许可证由劳动保障部统一印制并免费发放。

第四十八条 设立职业中介机构应当具备下列条件:

(一)有明确的机构章程和管理制度;

(二)有开展业务必备的固定场所、办公设施和一定数额的开办资金;

(三)有一定数量具备相应职业资格的专职工作人员;

(四)法律、法规规定的其他条件。

第四十九条 设立职业中介机构,应当向当地县级以上劳动保障行政部门提出申请,提交下列文件:

(一)设立申请书;

(二)机构章程和管理制度草案;

(三)场所使用权证明;

(四)拟任负责人的基本情况、身份证明;

(五)具备相应职业资格的专职工作人员的相关证明;

(六)工商营业执照(副本);

(七)法律、法规规定的其他文件。

第五十条 劳动保障行政部门接到设立职业中介机构的申请后,应当自受理申请之日起20日内审理完毕。对符合条件的,应当予以批准;不予批准的,应当说明理由。

劳动保障行政部门对经批准设立的职业中介机构实行年度审验。

职业中介机构的具体设立条件、审批和年度审验程序,由省级劳动保障行政部门统一规定。

第五十一条 职业中介机构变更名称、住所、法定代表人等或者终止的，应当按照设立许可程序办理变更或者注销登记手续。

设立分支机构的，应当在征得原审批机关的书面同意后，由拟设立分支机构所在地县级以上劳动保障行政部门审批。

第五十二条 职业中介机构可以从事下列业务：

（一）为劳动者介绍用人单位；

（二）为用人单位和居民家庭推荐劳动者；

（三）开展职业指导、人力资源管理咨询服务；

（四）收集和发布职业供求信息；

（五）根据国家有关规定从事互联网职业信息服务；

（六）组织职业招聘洽谈会；

（七）经劳动保障行政部门核准的其他服务项目。

第五十三条 职业中介机构应当在服务场所明示营业执照、职业中介许可证、服务项目、收费标准、监督机关名称和监督电话等，并接受劳动保障行政部门及其他有关部门的监督检查。

第五十四条 职业中介机构应当建立服务台账，记录服务对象、服务过程、服务结果和收费情况等，并接受劳动保障行政部门的监督检查。

第五十五条 职业中介机构提供职业中介服务不成功的，应当退还向劳动者收取的中介服务费。

第五十六条 职业中介机构租用场地举办大规模职业招聘洽谈会，应当制定相应的组织实施办法和安全保卫工作方案，并向批准其设立的机关报告。

职业中介机构应当对入场招聘用人单位的主体资格真实性和招用人员简章真实性进行核实。

第五十七条 职业中介机构为特定对象提供公益性就业服务的，可以按照规定给予补贴。可以给予补贴的公益性就业服务的范围、对象、服务效果和补贴办法，由省级劳动保障行政部门会同有关部门制定。

第五十八条 禁止职业中介机构有下列行为：

（一）提供虚假就业信息；

（二）发布的就业信息中包含歧视性内容；

（三）伪造、涂改、转让职业中介许可证；

（四）为无合法证照的用人单位提供职业中介服务；

（五）介绍未满16周岁的未成年人就业；

（六）为无合法身份证件的劳动者提供职业中介服务；

（七）介绍劳动者从事法律、法规禁止从事的职业；

（八）扣押劳动者的居民身份证和其他证件，或者向劳动者收取押金；

（九）以暴力、胁迫、欺诈等方式进行职业中介活动；

（十）超出核准的业务范围经营；

（十一）其他违反法律、法规规定的行为。

第五十九条 县级以上劳动保障行政部门应当依法对经审批设立的职业中介机构开展职业中介活动进行监督指导，定期组织对其服务信用和服务质量进行评估，并将评估结果向社会公布。

县级以上劳动保障行政部门应当指导职业中介机构开展工作人员培训，提高服务质量。

县级以上劳动保障行政部门对在诚信服务、优质服务和公益性服务等方面表现突出的职业中介机构和个人，报经同级人民政府批准后，给予表彰和奖励。

第六十条 设立外商投资职业中介机构以及职业中介机构从事境外就业中介服务的，按照有关规定执行。

第七章　就业与失业管理

第六十一条 劳动保障行政部门应当建立健全就业登记制度和失业登记制度，完善就业管理和失业管理。

公共就业服务机构负责就业登记与失业登记工作，建立专门台账，及时、准确地记录劳动者就业与失业变动情况，并做好相应统计工作。

就业登记和失业登记在各省、自治区、直辖市范围内实行统一的就业失业登记证（以下简称登记证），向劳动者免费发放，并注明可享受的相应扶持政策。

就业登记、失业登记的具体程序和登记证的样式，由省级劳动保障行政部门规定。

第六十二条　劳动者被用人单位招用的,由用人单位为劳动者办理就业登记。用人单位招用劳动者和与劳动者终止或者解除劳动关系,应当到当地公共就业服务机构备案,为劳动者办理就业登记手续。用人单位招用人员后,应当于录用之日起30日内办理登记手续;用人单位与职工终止或者解除劳动关系后,应当于15日内办理登记手续。

劳动者从事个体经营或灵活就业的,由本人在街道、乡镇公共就业服务机构办理就业登记。

就业登记的内容主要包括劳动者个人信息、就业类型、就业时间、就业单位以及订立、终止或者解除劳动合同情况等。就业登记的具体内容和所需材料由省级劳动保障行政部门规定。

公共就业服务机构应当对用人单位办理就业登记及相关手续设立专门服务窗口,简化程序,方便用人单位办理。

第六十三条　在法定劳动年龄内,有劳动能力,有就业要求,处于无业状态的城镇常住人员,可以到常住地的公共就业服务机构进行失业登记。

第六十四条　劳动者进行失业登记时,须持本人身份证件和证明原身份的有关证明;有单位就业经历的,还须持与原单位终止、解除劳动关系或者解聘的证明。

登记失业人员凭登记证享受公共就业服务和就业扶持政策;其中符合条件的,按规定申领失业保险金。

登记失业人员应当定期向公共就业服务机构报告就业失业状况,积极求职,参加公共就业服务机构安排的就业培训。

第六十五条　失业登记的范围包括下列失业人员:

（一）年满16周岁,从各类学校毕业、肄业的;

（二）从企业、机关、事业单位等各类用人单位失业的;

（三）个体工商户业主或私营企业业主停业、破产停止经营的;

（四）承包土地被征用,符合当地规定条件的;

（五）军人退出现役且未纳入国家统一安置的;

（六）刑满释放、假释、监外执行的;

（七）各地确定的其他失业人员。

第六十六条　登记失业人员出现下列情形之一的,由公共就业服务机构注销其失业登记：

（一）被用人单位录用的；

（二）从事个体经营或创办企业，并领取工商营业执照的；

（三）已从事有稳定收入的劳动，并且月收入不低于当地最低工资标准的；

（四）已享受基本养老保险待遇的；

（五）完全丧失劳动能力的；

（六）入学、服兵役、移居境外的；

（七）被判刑收监执行的；

（八）终止就业要求或拒绝接受公共就业服务的；

（九）连续6个月未与公共就业服务机构联系的；

（十）已进行就业登记的其他人员或各地规定的其他情形。

第八章 罚　则

第六十七条　用人单位违反本规定第十四条第（二）、（三）项规定的，按照劳动合同法第八十四条的规定予以处罚；用人单位违反第十四条第（四）项规定的，按照国家禁止使用童工和其他有关法律、法规的规定予以处罚。用人单位违反第十四条第（一）、（五）、（六）项规定的，由劳动保障行政部门责令改正，并可处以一千元以下的罚款；对当事人造成损害的，应当承担赔偿责任。

第六十八条　用人单位违反本规定第十九条第二款规定，在国家法律、行政法规和国务院卫生行政部门规定禁止乙肝病原携带者从事的工作岗位以外招用人员时，将乙肝病毒血清学指标作为体检标准的，由劳动保障行政部门责令改正，并可处以一千元以下的罚款；对当事人造成损害的，应当承担赔偿责任。

第六十九条　违反本规定第三十八条规定，公共就业服务机构从事经营性职业中介活动向劳动者收取费用的，由劳动保障行政部门责令限期改正，将违法收取的费用退还劳动者，并对直接负责的主管人员和其他直接责任人员依法给予处分。

第七十条 违反本规定第四十七条规定，未经许可和登记，擅自从事职业中介活动的，由劳动保障行政部门或者其他主管部门按照就业促进法第六十四条规定予以处罚。

第七十一条 职业中介机构违反本规定第五十三条规定，未明示职业中介许可证、监督电话的，由劳动保障行政部门责令改正，并可处以一千元以下的罚款；未明示收费标准的，提请价格主管部门依据国家有关规定处罚；未明示营业执照的，提请工商行政管理部门依据国家有关规定处罚。

第七十二条 职业中介机构违反本规定第五十四条规定，未建立服务台账，或虽建立服务台账但未记录服务对象、服务过程、服务结果和收费情况的，由劳动保障行政部门责令改正，并可处以一千元以下的罚款。

第七十三条 职业中介机构违反本规定第五十五条规定，在职业中介服务不成功后未向劳动者退还所收取的中介服务费的，由劳动保障行政部门责令改正，并可处以一千元以下的罚款。

第七十四条 职业中介机构违反本规定第五十八条第（一）、（三）、（四）、（八）项规定的，按照就业促进法第六十五条、第六十六条规定予以处罚。违反本规定第五十八条第（五）项规定的，按照国家禁止使用童工的规定予以处罚。违反本规定第五十八条其他各项规定的，由劳动保障行政部门责令改正，没有违法所得的，可处以一万元以下的罚款；有违法所得的，可处以不超过违法所得三倍的罚款，但最高不得超过三万元；情节严重的，提请工商部门依法吊销营业执照；对当事人造成损害的，应当承担赔偿责任。

第七十五条 用人单位违反本规定第六十二条规定，未及时为劳动者办理就业登记手续的，由劳动保障行政部门责令改正，并可处以一千元以下的罚款。

第九章 附 则

第七十六条 本规定自2008年1月1日起施行。劳动部1994年10月27日颁布的《职业指导办法》、劳动保障部2000年12月8日颁布的《劳动力市场管理规定》同时废止。

中外合资中外合作职业介绍机构设立管理暂行规定

（2001年10月9日劳动保障部、国家工商行政管理总局令第14号公布 根据2015年4月30日《人力资源社会保障部关于修改部分规章的决定》修订）

第一条 为规范中外合资、中外合作职业介绍机构的设立，保障求职者和用人单位的合法权益，根据劳动法、中外合资经营企业法和中外合作经营企业法的有关规定，制定本规定。

第二条 设立从事职业介绍的中外合资、中外合作机构应当按照本规定执行。

第三条 劳动保障行政部门、外经贸行政部门和工商行政管理部门在各自职权范围内负责中外合资、中外合作职业介绍机构的审批、登记、管理和监督检查工作。

设立中外合资、中外合作职业介绍机构应当经省级人民政府外经贸行政部门（以下简称省级外经贸行政部门）批准，到企业住所地国家工商行政管理总局授权的地方工商行政管理局进行登记注册后，由省级人民政府劳动保障行政部门（以下简称省级劳动保障行政部门）批准。

不得设立外商独资职业介绍机构。

外国企业常驻中国代表机构和在中国成立的外国商会不得在中国从事职业介绍服务。

第四条 中外合资、中外合作职业介绍机构应当依法开展经营活动，其依法开展的经营活动受中国法律保护。

第五条 中外合资、中外合作职业介绍机构可以从事下列业务：

（一）为中外求职者和用人单位提供职业介绍服务；

（二）提供职业指导、咨询服务；

（三）收集和发布劳动力市场信息；

（四）举办职业招聘洽谈会；

（五）经省级劳动保障行政部门或其授权的地市级劳动保障行政部门核准的其他服务项目。

中外合资、中外合作职业介绍机构介绍中国公民出境就业和外国企业常驻中国代表机构聘用中方雇员按照国家有关规定执行。

第六条 申请设立中外合资、中外合作职业介绍机构应当具备以下条件，并应按本规定第七条至第十条规定的程序办理审批手续：

（一）申请设立中外合资、中外合作职业介绍机构的外方投资者应是从事职业介绍的法人，在注册国有开展职业介绍服务的经历，并具有良好信誉；

（二）申请设立中外合资、中外合作职业介绍机构的中方投资者应是具有从事职业介绍资格的法人，并具有良好信誉；

（三）拟设立的中外合资、中外合作职业介绍机构应具有3名以上具备职业介绍资格的专职工作人员，有明确的业务范围、机构章程、管理制度，有与开展业务相适应的固定场所、办公设施，主要经营者应具有从事职业介绍服务工作经历。

第七条 设立中外合资、中外合作职业介绍机构，应当依法向拟设立企业住所地省级外经贸行政部门提出申请，并呈报申请设立中外合资、中外合作职业介绍机构的有关文件。省级外经贸行政部门应当自接到申请之日起20个工作日内决定批准或者不批准。予以批准的，发给中外合资、中外合作企业批准证书；不予批准的，应当通知申请者。

第八条 获得批准的申请者，应当依法到拟设立企业住所所在地国家工商行政管理总局授权的地方工商行政管理局申请登记注册，领取营业执照。

第九条 中外合资、中外合作职业介绍机构应当到省级劳动保障行政部门提出申请，并提交下列材料：

（一）中、外双方各自的登记注册证明（复印件）；

（二）主要经营者的资历证明（复印件）和简历；

（三）拟任专职工作人员的简历和职业资格证明；

（四）住所使用证明；

（五）拟开展经营范围的文件；

（六）工商营业执照（副本）；

（七）法律、法规规定的其他文件。

第十条 省级劳动保障行政部门应当在接到申请之日起20个工作日内审核完毕。批准同意的，发给职业介绍许可；不予批准的，应当通知申请者。

第十一条 中外合资、中外合作职业介绍机构投资者变更、股权比例发生变化或设立分支机构，应按本规定的审批程序经原审批机关审批同意后，到工商行政管理部门办理相关变更登记手续，并到劳动保障行政部门办理变更备案手续。

第十二条 中外合资、中外合作职业介绍机构的管理适用《就业服务与就业管理规定》和外商投资企业的有关管理规定。

第十三条 香港特别行政区、澳门特别行政区投资者在内地以及台湾地区投资者在大陆投资设立中外合资、中外合作的职业介绍机构，参照本规定执行。

第十四条 本规定自2001年12月1日起施行。

企业年金基金管理机构资格认定暂行办法

（2004年12月31日劳动保障部令第24号公布 根据2015年4月30日《人力资源社会保障部关于修改部分规章的决定》修订）

第一条 为规范企业年金基金管理机构资格认定工作，根据《中华人民共和国行政许可法》《国务院对确需保留的行政审批项目设定行政许可的决定》和国家有关规定，制定本办法。

第二条 本办法所称企业年金基金管理机构，是指从事企业年金基金管理业务的法人受托机构、账户管理人、托管人和投资管理人等补充养老保险经办机构。

第三条 从事企业年金基金管理业务的机构，必须根据本办法规定的程序，取得相应的企业年金基金管理资格。

劳动保障部负责企业年金基金管理机构资格认定。

第四条 申请企业年金基金管理资格的机构（以下简称申请人）应当按照本办法附件规定的内容与格式，向劳动保障部提出书面申请。

第五条 法人受托机构应当具备下列条件：

（一）经国家金融监管部门批准，在中国境内注册；

（二）具有完善的法人治理结构；

（三）取得企业年金基金从业资格的专职人员达到规定人数；

（四）具有符合要求的营业场所、安全防范设施和与企业年金基金受托管理业务有关的其他设施；

（五）具有完善的内部稽核监控制度和风险控制制度；

（六）近3年没有重大违法违规行为；

（七）国家规定的其他条件。

第六条 账户管理人应当具备下列条件：

（一）经国家有关部门批准，在中国境内注册的独立法人；

（二）具有完善的法人治理结构；

（三）取得企业年金基金从业资格的专职人员达到规定人数；

（四）具有相应的企业年金基金账户管理信息系统；

（五）具有符合要求的营业场所、安全防范设施和与企业年金基金账户管理业务有关的其他设施；

（六）具有完善的内部稽核监控制度和风险控制制度；

（七）国家规定的其他条件。

本条第（四）项规定的企业年金基金账户管理信息系统规范，由劳动保障部另行制定。

第七条 托管人应当具备下列条件：

（一）经国家金融监管部门批准，在中国境内注册的独立法人；

（二）净资产不少于50亿元人民币；

（三）取得企业年金基金从业资格的专职人员达到规定人数；

（四）具有保管企业年金基金财产的条件；

（五）具有安全高效的清算、交割系统；

（六）具有符合要求的营业场所、安全防范设施和与企业年金基金托管业务有关的其他设施；

（七）具有完善的内部稽核监控制度和风险控制制度；

（八）国家规定的其他条件。

商业银行担任托管人，应当设有专门的基金托管部门。

第八条 投资管理人应当具备下列条件：

（一）经国家金融监管部门批准，在中国境内注册，具有受托投资管理、基金管理或者资产管理资格的独立法人；

（二）具有完善的法人治理结构；

（三）取得企业年金基金从业资格的专职人员达到规定人数；

（四）具有符合要求的营业场所、安全防范设施和与企业年金基金投资管理业务有关的其他设施；

（五）具有完善的内部稽核监控制度和风险控制制度；

（六）近3年没有重大违法违规行为；

（七）国家规定的其他条件。

第九条 劳动保障部对申请人提出的申请，应当根据下列情况分别作出处理：

（一）申请材料存在可以当场更正错误的，应当允许申请人当场更正；

（二）申请材料不齐全或者不符合法定形式的，应当场或者在5个工作日内1次告知申请人需要补正的全部内容。逾期不告知的，自收到申请材料之日起即为受理；

（三）申请材料齐全、符合法定形式，或者申请人按照要求提交全部补正申请材料的，劳动保障部应当受理申请人申请。

劳动保障部受理或者不受理申请人申请，应当出具加盖劳动保障部专用印章和注明日期的书面凭证。

正在接受司法机关或者有关监管机关立案调查的机构，在被调查期间，劳动保障部不受理其申请。

第十条 劳动保障部受理申请人申请后，应当组建专家评审委员会对申请材料进行评审。评审委员会专家按照专业范围从专家库中随机抽取产生。专家库由有关部门代表和社会专业人士组成。

专家评审委员会对申请人申请材料按照分期分类的原则进行评审，所需时间由劳动保障部书面告知申请人。

第十一条 劳动保障部认为必要时应当指派2名以上工作人员，根据申请人申请材料对申请人进行现场检查。

第十二条 劳动保障部根据专家评审委员会评审结果及现场检查情况，会商中国银监会、中国证监会、中国保监会后，认定企业年金基金管理机构资格，并于认定之日起10个工作日内，向申请人颁发《企业年金基金管理资格证书》。证书制式由劳动保障部统一印制。

对于未取得企业年金基金管理资格的申请人，由劳动保障部书面通知，说明理由并告知申请人享有依法申请行政复议或者提起行政诉讼的权利。

第十三条 劳动保障部会同中国银监会、中国证监会、中国保监会，在全国性报刊上公告取得企业年金基金管理资格的机构。

第十四条 企业年金基金管理机构的资格证书有效期为3年，期限届满前3个月应当向劳动保障部提出延续申请。

第十五条 有下列情形之一的，劳动保障部应当办理企业年金基金管理机构资格的注销手续：

（一）企业年金基金管理机构资格有效期届满未延续的；

（二）企业年金基金管理机构依法解散、被依法撤销、被依法宣告破产或者被依法接管的；

（三）企业年金基金管理机构资格被依法撤销的；

（四）国家规定的应当注销企业年金基金管理机构资格的其他情形。

劳动保障部办理企业年金基金管理机构资格的注销手续后，会同中国银监会、中国证监会、中国保监会，在全国性报刊上公告。

第十六条 申请人隐瞒有关情况或者提供虚假材料的，劳动保障部不予受理或者不予认定企业年金基金管理机构资格，并给予警告；申请人1年内不得再次申请企业年金基金管理机构资格。

第十七条 申请人采用贿赂、欺诈等不正当手段取得企业年金基金管理机构资格的，劳动保障部会商中国银监会、中国证监会、中国保监会后取消其资格；申请人3年内不得再次申请企业年金基金管理机构资格；构成犯罪的，移交司法机关依法追究刑事责任。

第十八条 劳动保障部建立健全企业年金基金监管制度，定期或者不定期对有关机构企业年金基金管理运营情况进行监督检查。

第十九条 本办法自2005年3月1日起施行。

人才市场管理规定

（2001年9月11日人事部、国家工商行政管理总局令第1号公布 根据2005年3月22日《人事部、国家工商行政管理总局关于修改〈人才市场管理规定〉的决定》第一次修订 根据2015年4月30日《人力资源社会保障部关于修改部分规章的决定》第二次修订）

第一章 总 则

第一条 为了建立和完善机制健全、运行规范、服务周到、指导监督有力的人才市场体系，优化人才资源配置，规范人才市场活动，维护人才、用人单位和人才中介服务机构的合法权益，根据有关法律、法规，制定本规定。

第二条 本规定所称的人才市场管理，是指对人才中介服务机构从事人才中介服务、用人单位招聘和个人应聘以及与之相关活动的管理。

人才市场服务的对象是指各类用人单位和具有中专以上学历或取得专业技术资格的人员，以及其他从事专业技术或管理工作的人员。

第三条 人才市场活动应当遵守国家的法律、法规及政策规定，坚持公开、平等、竞争、择优的原则，实行单位自主用人，个人自主择业。

第四条 县级以上政府人事行政部门是人才市场的综合管理部门，县级以上工商行政管理部门在职责范围内依法监督管理人才市场。

第二章 人才中介服务机构

第五条 本规定所称人才中介服务机构是指为用人单位和人才提供中介

服务及其他相关服务的专营或兼营的组织。

人才中介服务机构的设置应当符合经济和社会发展的需要，根据人才市场发展的要求，统筹规划，合理布局。

第六条 设立人才中介服务机构应具备下列条件：

（一）有与开展人才中介业务相适应的场所、设施；

（二）有5名以上大专以上学历、取得人才中介服务资格证书的专职工作人员；

（三）有健全可行的工作章程和制度；

（四）有独立承担民事责任的能力；

（五）具备相关法律、法规规定的其他条件。

第七条 设立人才中介服务机构，可以通过信函、电报、电传、传真、电子数据交换和电子邮件等方式向政府人事行政部门提出申请，并按本规定第六条的要求提交有关证明材料。其中设立固定人才交流场所的，须做专门的说明。

未经政府人事行政部门批准，不得设立人才中介服务机构。

第八条 设立人才中介服务机构应当依据管理权限由县级以上政府人事行政部门（以下简称审批机关）审批。

国务院各部委、直属机构及其直属在京事业单位和在京中央直管企业、全国性社团申请设立人才中介服务机构，由人事部审批。中央在地方所属单位申请设立人才中介服务机构，由所在地的省级政府人事行政部门审批。

人才中介服务机构设立分支机构的，应当在征得原审批机关的书面同意后，由分支机构所在地政府人事行政部门审批。

政府人事行政部门应当建立完善人才中介服务机构许可制度，并在行政机关网站公布审批程序、期限和需要提交的全部材料的目录，以及批准设立的人才中介服务机构的名录等信息。

第九条 审批机关应当在接到设立人才中介服务机构申请报告之日起二十日内审核完毕，二十日内不能作出决定的，经本行政机关负责人批准，可以延长十日，并应当将延长期限的理由告知申请人。

批准同意的，发给《人才中介服务许可证》（以下简称许可证），并应当在作出决定之日起十日内向申请人颁发、送达许可证，不同意的应当书面通知申请人，并说明理由。

第十条 互联网信息服务提供者专营或兼营人才信息网络中介服务的，必须申领许可证。

第十一条 开展人才中介或者相关业务的外国公司、企业和其他经济组织在中国境内从事人才中介服务活动的，必须与中国的人才中介服务机构合资经营。设立中外合资人才中介机构应当符合国家中外合资企业法律法规的规定，由拟设机构所在地省级政府人事行政部门审批，颁发许可证，并报人事部备案，同时按有关规定办理其他手续。

香港特别行政区、澳门特别行政区、台湾地区的投资者在内地设立合资人才中介机构，参照前款执行。法律法规另有规定的，依照其规定执行。

第十二条 人才中介服务机构可以从事下列业务：

（一）人才供求信息的收集、整理、储存、发布和咨询服务；

（二）人才信息网络服务；

（三）人才推荐；

（四）人才招聘；

（五）人才培训；

（六）人才测评；

（七）法规、规章规定的其他有关业务。

审批机关可以根据人才中介服务机构所在地区或行业的经济、社会发展需要以及人才中介服务机构自身的设备条件、人员和管理情况等，批准其开展一项或多项业务。

第十三条 人才中介服务机构应当依法开展经营业务活动，不得超越许可证核准的业务范围经营；不得采取不正当竞争手段从事中介活动；不得提供虚假信息或作虚假承诺。

第十四条 人才中介服务机构应当公开服务内容和工作程序，公布收费项目和标准。收费项目和标准，应当符合国家和省、自治区、直辖市的有关规定。

第十五条 审批机关负责对其批准成立的人才中介服务机构依法进行检查或抽查，并可以查阅或者要求其报送有关材料。人才中介服务机构应接受检查，并如实提供有关情况和材料。审批机关应公布检查结果。

第十六条 人才中介服务机构有改变名称、住所、经营范围、法定代表人以及停业、终止等情形的，应当按原审批程序办理变更或者注销登记手续。

第十七条 人才中介服务机构可以建立行业组织，协调行业内部活动，促进公平竞争，提高服务质量，规范职业道德，维护行业成员的合法权益。

第三章 人事代理

第十八条 人才中介服务机构可在规定业务范围内接受用人单位和个人委托，从事各类人事代理服务。

第十九条 开展以下人事代理业务必须经过政府人事行政部门的授权。

（一）流动人员人事档案管理；

（二）因私出国政审；

（三）在规定的范围内申报或组织评审专业技术职务任职资格；

（四）转正定级和工龄核定；

（五）大中专毕业生接收手续；

（六）其他需经授权的人事代理事项。

第二十条 人事代理方式可由单位集体委托代理，也可由个人委托代理；可多项委托代理，也可单项委托代理；可单位全员委托代理，也可部分人员委托代理。

第二十一条 单位办理委托人事代理，须向代理机构提交有效证件以及委托书，确定委托代理项目。经代理机构审定后，由代理机构与委托单位签定人事代理合同书，明确双方的权利和义务，确立人事代理关系。

个人委托办理人事代理，根据委托者的不同情况，须向代理机构提交有关证件复印件以及与代理有关的证明材料。经代理机构审定后，由代理机构与个人签订人事代理合同书，确立人事代理关系。

第四章 招聘与应聘

第二十二条 人才中介服务机构举办人才交流会的，应当制定相应的组织实施办法、应急预案和安全保卫工作方案，并对参加人才交流会的招聘单位的主体资格真实性和招用人员简章真实性进行核实，对招聘中的各项活动进行管理。

第二十三条 用人单位可以通过委托人才中介服务机构、参加人才交流会、在公共媒体和互联网发布信息以及其他合法方式招聘人才。

第二十四条 用人单位公开招聘人才，应当出具有关部门批准其设立的文件或营业执照（副本），并如实公布拟聘用人员的数量、岗位和条件。

用人单位在招聘人才时，不得以民族、宗教信仰为由拒绝聘用或者提高聘用标准；除国家规定的不适合妇女工作的岗位外，不得以性别为由拒绝招聘妇女或提高对妇女的招聘条件。

第二十五条 用人单位招聘人才，不得以任何名义向应聘者收取费用，不得有欺诈行为或采取其他方式谋取非法利益。

第二十六条 人才中介服务机构通过各种形式、在各种媒体（含互联网）为用人单位发布人才招聘广告，不得超出许可业务范围。广告发布者不得为超出许可业务范围或无许可证的中介服务机构发布人才招聘广告。

第二十七条 用人单位不得招聘下列人员：

（一）正在承担国家、省重点工程、科研项目的技术和管理的主要人员，未经单位或主管部门同意的；

（二）由国家统一派出而又未满轮换年限的赴新疆、西藏工作的人员；

（三）正在从事涉及国家安全或重要机密工作的人员；

（四）有违法违纪嫌疑正在依法接受审查尚未结案的人员；

（五）法律、法规规定暂时不能流动的其他特殊岗位的人员。

第二十八条 人才应聘可以通过人才中介服务机构、人才信息网络、人才交流会或直接与用人单位联系等形式进行。应聘时出具的证件以及履历等相关材料，必须真实、有效。

第二十九条 应聘人才离开原单位，应当按照国家的有关政策规定，遵守与原单位签订的合同或协议，不得擅自离职。

通过辞职或调动方式离开原单位的，应当按照国家的有关辞职、调动的规定办理手续。

第三十条 对于符合国家人才流动政策规定的应聘人才，所在单位应当及时办理有关手续，按照国家有关规定为应聘人才提供证明文件以及相关材料，不得在国家规定之外另行设置限制条件。

应聘人才凡经单位出资培训的，如个人与单位订有合同，培训费问题按合同规定办理；没有合同的，单位可以适当收取培训费，收取标准按培训后回单位服务的年限，按每年递减20%的比例计算。

第三十一条　应聘人才在应聘时和离开原单位后，不得带走原单位的技术资料和设备器材等，不得侵犯原单位的知识产权、商业秘密及其他合法权益。

第三十二条　用人单位与应聘人才确定聘用关系后，应当在平等自愿、协商一致的基础上，依法签定聘用合同或劳动合同。

第五章　罚则

第三十三条　违反本规定，未经政府人事行政部门批准擅自设立人才中介服务机构或从事人才中介服务活动的，由县级以上政府人事行政部门责令停办，并处10000元以下罚款；有违法所得的，可处以不超过违法所得3倍的罚款，但最高不得超过30000元。

违反本规定，未经政府人事行政部门批准擅自设立中外合资人才中介机构的，由省级以上政府人事行政部门按照前款规定予以处罚。

第三十四条　人才中介服务机构违反本规定，擅自扩大许可业务范围、不依法接受检查或提供虚假材料，不按规定办理许可证变更等手续的，由县级以上政府人事行政部门予以警告，可并处10000元以下罚款；情节严重的，责令停业整顿，有违法所得的，没收违法所得，并处以不超过违法所得3倍的罚款，但最高不得超过30000元。

第三十五条　违反本规定，未经政府人事行政部门授权从事人事代理业务的，由县级以上政府人事行政部门责令立即停办，并处10000元以下罚款；有违法所得的，可处以不超过违法所得3倍的罚款，但最高不得超过30000元；情节严重的，并责令停业整顿。

第三十六条　人才中介服务机构违反本规定，超出许可业务范围接受代理业务的，由县级以上政府人事行政部门予以警告，限期改正，并处10000元以下罚款。

第三十七条 用人单位违反本规定,以民族、性别、宗教信仰为由拒绝聘用或者提高聘用标准的,招聘不得招聘人员的,以及向应聘者收取费用或采取欺诈等手段谋取非法利益的,由县级以上政府人事行政部门责令改正;情节严重的,并处10000元以下罚款。

第三十八条 个人违反本规定给原单位造成损失的,应当承担赔偿责任。

第三十九条 用人单位、人才中介服务机构、广告发布者发布虚假人才招聘广告的,由工商行政管理部门依照《广告法》第三十七条处罚。

人才中介服务机构超出许可业务范围发布广告、广告发布者为超出许可业务范围或无许可证的中介服务机构发布广告的,由工商行政管理部门处以10000元以下罚款;有违法所得的,可处以不超过违法所得3倍的罚款,但最高不得超过30000元。

第四十条 人才中介活动违反工商行政管理规定的,由工商行政管理部门依照有关规定予以查处。

第六章 附 则

第四十一条 本规定由人事部、国家工商行政管理总局负责解释。

第四十二条 本规定自2001年10月1日起施行。1996年1月29日人事部发布的《人才市场管理暂行规定》(人发〔1996〕11号)同时废止。

中外合资人才中介机构管理暂行规定

（2003年9月4日人事部、商务部、国家工商行政管理总局令第2号公布 根据2005年5月24日《人事部、商务部、国家工商行政管理总局关于修改〈中外合资人才中介机构管理暂行规定〉的决定》第一次修订 根据2015年4月30日《人力资源社会保障部关于修改部分规章的决定》第二次修订）

第一章 总 则

第一条 为了加强对中外合资人才中介机构的管理，维护人才市场秩序，促进人才市场发展，根据《中华人民共和国中外合资经营企业法》及其他有关法律、法规，制定本规定。

第二条 本规定所称中外合资人才中介机构，是指外国开展人才中介服务的公司、企业和其他经济组织与中国开展人才中介服务的公司、企业和其他经济组织，在中国境内依法合资成立的人才中介机构。

第三条 开展人才中介服务的外国公司、企业和其他经济组织在中国境内从事人才中介服务活动，必须与中国开展人才中介服务的公司、企业和其他经济组织合资经营，设立专门的人才中介机构。

不得设立外商独资人才中介机构。

外国企业常驻中国代表机构和在中国成立的商会等组织不得在中国境内从事人才中介服务。

第四条 中外合资人才中介机构必须遵守中华人民共和国法律、法规，不得损害中华人民共和国的社会公共利益和国家安全。

中外合资人才中介机构的正当经营活动和合法权益，受中华人民共和国法律保护。

第五条 省、自治区、直辖市人民政府人事行政部门、商务部门和工商行政管理部门依法按照职责分工负责本行政区域内中外合资人才中介机构的审批、登记、管理和监督工作。

第二章 设立与登记

第六条 申请设立中外合资人才中介机构，必须符合下列条件：

（一）申请设立中外合资人才中介机构的中方投资者应当是成立3年以上的人才中介机构，外方出资者也应当是从事3年以上人才中介服务的外国公司、企业和其他经济组织，合资各方具有良好的信誉；

（二）有健全的组织机构；有熟悉人力资源管理业务的人员，其中必须有5名以上具有大专以上学历并取得人才中介服务资格证书的专职人员；

（三）有与其申请的业务相适应的固定场所、资金和办公设施，其中外方合资者的出资比例不得低于25%，中方合资者的出资比例不得低于51%；

（四）有健全可行的机构章程、管理制度、工作规则，有明确的业务范围；

（五）能够独立享有民事权利，承担民事责任；

（六）法律、法规规定的其他条件。

第七条 申请设立中外合资人才中介机构，应当由拟设立机构所在地的省、自治区、直辖市人民政府人事行政部门审批，并报国务院人事行政部门备案。

其中，由国务院人事行政部门许可设立的人才中介机构与外方合资设立中外合资人才中介机构的，应征得国务院人事行政部门的书面同意。

第八条 申请设立中外合资人才中介机构，可以通过信函、电报、电传、传真、电子数据交换和电子邮件等方式向省、自治区、直辖市人民政府人事行政部门提出申请。申请材料应包括以下内容：

（一）书面申请及可行性报告；

（二）合资各方签订的协议与章程；

（三）合资各方开展人才中介服务3年以上的资质证明；

（四）工商营业执照（副本）；

（五）法律、法规和省、自治区、直辖市人民政府人事行政部门要求提供的其他材料。

上述所列的申请材料凡是用外文书写的，应当附有中文译本。

第九条 省、自治区、直辖市人民政府人事行政部门在接到设立中外合资人才中介机构的申请报告之日起20日内审核完毕，20日内不能作出决定的，经本行政机关负责人批准，可以延长10日，并应当将延长期限的理由告知申请人。

批准同意的，发给《人才中介服务许可证》（以下简称许可证），并应当在作出决定之日起10日内向申请人颁发、送达许可证，报国务院人事行政部门备案；不同意的应当书面通知申请人，并说明理由。

审批机关应在行政机关网站上公布审批程序、期限和需要提交的全部材料的目录，以及批准设立的中外合资人才中介机构的名录等信息。

第三章 经营范围与管理

第十条 省、自治区、直辖市人民政府人事行政部门根据中外合资人才中介机构的资金、人员和管理水平情况，在下列业务范围内，核准其开展一项或多项业务：

（一）人才供求信息的收集、整理、储存、发布和咨询服务；

（二）人才推荐；

（三）人才招聘；

（四）人才测评；

（五）中国境内的人才培训；

（六）法规、规章规定的其他有关业务。

第十一条 中外合资人才中介机构必须遵循自愿、公平、诚信的原则，遵守行业道德，在核准的业务范围内开展活动，不得采用不正当竞争手段。

第十二条 中外合资人才中介机构招聘人才出境，应当按照中国政府有关规定办理手续。其中，不得招聘下列人才出境：

（一）正在承担国家、省级重点工程、科研项目的技术和管理人员，未经单位或主管部门同意的；

（二）在职国家公务员；

（三）由国家统一派出而又未满轮换年限的支援西部开发的人员；

（四）在岗的涉密人员和离岗脱密期未满的涉密人员；

（五）有违法嫌疑正在依法接受审查尚未结案的人员；

（六）法律、法规规定暂时不能流动的其他特殊岗位的人员或者需经批准方可出境的人员。

第十三条 中外合资人才中介机构设立分支机构，增加或者减少注册资本、股份转让、股东变更，必须经原审批机关批准，并依法到工商行政管理部门办理变更登记。

中外合资人才中介机构变更机构名称、法定代表人和经营场所，经工商登记机关变更登记后，应在30日内，向原审批机关办理相关事项变更备案，换领有关批准文件。

第十四条 国务院人事行政部门和省、自治区、直辖市人民政府人事行政部门依法指导、检查和监督中外合资人才中介机构的日常管理和业务开展情况。

省、自治区、直辖市人民政府人事行政部门对其批准成立的中外合资人才中介机构依法进行检查或抽查，并可以查阅或者要求其报送有关材料。中外合资人才中介机构应接受检查，并如实提供有关情况和材料。省、自治区、直辖市人民政府人事行政部门应将检查结果报国务院人事行政部门，并进行公布。

第四章 罚 则

第十五条 中外合资人才中介机构不依法接受检查，不按规定办理许可证变更等手续，提供虚假信息或者采取其他手段欺骗用人单位和应聘人员的，省、自治区、直辖市人民政府人事行政部门予以警告，并可处以10000元人民币以下罚款；情节严重的，有违法所得的，处以不超过违法所得3倍的罚款，但最高不得超过30000元人民币。

第十六条 违反本规定，未经批准擅自设立中外合资人才中介机构的，超出核准登记的经营范围从事经营活动的，按照《公司登记管理条例》、《无照经营查处取缔办法》和有关规定进行处罚。采用不正当竞争行为的，按照《反不正当竞争法》有关规定进行处罚。

第十七条 政府部门工作人员在审批和管理中外合资人才中介机构工作中，玩忽职守、徇私舞弊，侵犯单位、个人和合资各方合法权益的，按照管理权限，由有关部门给予行政处分；构成犯罪的，依法追究刑事责任。

第五章 附 则

第十八条 香港特别行政区、澳门特别行政区、台湾地区投资者投资设立合资人才中介机构，参照本规定执行。

香港服务提供者和澳门服务提供者在内地设立合资人才中介机构的，其中内地合资方应是成立1年以上的人才中介机构。

本规定中香港服务提供者和澳门服务提供者应分别符合《内地与香港关于建立更紧密经贸关系的安排》和《内地与澳门关于建立更紧密经贸关系的安排》中关于"服务提供者"定义及相关规定的要求。

第十九条 中外合资人才中介机构在中国境内从事涉及外籍人员业务活动的，按照有关规定执行。

第二十条 本规定由人事部、商务部、国家工商行政管理总局负责解释。

第二十一条 本规定自2003年11月1日起施行。

人力资源社会保障部关于进一步完善就业失业登记管理办法的通知

人社部发〔2014〕97号

各省、自治区、直辖市及新疆生产建设兵团人力资源社会保障厅（局）：

就业失业登记管理是掌握劳动者就业与失业状况的重要手段，是提供公共就业服务、落实就业扶持政策的基础工作。按照《国务院关于进一步推进户籍制度改革的意见》（国发〔2014〕25号）和《国务院关于进一步做好为农民工服务工作的意见》（国发〔2014〕40号）要求，为进一步完善就业失业登记管理办法，方便用人单位和劳动者办理就业失业登记，现就有关事项通知如下：

一、认真落实放宽失业登记条件的有关要求

各地要落实《人力资源社会保障部关于修改〈就业服务与就业管理规定〉的决定》（人力资源社会保障部令第23号）要求，允许法定劳动年龄内，有劳动能力，有就业要求，处于无业状态的城镇常住人员在常住地的公共就业和人才服务机构进行失业登记。对符合失业登记条件的人员，不得以人户分离、户籍不在本地或没有档案等为由不予受理。

各地要建立健全公共就业服务提供机制，保障城镇常住人员享有与本地户籍人员同等的劳动就业权利，并有针对性地为其免费提供就业政策法规咨询、职业指导、职业介绍等基本公共就业服务。对进行失业登记的城镇常住人员，要按规定落实职业培训补贴和职业技能鉴定补贴政策。在此基础上，

各地要按照国务院推进户籍制度改革的部署，统筹考虑本地区综合承载能力和发展潜力，以连续居住年限和参加社会保险年限等为条件，保障其逐步享受与本地户籍人员同等的就业扶持政策。

二、做好就业失业登记证明更名发放工作

根据促进就业创业工作需要，将《就业失业登记证》更名为《就业创业证》。各地可新印制一批《就业创业证》先向有需求的毕业年度内高校毕业生发放。毕业年度内高校毕业生在校期间凭学生证向就业创业地（直辖市除外）公共就业和人才服务机构申领《就业创业证》，或委托所在高校就业指导中心向当地（直辖市除外）公共就业和人才服务机构代为其申领《就业创业证》；毕业年度内高校毕业生离校后直接向就业创业地（直辖市除外）公共就业和人才服务机构申领《就业创业证》。《就业创业证》的样式、栏目解释、填写办法、印制技术及发放管理等要求继续按照《关于印发就业失业登记证管理暂行办法的通知》（人社部发〔2010〕75号）执行（封面和内页第1页（暗码）的"就业失业登记证"字样变更为"就业创业证"）。

各地已发放的《就业失业登记证》继续有效，不再统一更换。有条件的地区，可以加快推进社会保障卡在就业领域的推广应用工作，以其加载的就业失业登记信息电子记录，逐步替代纸质的就业失业登记证明。

三、拓宽就业登记信息采集渠道

各地要结合本地实际，进一步改进和优化业务流程，建立就业登记与社会保险登记、劳动用工备案之间的业务协同和信息共享机制，做好相关信息的比对核验，不断创新和拓宽就业登记信息采集渠道。要巩固窗口单位改进作风专项行动成果，在"一站式"服务的基础上逐步向"一柜式"服务转变，实行"前台综合受理、后台分类处理"的工作模式。对用人单位为劳动者实名办理社会保险登记或劳动用工备案的，以及劳动者以个体工商户或灵活就业人员身份办理社会保险登记的，相关信息经确认后录入公共就业服务管理信息系统。

四、加强就业失业登记信息动态管理

各地要进一步加强街道（乡镇）、社区（行政村）基层劳动就业和社会保障工作平台建设，及时掌握辖区内劳动者的就业失业状态，运用信息化手段，做好对劳动者就业失业登记信息的动态管理。要按照《关于建立全国就业信息监测制度的通知》（人社部发〔2010〕86号）要求，建立健全就业失业登记信息采集录入质量管理制度，做好省（区、市）内就业失业登记信息的比对整理。我部将进一步完善全国就业信息监测系统的功能，开展就业失业登记信息跨地区核验工作，逐步实现同一劳动者相关信息的唯一性。要以实名制就业监测数据为基础，做好与就业失业统计报表数据的比对分析工作（为保持统计口径的一致性和可比性，对农村进城务工人员和其他非本地户籍人员进行失业登记的，在统计上继续按照现行制度执行），及时查找相同指标数据不一致的原因，并有针对性地予以解决，为加强人力资源管理、支持宏观决策奠定扎实基础。

各地要根据本地实际情况，按照"操作程序便捷高效、登记信息完整准确、数据标准统一规范"的要求，制定完善全省（区、市）范围内统一的就业失业登记操作办法。要以方便群众为原则，简化登记程序，取消重复和不必要的表格、单据等填写内容和证明材料，为用人单位和劳动者办理就业失业登记提供便利。工作中出现的新情况、新问题，要及时向我部报告。

关于失业保险支持企业稳定岗位有关问题的通知

人社部发〔2014〕76号

各省、自治区、直辖市及新疆生产建设兵团人力资源社会保障厅（局）、财政厅（局）、发展改革委、工业和信息化主管部门：

为贯彻落实《国务院关于进一步优化企业兼并重组市场环境的意见》（国发[2014]14号）有关要求，在调整优化产业结构中更好地发挥失业保险预防失业、促进就业作用，激励企业承担稳定就业的社会责任，现就失业保险支持企业稳定岗位有关问题通知如下：

一、政策范围

对采取有效措施不裁员、少裁员，稳定就业岗位的企业，由失业保险基金给予稳定岗位补贴（以下简称"稳岗补贴"）。补贴政策主要适用以下企业：

（一）实施兼并重组企业。指在日常经营活动之外发生法律结构或经济结构重大改变的交易，并使企业经营管理控制权发生转移，包括实施兼并、收购、合并、分立、债务重组等经济行为的企业。

（二）化解产能严重过剩企业。指按《国务院关于化解产能严重过剩矛盾的指导意见》（国发〔2013〕41号）等相关规定，对钢铁、水泥、电解铝、平板玻璃、船舶等产能严重过剩行业淘汰过剩产能的企业。

（三）淘汰落后产能企业。指按《国务院关于进一步加强淘汰落后产能工作的通知》（国发[2010]7号）等规定，对电力、煤炭、钢铁、水泥、有色金属、焦炭、造纸、制革、印染等行业淘汰落后产能的企业。

（四）经国务院批准的其他行业、企业。

二、基本条件

（一）失业保险统筹地区实施稳岗补贴应同时具备以下条件：上年失业保险基金滚存结余具备一年以上支付能力；失业保险基金使用管理规范。

（二）企业申请稳岗补贴应同时具备以下条件：生产经营活动符合国家及所在区域产业结构调整政策和环保政策；依法参加失业保险并足额缴纳失业保险费；上年度未裁员或裁员率低于统筹地区城镇登记失业率；企业财务制度健全、管理运行规范。

三、资金使用

各地区对符合上述政策范围和基本条件的企业，在兼并重组、化解产能过剩以及淘汰落后产能期间，可按不超过该企业及其职工上年度实际缴纳失业保险费总额的50%给予稳岗补贴，所需资金从失业保险基金中列支。稳岗补贴主要用于职工生活补助、缴纳社会保险费、转岗培训、技能提升培训等相关支出。稳岗补贴的具体比例由省级人力资源社会保障和财政部门确定。稳岗补贴政策执行到2020年底。

四、审核认定

符合条件的企业可向人力资源社会保障部门申请稳岗补贴。人力资源社会保障部门会同行业主管部门对企业类型认定后，对申请稳岗补贴企业的基本条件进行审定，确定补贴企业名单和补贴数额，并公开相关信息，接受社会监督。财政部门根据人力资源社会保障部门审定的企业名单和补贴数额，及时拨付补贴资金。

五、组织实施

（一）加强组织领导。失业保险支持企业稳定岗位是产业结构调整优化过程中一项重要政策。各地区要高度重视，加强组织领导，人力资源社会保障、财政、发展改革、工业和信息化等部门要加强协调配合、各司其职，并督促企业在实施兼并重组、化解产能过剩、淘汰落后产能过程中采取切实有效措施稳定职工队伍，维护社会稳定。

（二）强化基金管理。各地区要充分考虑基金支付能力，按照"突出重点、总量控制、严格把握、动态监管"的原则，将稳岗补贴支出纳入失业保险基金预算管理，合理制定失业保险基金使用计划，加强监管，规范运作，切实保证基金有效使用和支付可持续。

（三）加强跟踪监测。各地区人力资源社会保障部门要将享受稳岗补贴的企业纳入失业动态监测范围，及时跟踪了解企业岗位变化动态，监测企业职工队伍稳定情况，评估稳岗补贴政策效果。财政部门要对辖区内失业动态监测工作给予必要经费支持。人力资源社会保障部、财政部适时组织开展政策绩效评估，根据实际调整完善政策。

各省级人力资源社会保障、财政、发展改革、工业和信息化等部门要尽快制定本地区失业保险稳岗补贴具体实施办法，报人力资源社会保障部、财政部备案。政策执行中遇到的重大问题要及时向人力资源社会保障部、财政部报告。

人力资源社会保障部
财政部
国家发展和改革委员会
工业和信息化部
2014年11月6日

后 记

2014年，党中央、国务院团结带领全国各族人民，全面落实党的十八届三中全会精神，面对复杂多变的国际环境和艰巨繁重的国内发展改革稳定任务，牢牢把握国内外发展大势，坚持稳中求进工作总基调，全力推进改革开放，着力创新宏观调控，奋力激发市场活力，努力培育创新动力，国民经济在新常态下平稳运行，结构调整出现积极变化，发展质量不断提高，民生事业持续改善，实现了经济社会持续稳定发展。经济发展进入新常态，将会给企业构建和谐劳动关系带来新问题、新挑战。随着全面深化改革措施的不断推进，企业转型升级、兼并重组的力度会进一步加大，企业劳动关系问题将更加突出和复杂。如何塑造劳动关系新常态将是今后一段时期内劳动关系领域的重要课题。中国企业联合、中国企业家协会作为国家协调劳动关系三方机制中雇主方代表，一直高度重视劳动关系问题，积极参与国内外协调劳动关系领域的各项工作，在推进基层组织建设、参与劳动关系立法、做好劳动争议调处等方面做了大量工作，为引导企业可持续发展，促进劳动关系和谐，维护社会稳定做出了积极贡献。

中国企业联合会、中国企业家协会自2005年起每年编辑出版《中国企业劳动关系状况报告》，对过去一年中企业劳动关系状况进行全面的总结和分析，研究企业劳动关系的现状、发展趋势和存在的问题，并就当年的劳动关系热点问题进行专门的研究分析，为政府制定劳动关系相关政策提供参考，推动企业劳动关系管理水平的不断提高，加深社会各界对企业劳动关系状况的了解，促进社会劳动关系稳定。同时，从《中国企业劳动关系状况报告（2013）》开始增加有代表性的企业构建和谐劳动关系的经验案例介绍。

本报告各章作者分别为，第一章：赵国伟；第二章、第三章：王亦捷；

后 记

第四章：赵婷；第五章：郭晓宪；第六章：周欣。为专题调研报告供稿的有马超、王荷月、闫春晓、宋靖、邢志昂、刘鲁晶、王彦利、郜永军、宋峰、陈明德、蒋满、王昌宏、中国企联雇主工作部课题组。为企业构建和谐劳动关系实践案例供稿的有徐增康、雍胜罗、李白帆、邢军。全书由刘鹏统稿，参加编辑工作的有张文涛、韩斌、王亦捷、周欣、马超、赵国伟、王卫。

报告部分内容参考、引证了有关政府部门、单位和专家学者的最新数据、文献和研究成果，在此，一并致以衷心地感谢！由于时间仓促，本报告如出现疏漏和不尽如人意之处，恳请各界人士提出宝贵意见和建议。此外，我们还要向负责本书出版的企业管理出版社表示感谢！

编者

2015年12月